바람에 흔들리는 당신에게

소강석 지음

쿰란출판사

바람에 흔들리는
당신에게

서문

코로나19로 인하여 많은 사람들이 혼란과 두려움, 절망에 빠져 있습니다. 사람은 누구나 바람에 흔들립니다. 죽어 쓰러진 나무는 바람에 흔들리지 않습니다. 시든 꽃은 차가운 이슬이 내려도 떨지 않습니다. 우리도 살아 있기에 바람에 흔들리고 아파하는 것입니다. 주님은 우리가 다시 일어나기를 원하십니다. 상처가 꽃이 되고 별이 되기를 원하십니다. 그러나 우리는 어떻게 일어나야 할지, 어떻게 치유 받아야 할지 잘 모릅니다.

《바람에 흔들리는 당신에게》는 우리가 세상을 살면서 겪게 되는 여러 가지 시험과 고난, 상처와 아픔으로부터 다시 회복하고 일어날 수 있도록 도와주는 안내서와 같은 책입니다. 고난과 역경에 맞서 일어섰던 성경의 위대한 믿음의 선진들의 서사와 따뜻한 사랑과 위로의 일화, 들판의 야생화처럼 거센 바람과 비와 눈보라를 맞으며 걸어왔던 저의 삶의 스토리가 담겨 있습니다.

독자들이 책을 펴고 한 줄, 한 줄 읽을 때마다 영혼이 치유되고 회복되었으면 좋겠습니다. "아, 사람은 누구나 바람에 흔들릴 수 있는 것이구나. 돌에 걸려 넘어질 수 있는 것이구나. 그러나 다시 주님의 손을 잡으면 일어설 수 있고 십자가 앞으로 그 상처와 아픔을 가지고 나가면 더 강한 사람으로 태어나 다시 위대한 믿음의 사람으로 살 수 있는 것이구나."

특별히 최근 코로나19 사태는 이 세상에서 그 어느 곳도 안전한 곳이 없고, 누구도 믿을 수 없다는 사실을 깨닫게 하고 있습니다. 오직 우리가 믿고 의지할 분은 하나님 한 분뿐이라는 사실을 더 선명하게 보여줍니다. 코로나 포비아와 블루 속에서 영적 침체를 겪고 있는 분들이 있다면 이 책을 통해서 다시 위로와 힘을 얻고 일어섰으면 좋겠습니다.

사람은 누구나 외롭고 불안하고 좌절하고 흔들리는 존재입니다. 그러나 주님과 함께 하면 흔들리더라도 다시 일어날 수 있고 새로운 희망의 길을 걸어갈 수 있습니다. 바람에 흔들리지 않고 피는 꽃은 없습니다. 우리의 삶도 바람에 흔들리고 비에 젖고 눈보라의 추위에 떨면서 진한 향기를 발하는 꽃으로 피어나는 것입니다.

언제나 저의 목회 사역을 적극 응원하고 기도해 주시는 새에덴의 장로님들과 성도들, 믿음의 어머니 정금성 권사님, 배정숙 사모, 원고 교정을 위해 수고해준 선광현 목사님, 쿰란출판사 이형규 장로님께 감사드립니다. 지금도 저를 붙들어 주시는 하나님께 모든 영광 올려 드립니다.

2020년 7월
소강석 목사(새에덴교회 담임목사)

차례

서문 ··· 4

1_ 외로운 당신에게 ··· 8
2_ 가슴이 텅 빈 당신에게 ··· 28
3_ 홀로 서 있는 당신에게 ··· 48
4_ 사랑이 그리운 당신에게 ··· 69
5_ 참 아름다운 당신에게 ··· 88
6_ 분노하고 있는 당신에게 ··· 108
7_ 길을 가다 쓰러진 당신에게 ··· 128
8_ 바람에 흔들리고 있는 당신에게 ··· 146

9_ 불안한 당신에게 ··· 165

10_ 감사를 잊어버린 당신에게 ··· 186

11_ 주님을 울리고 싶은 당신에게 ··· 204

12_ 삶이 허무한 당신에게 ··· 223

13_ 예향만리를 회복하라 ··· 242

14_ 우리 다시 꽃으로 만나요 ··· 263

15_ 영혼의 장막을 뉴 포맷하라 ··· 283

1.
외로운 당신에게

"예수께서 무리가 자기를 에워싸는 것을 보시고 건너편으로 가기를 명하시니라 한 서기관이 나아와 예수께 아뢰되 선생님이여 어디로 가시든지 저는 따르리이다 예수께서 이르시되 여우도 굴이 있고 공중의 새도 거처가 있으되 인자는 머리 둘 곳이 없다 하시더라"(마 8:18-20).

외로움을 달래는 약

어떤 사람이 약국에 찾아가서 약을 구했습니다. "약사님, 요즘 너무 외로워 죽겠는데 외로움을 달래주는 약 없나요?" 얼마나 외로웠으면 외로움을 달래는 약을 달라고 했을까요? 과거에는 우울증이나 공황장애 등이 심각한 정신질환으로 분류되었지만 지금은 외로움이라는 질병이 새로운 사회적 고립증후군으로 떠오르고 있습니다. 그래서 지금은 외로움 때문에 죽는 사람이 많다고 합니다. 그러다 보니까 요즘은 외로움을 연구하는 학자들이 생겨나고 있다고 합니다.

특별히 시카고 대학의 카치오포 교수는 뇌신경계와 뇌분비계 그리고 면역체계들이 사회문화적 과정과 어떻게 연관되는가를 연구했습니다. 그 결과 외로움이란 단순한 감정적 결함이 아니더라는 것입니다. 육신의 건강뿐만 아니라 지능의 발달과 사회적 성공까지 망가뜨리는 파괴력이 있더라는 겁니다. 더 중요한 것은 외로움은 결국 죽음이나 자살로 연결된다는 것입니다. 그런 의미에서 키에르케고르는 "고독은 죽음에 이르는 병"이라고 했습니다.

그렇게 보면 외로움과 자살은 이웃사촌이라고 할 수 있습니다. 영국에서는 외로움을 앓는 사람이 900만 명이나 된다고 합니다. 그래서 이들이 언제 자살할지 모르니까 메이 총리가 자살 예방 장관까지 임명을 했다는 것입니다.

영국뿐 아니라 우리나라도 외로움이 심각한 사회 문제로 대두되고 있습니다. 앞으로는 노인들이 쓸쓸히 살다가 고독사를 당하는 경우가 많아질 것이라고 합니다. 그러므로 언젠가 우리나라에도 외로움 장관과 자살 예방 장관이 임명될 때가 올지도 모릅니다.

그러면 사람은 왜 이렇게 외로운 것일까요? 인간이란 누구나 어머니의 뱃속에서 나와 탯줄을 끊는 순간부터 외로움을 느끼게 되어 있습니다. 아기는 엄마의 뱃속 따뜻한 양수 속에서 엄마와 함께 호흡하고 심장이 뛰다가 바깥으로 나옵니다. 그 순간부터 그는 스스로 버려진 존재요, 소외된 존재라고 느낍니다. 그래서 그때부터 아이가 웁니다. 외롭다고 울고, 소외되었다고 우는 것입니다.

제가 너무 바빠서 외손녀 현주를 자주 볼 수가 없습니다. 시간이 날 때 잠깐씩 볼 수밖에 없습니다. 그런데 집사람이 감기몸살에 걸려서 혼자 쉬고 있다고 해서 애가 심심할까봐 갔더니 제가 왔다고 좋아서 춤을 추며 난리입니다. 외할머니도 없고 엄마하고만 있으니까 외로움을 느꼈나 봅니다.

그래서인지 제가 전화 받으려고 다른 방에 가기만 해도 웁니다. 그 후로는 제가 일어나기만 해도 제 다리를 붙잡고 우는 겁니다. 그러나 저는 또 바빠서 와야 했습니다. 그래서 엄마더러 뽀로로 TV를 켜 주라고 하고 몰래 나왔더니, 잠시 후 할아버지가 안 보이니까 다시 울고 "와우, 와우"를 외치며 할아버지를 찾더라는 것입니다. 왜 그랬을까요? 애도 외할머니가 없으니까 또 다른 사람을 그리워했던 것입니다. 그래서 제가 일어서기만 해도 제 다리를 붙잡고 울었던 것입니다. 말은 못하지만 마음속으로 이런 노래를 부른 것입니다.

♪ 가지 말라고 가지 말라고 애원하며 잡았었는데
돌아서던 할아버지는 무정했던 목사님이지요

외로움을 느끼는 근원적 이유

우리가 외로움을 느끼는 더 근원적인 이유가 있습니다. 그 이유는 아담과 하와가 선악과를 따 먹고 에덴동산에서 쫓겨나 하나님께로부터 분리되는 아픔에 있었습니다. 에덴동산에서는 언제든지 하나님의 임재를 경험하고 하나님과 함께 동행하며 살았지만, 이제 에덴의 동쪽으로 쫓겨나와 하나님과 교제가 단절되고 분리된 것입니다.

그래서 아담과 하와는 에덴의 동쪽에서 온갖 불안과 외로움과 고통의 저주를 느끼며 살았습니다. 그리고 그런 외로움을 후손들에게 대대로 물려주었습니다. 그러니까 인간은 태어날 때부터 외로움이라는 유전인자를 갖고 태어난 것입니다. 그래서 우리 인간은 누구나 외로움을 느끼며 살아갑니다.

그뿐입니까? 그 외로움은 후천적으로도 발달하게 되어 있습니다. 인류는 대대로 사회적 유대감을 갖고 살아왔습니다. 바로 이런 사회적 유대감을 통해서 서로의 안전을 도모해 왔습니다. 그런 사회적 유대감이나 보호망이 파괴될 때 사람은 누구나 소외감을 느끼게 됩니다. 그래서 사람은 이따금씩 외로움을 느끼며 살아가는 겁니다. 그런 의미에서 정호승 시인은 '수선화에게'라는 시에서 "외로우니까 사람이다"고 했습니다.

> 울지 마라
> 외로우니까 사람이다
> 살아간다는 것은 외로움을 견디는 일이다
> 공연히 오지 않는 전화를 기다리지 마라
> 눈이 오면 눈길을 걸어가고
> 비가 오면 빗길을 걸어가라

갈대숲에서 가슴 검은 도요새도 너를 보고 있다
가끔은 하느님도 외로워서 눈물을 흘리신다
새들이 나뭇가지에 앉아 있는 것도 외로움 때문이고
네가 물가에 앉아 있는 것도 외로움 때문이다
산 그림자도 외로워서 하루에 한 번씩 마을로 내려온다
종소리도 외로워서 울려 퍼진다

이 시는 누구나 다 외롭다는 사실을 이야기하려는 것이 아닙니다. 사람이니까 외로움을 느끼는 존재이지만, 그렇다고 외로움에 빠져 살지 말고 외로움을 극복하며 살아가라는 시입니다. 나만 외로워하는 것이 아니라 새들도 외로워하고 산 그림자도 외로워한다는 것입니다. 심지어는 종소리까지도 외로워서 울려 퍼진다는 것입니다. 하나님조차 외로워서 눈물을 흘리신다고 하지 않습니까?

그러니까 외로움에 빠져서 슬퍼하고 울지만 말고 오히려 그 외로움과 처절한 승부수를 두며 살아가라는 역설적 메시지를 주고 있습니다. '고향 생각'이라는 노래는 서정적으로 아주 좋은 노래이지만 우리 마음을 굉장히 외롭고 애처롭게 만듭니다.

♪ 해는 져서 어두운데 찾아오는 사람 없어
밝은 달만 쳐다보니 외롭기 한이 없다
내 동무 어디 두고 이 홀로 앉아서
이 일 저 일을 생각하니 눈물만 흐른다

곡도 좋고 가사도 좋은데 깊은 외로움을 느끼게 하지 않습니까? 그러나 '수선화에게'라는 시는 그렇지 않습니다. 오히려 외로움을 딛고 일어나라는 대전환적 메시지를 줍니다.

사실 예수님께서도 외로움을 많이 느끼셨습니다. 어느 날 한 서기관이 예수님께 "선생님이여, 오늘은 어디로 가십니까? 어디로 가시든지 따라가겠습니다"라고 합니다. 이 서기관이 참 훌륭한 사람입니다. 예수님께 은혜를 받은 것 같습니다.

그러자 예수님께서 뭐라고 말씀하셨습니까? "여우도 굴이 있고 공중의 새도 거처가 있으되 인자는 머리 둘 곳이 없다"라고 하셨습니다.

> 마 8:20 예수께서 이르시되 여우도 굴이 있고 공중의 새도 거처가 있으되 인자는 머리 둘 곳이 없다 하시더라

문자 그대로 해석하면, 예수님은 당시에 집 한 채도 없이 청빈하고 검소하게 사신 분이라는 것입니다. 이것은 오늘날 우리 한국교회 지도자들에게 큰 교훈을 주는 말씀입니다. 그런데 이러한 의미를 넘어서 예수님께서도 아주 외롭게 사셨다는 모습을 보여줍니다.

성경을 보면 예수님이 이 땅에 사시면서 정말 외롭게 사셨던 모습을 볼 수 있지 않습니까? 그는 공생애 기간 동안은 가족도 없었습니다. 힘들 때 언제든지 찾아갈 수 있는 보금자리도 없었습니다. 그저 외로운 들판이나 산으로 가서 주무시고 쉬실 때가 많았습니다. 그래

서 성경을 보면 예수님은 무리와 군중을 떠나서 고독을 느끼면서 하나님과 교제하고 기도하는 모습을 소개하고 있습니다.

> **막 1:35** 새벽 아직도 밝기 전에 예수께서 일어나 나가 한적한 곳으로 가사 거기서 기도하시더니

> **막 6:31-32** 이르시되 너희는 따로 한적한 곳에 가서 잠깐 쉬어라 하시니 이는 오고 가는 사람이 많아 음식 먹을 겨를도 없음이라 이에 배를 타고 따로 한적한 곳에 갈새

> **눅 5:16** 예수는 물러가사 한적한 곳에서 기도하시니라

예수님도 이 땅에서 살면서 외로움을 느끼셨습니다. 수많은 군중들이 따랐지만 예수님은 진리의 길을 가셨기 때문에 인간적으로만 보면 참으로 고독하게 살아가셨습니다. 그러나 예수님은 외로움 때문에 하나님과 더 깊은 교제를 나누시고 자신이 받은 사명의 길을 더 잘 걸어가셨습니다. 그리고 아버지께로부터 받은 십자가의 사명을 완수할 수 있었습니다.

그러면 우리도 어떻게 예수님처럼 외로움을 이기고 사명의 길을 행복하게 걸어갈 수 있을까요?

외로움을 이기고 사명의 길을 걸어가는 방법

1) 자기 자신을 먼저 사랑해야 합니다.

과거에 많은 사람들은 이타적 사랑을 강조했습니다. 나보다 남을 먼저 사랑하라는 것입니다. 그러나 그것은 정말 잘못된 이야기입니다. 나를 먼저 사랑하지 않고 어떻게 남을 사랑할 수 있단 말입니까? 예수님께서도 "이웃을 네 몸과 같이 사랑하라"고 했습니다. 이 말씀은 나를 먼저 사랑해야 남도 사랑할 수 있다는 말입니다. 그러므로 우리는 먼저 나 자신을 사랑해야 합니다.

특별히 어린 시절에 부모와 형제로부터 심한 학대를 당한 사람은 성인이 되어서 자기 마음의 깊은 지하실에서 학대받은 어린아이가 울고 있습니다. 그러니까 자신을 진정으로 사랑하지 못하고 자기 연민과 애착에만 빠져 있는 것입니다. 자기 애착과 사랑은 다릅니다. 자기 연민과 자기 애착에만 빠져 있는 사람들은 나도 모르게 나쁜 운전사가 내 안에 들어옵니다. 그래서 나를 자꾸 나쁜 길로 인도합니다. 나를 사랑하지 못하게 할 뿐만 아니라 다른 사람을 향해서 공격하고 비방하게 만듭니다. 그러나 우리 자신이 하나님의 얼마나 귀한 걸작인지 아십니까?

> 엡 2:10 우리는 그가 만드신 바라…

우리는 그가 만드신 바라고 했습니다. 이 말은 하나님이 우리를 귀한 걸작으로 만드셨다는 말입니다. 원어를 보면 '포이에마'라고 기록되어 있는데, 이 말에서 '포엠'이라는 말이 나왔습니다. 포엠은 영어로 '시'라는 말이 아닙니까? 그러니까 하나님께서 우리를 위대한 명시로 만드셨다는 것입니다. 그러므로 우리의 키가 작든 크든, 잘생겼든 못생겼든 하나님께서 우리를 명시로 만드셨다는 것입니다.

그러나 솔직히 저도 이렇게 설교는 하면서도, 진짜 부러운 사람이 있습니다. 키 크고 잘생긴 목사를 보면 진짜 부럽습니다. 물론 저 혼자 있을 때는 만족합니다. 하나님의 걸작이고 명시라는 것을 압니다. 그런데 키 크고 잘생긴 목사님 옆에 서면 그런 마음이 드는 것입니다.

그때마다 제가 성령님으로부터 책망을 받습니다. "야, 하나님이 너를 얼마나 귀하게 만들었는데! 네가 자꾸 그러면 하나님께서 실망하시지. 하나님께서 너를 얼마나 너답게 만드셨는데…. 네 키는 작지만 얼마나 당당하고 패기가 넘치느냐. 너야말로 명시 중의 명시야!"

우리도 가끔 자신에 대해서 부족한 부분을 느끼고 불만족스러운 부분이 있을 것입니다. 왜냐하면 우리 하나님은 공평한 하나님이시기 때문입니다. 모든 것을 다 주시지는 않습니다. 예수님도 아주 풍채가 좋고 잘생기지 않으셨습니다. 그래서 이사야 선지자는 일찍이 이렇게 예언을 했습니다.

> 사 53:2 그는 주 앞에서 자라나기를 연한 순 같고 마른 땅에서 나온 뿌리 같아서 고운 모양도 없고 풍채도 없은즉 우리가 보기에 흠모할 만한 아름다운 것이 없도다

예수님은 알랭 들롱처럼 잘생기셨거나 강호동이나 유송근 장로님처럼 근육질의 야성적인 모습도 아니었습니다. 성경 어디에도 예수님은 풍채나 인물을 자랑하신 적이 없습니다. 그런데도 성경을 보면 자기 사랑에 대한 확신이 분명하지 않습니까?

> 요 10:30 나와 아버지는 하나이니라 하신대

> 요 17:8 나는 아버지께서 내게 주신 말씀들을 그들에게 주었사오며 그들은 이것을 받고 내가 아버지께로부터 나온 줄을 참으로 아오며 아버지께서 나를 보내신 줄도 믿었사옵나이다

> 요 17:10 내 것은 다 아버지의 것이요 아버지의 것은 내 것이온데 내가 그들로 말미암아 영광을 받았나이다

이것은 삼위일체적인 교훈을 주는 메시지이자, 동시에 예수님의 자기 사랑과 메시아로서의 자기 확신을 고백하는 말씀입니다. 얼마나 예수님께서 자기를 사랑하는 모습을 보여주고 있습니까? 이것이 바로 '디바인 에토스'(Divine ethos)라는 것입니다. 자신의 신분과 사명이 하나님께로부터 왔음을 자각하셨다는 것입니다.

외모로는 볼품없고 고귀한 왕의 자녀로 태어나지 않았다 할지라도, 예수님은 하나님과의 관계에서 주어진 신분과 사명을 의식하며 사셨습니다. 그러니까 예수님은 이 땅에서 사실 때 외로운 상황에서

외롭게 살지 않으셨습니다. 자기 신분과 사명을 의식하고 자기를 사랑하니까, 그런 사랑의 확신을 가지셨고 우리를 위하여 십자가에서 행복하게 죽으신 것입니다.

그러므로 우리도 우리 자신을 사랑해야 합니다. 그러고 나서 우리의 가족을 사랑하고 이웃을 사랑해야 합니다. 이런 사람은 절대 외롭지 않습니다. 외로움이 와도 이길 수 있습니다. 그 어떤 외로운 상황이 와도 다 극복할 수 있습니다.

> ♪ 너는 하나님의 사람 아름다운 하나님의 사람
> 나는 널 위해 기도하며 네 길을 축복할 거야
> 너는 하나님의 선물 사랑스런 하나님의 열매
> 주의 품에 꽃피운 나무가 되어 줘

2) 하나님의 사랑을 생각하며 살아야 합니다.

누구나 사랑을 받으면 외롭지 않습니다. 누군가로부터 학대를 받거나 소외를 당하니까 외로운 것입니다. 그러나 사랑을 받으면 결코 외롭지 않습니다. 그런데 우리가 어쩔 수 없이 사람들로부터 사랑받지 못할 때가 있습니다. 어쩔 수 없이 가족과 헤어져야 할 때도 있고, 사랑하는 사람으로부터 버림을 받을 때도 있습니다. 아니, 유대적인 관계와 조직으로부터 소외를 받을 때가 있습니다.

살다 보면 그럴 때가 있습니다. 저도 살아오면서 그런 일이 한두 번이었겠습니까? 그때마다 저는 하나님의 사랑을 생각했습니다. 하하나님이 우리를 얼마나 사랑하는 줄 아십니까? 성경을 보면, 우리가 하나님의 주체할 수 없는 기쁨이라는 것입니다. 스바냐서에 보니까 하나님께서 우리를 잠잠히 사랑하기도 하지만, 때로는 우리로 말미암아 기쁨을 이기지 못하시고, 우리로 말미암아 노래를 부르며 기뻐하신다고 했습니다.

> 스 3:17 너의 하나님 여호와가 너의 가운데에 계시니 그는 구원을 베푸실 전능자이시라 그가 너로 말미암아 기쁨을 이기지 못하시며 너를 잠잠히 사랑하시며 너로 말미암아 즐거이 부르며 기뻐하시리라 하리라

이 말씀을 읽고도 감격이 없습니까? 이 말씀을 듣고도 가슴이 뭉클하지 않습니까?

"사랑하는 성도들아, 내가 너를 얼마나 사랑하는지 아느냐? 내가 너로 인하여 기쁨을 이기지 못한다. 그 주체할 수 없는 기쁨으로 내가 너에게 고백한다. 너는 내 눈에 넣어도 아프지 않을 귀염둥이, 너를 위해서 내가 백 번, 천 번이라도 죽을 수 있다. 나는 너를 향한 사랑으로 전율을 느낀다. 그러니 나는 너를 바라보며 기쁨을 이기지 못하고 있단다."

이런 하나님의 사랑을 생각하면서 다시 스바냐 3장 17절을 읽어 봅시다. 이 말씀에 나오는 (　　　) 부분에 우리의 이름을 부르며 한 번 읽어 보십시오.

"(　　)의 하나님 여호와가 (　　)의 가운데에 계시니 그는 구원을 베푸실 전능자이시라 그가 (　　)로 말미암아 기쁨을 이기지 못하시며 (　　)를 잠잠히 사랑하시며 (　　)로 말미암아 즐거이 부르며 기뻐하시리라 하리라."

하나님이 우리를 이렇게 사랑하신다는데도 여전히 감격이 없으십니까? 가슴에 울컥함이 없으십니까? 하나님이 우리을 이렇게 사랑하시는데 계속해서 낙심하며 살아가시겠습니까? 늘 외롭게 살아가시겠습니까? 늘 고독하게 살아가시겠습니까? 어떻게 외로울 수가 있겠습니까? 우리 안에 감격과 행복이 흘러넘쳐야 합니다.

♪ 너의 하나님 여호와가 너의 가운데 계시니
　그는 구원을 베푸실 전능자 전능자시라
　그가 너로 인하여 기쁨을 이기지 못하시며
　너를 잠잠히 사랑하시며
　즐거이 부르며 기뻐 기뻐하시리라

이러한 사랑을 우리가 개인적으로만 느끼는 것이 아닙니다. 함께 모여서 이 사랑을 느끼고 공유하는 곳이 바로 교회입니다. 하나님은 우리를 개인적으로만 부르시지 않았습니다. 우리가 함께 모여서 예배도 드리지만 이 사랑을 나누고 공유하도록 교회로 부르신 것입니다.

그러니까 우리의 만남은 우연이 아닙니다. 그것은 예수 그리스도 안에서 바람이고 소원이었습니다. 우리가 함께 예배를 드리고 말씀을 나눈다는 것이 얼마나 큰 축복입니까? 이것이야말로 별처럼 수많은 사람들, 그중에 우리가 함께 만나서 예배를 드리는 은혜라고 할 수 있습니다.

> ♪ 별처럼 수많은 사람들 그중에 우리가 만나
> 우리 함께 은혜를 나누고
> 교회 온 것으로 족했던 우리가 은혜를 받고
> 그 모든 것 기적이었음을 그 모든 것 축복이었음을

이러한 하나님의 은혜와 사랑을 나누는 곳이 교회입니다. 이런 사람들이 어떻게 외롭겠습니까? 해외 이민을 가신 분들은 외롭기 때문에 교회를 나간다고 합니다. 북유럽을 가 보니까 북유럽 교회는 텅텅 비었지만 한인 교회는 사람들이 모입니다. 고국을 떠나 보니 너무 외롭지 않습니까? 그래서 그들이 모여서 주의 은혜와 사랑을 나누는 것입니다. 그 마음들이 아름다운 마음이고 복된 마음입니다. 그러니 이런 사람은 절대로 외로울 수가 없습니다.

> ♪ 아름다운 마음들이 모여서 주의 은혜 나누며
> 예수님을 따라 사랑해야지 우리 서로 사랑해
> 하나님이 가르쳐 준 한 가지 네 이웃을 네 몸과 같이
> 미움 다툼 시기 질투 버리고 우리 서로 사랑해

3) 외로움을 자기 발전의 계기로 삼을 필요가 있습니다.

제가 얼마 전에 어떤 교회를 방문했습니다. 그 교회 목사님은 제가 정말 부러워하는 목사님이시고 저보다 훨씬 더 많은 고난과 역경을 당한 분입니다. 그분께서 교회 1층에 전시되어 있는 도자기 전시, 조각 작품을 전시한 곳을 직접 안내하며 보여주셨습니다. 제가 도자기는 좀 알지만 조각은 잘 모릅니다. 석고나 돌로 조각한 것은 좀 아는데 두꺼운 철사나 철근 같은 것을 구부려 놓고 다른 물질과 합쳐서 만들어 놓은 조각 작품의 가치는 아직 잘 모릅니다.

그중에 어떤 조각 작품 하나를 보여주시며 아파트 한 채의 가치가 있다는데, 저는 아무리 봐도 알 수가 없었습니다. 그래서 제가 목사님께 물어 봤습니다. "목사님께서 언제부터 이렇게 예술적인 면에 눈이 열리셨습니까?" 그러자 당신께서 그렇게 고난을 받으시고 말할 수 없는 역경을 당하실 때, 문화예술과 심미적인 영역에 관심을 갖게 되었다는 것입니다.

당연히 기도하고 성경을 보며 묵상을 하셨습니다. 그렇지만 심장이 터져 버릴 것 같아서 기도하고 성경을 보다가 예수 그리스도 안에서 문화예술과 심미적인 영역을 탐구하셨습니다. 그러면서 조금씩 위안을 받고 외로움을 달랬다는 겁니다. 그랬더니 언제부턴가 이런 예술적 심미안이 열리더라는 것입니다. 그래서 저도 마음속으로 지고 싶지는 않아서, 조심스럽게 물어 봤습니다. "목사님께서는 난에 대해서 잘 모르시죠? 저처럼 시에 대해서 조예가 깊으시나요? 그뿐만 아니라 남진 장로님, 조용필 씨나 이선희 씨 잘 아십니까? 저는 그런 예술적 심미안의 눈이 열려 있거든요."

돌아오면서 생각해 보니까 저에게도 수많은 외로움의 시간이 있었습니다. 그러다 보니까 저도 이러한 예술적 심미안이 열려 있었던 것 같습니다. 그래서 제가 시를 쓰고 글을 쓰고 대중적 음악에 익숙해진 것입니다. 그리고 그 덕분에 시대와 동떨어지지 않고 대중과 더 잘 소통하게 되었습니다. 이런 것을 생각하면 얼마나 감사한지 모릅니다. 영적이면서도 현대적인 목사가 되었으니 말입니다.

우리가 이렇게 외로울 때 문화예술적·심미적 활동을 통해서 출구를 열고 자기 발전의 계기로 삼는 것도 중요합니다. 그러나 더 중요한 것이 있습니다. 우리가 시대 흐름을 간파하고 문화 예술영역까지 눈이 열려 다양한 사람과 소통하는 것도 중요하지만, 그보다 더 중요한 것이 있습니다. 그것은 하나님과 깊은 교제를 하는 것입니다.

그래서 예수님은 외로울 때마다 한적한 곳을 찾으셨습니다. 그리고 거기서 하나님 앞에 기도하시고 하나님과 깊은 교제를 나누셨습니다. 그러므로 우리는 세상적인 외로움이 찾아올수록 오히려 더 거룩한 외로움으로 세상적인 외로움을 이겨 버려야 합니다. 그럴수록 한적한 곳에 가서 더 깊은 고독과 거룩한 외로움 속에서 하나님을 만나고 자신의 내공을 단련하며 외로움을 이길 수 있어야 합니다.

그렇게 함으로써 이런 외로움을 통해 우리가 더 영적으로 성숙하고 자기 발전의 계기로 삼을 수 있는 것입니다. 저처럼 사회성이 발달하고 낙관적인 사람이라고 외로움이 없겠습니까? 언젠가 제가 쓴 '목양일기'라고 하는 시가 있습니다. 초기 시집인 《그대 지친 옷깃을

여미며》라는 시집에 나오는 시입니다.

수요 저녁예배가 끝난 / 늦은 밤
어느 성도의 헌신 심방을 다녀오는 길
차창 밖으로 멀어져 가는 가로수들과
하나, 둘 불이 꺼지기 시작하는
죽전의 아파트 숲 사이로
나는 고독한 나그네가 됩니다
집을 뒤로한 채
아들 딸의 잠든 얼굴 마음으로 그려 보며
아내의 손 한 번 잡아 주지 못한 미안함을 안고
오늘도 홀로 교회에서 잠이 들 것입니다…(중략)
헌신 심방이 끝나고 / 돌아오는 길
나의 마음이 즐겁기만 하리요
어찌 나의 마음이 편하기만 하겠소
이 예물로 / 사랑하는 성도들 / 승용차도 바꾸고
아파트 리모델링도 할 수 있을 텐데…
나의 가슴은 미어지고
뜨거운 눈물이 가슴을 적시고
애잔함과 외로운 생각에
잠을 뒤척인다는 것을 누가 알리요…(하략)

사실 외롭고 고독한 밤이 있기 때문에 제가 계속 발전하게 된 것입니다. 제가 낮에는 정말 부지런히 활동합니다. 그런데 밤이 되면 전화 오는 곳도 별로 없습니다. 남들이 잠드는 때에 스스로 외롭고 고독한 시간을 보내며 책을 보고 유튜브를 검색하며 음악을 들을 때도 있습니다. 그때 저의 지식이 축적되기도 하고 정서가 힐링이 됩니다.

그러나 더 행복하고 만족스러울 때가 있습니다. 그것은 깊은 밤에 혼자 기도하고 성경을 연구하는 때입니다. 그래서 어떨 때는 본당에서 잠자는 사람 깨지 않게 조용히 본당에 왔다가 기도하고 갈 때가 있습니다. 그러면 그 시간이 얼마나 귀한지 모릅니다. '아, 정서적·문화예술적·심미적 세계도 중요하지만, 영혼 깊은 곳에서 솟구쳐 오르는 신령한 욕망을 따라서 하나님과 교제하는 것이 이렇게 고귀한 것이구나…' 그때마다 이런 노래를 부르곤 합니다.

♪ 주님은 내 사랑이요 고귀한 내 생명이요
　내 가는 인생 길에서 주님은 내 소망이요
　주님은 내 행복이요 나에겐 참 사랑이요
　그 무엇과 바꿀 수 없는 주님은 소중한 주님
　나 주님 영원히 사랑하리 온 세상 모두가 변한다 해도
　주님만 사랑하리라 아무리 험난한 길도
　주님과 우리 주님과 영원히 함께 가리라
　가리라 가서 영원토록 우리 주님과 함께 살리라

그런데 문제는, 우리가 기도할 힘조차도 없고 하나님께 나아갈 힘도 없을 때가 있다는 것입니다. 기도를 해야 하는데 기도할 힘조차 없습니다. 그러나 걱정하지 마십시오. 하나님께서 함께하십니다. 아니, 우리가 하나님께 어떻게 나아가고 어떻게 기도해야 할지 모를 때도 성령님께서 우리 안에서 탄식하는 기도를 하십니다.

> **롬 8:26** 이와 같이 성령도 우리의 연약함을 도우시나니 우리는 마땅히 기도할 바를 알지 못하나 오직 성령이 말할 수 없는 탄식으로 우리를 위하여 친히 간구하시느니라

예수님께서 하나님의 보좌 우편에서 기도하신다는 것입니다.

> **롬 8:34** …그는 하나님 우편에 계신 자요 우리를 위하여 간구하시는 자시니라

그러므로 우리는 더 이상 혼자가 아닙니다. 주님이 우리와 함께하십니다. 성령께서 우리 안에 계십니다. 아니, 성령께서 보혜사로 오셔서 우리 안에서 우리를 대신하여 기도를 해주십니다. 그러므로 걱정하지 마십시오. 우리가 앉아 있는 그 고독한 자리, 그 외로운 시간에 그냥 '아, 내가 기도해야지. 아, 내가 하나님께 나아가야지' 하는 마음만 먹으면 됩니다. 그때 성령께서 우리 안에서 대신 중보하는 기도를 해주십니다. 아니, 예수님께서 하나님의 보좌 우편에서 기도해 주

십니다. 그러니까 우리가 절대로 외로울 수가 없습니다.

> ♪ 당신이 지쳐서 기도할 수 없고
> 눈물이 빗물처럼 흘러내릴 때
> 주님은 우리 연약함을 아시고 사랑으로 인도하시네
> 누군가 널 위하여 누군가 기도하네
> 네가 홀로 외로워서 마음이 무너질 때 누군가 널 위해 기도하네
> 누군가 널 위하여 누군가 기도하네
> 네가 홀로 외로워서 마음이 무너질 때 누군가 널 위해 기도하네

이런 사람이 왜 외롭겠습니까? 외로움을 넘어서 영적으로 성숙하고 발전하고 도약하게 됩니다. 우리가 살다 보면 외로움을 느낄 때가 있습니다. 그럴 때, 먼저 우리 자신을 사랑해야 합니다. 하나님의 사랑 속에 더 깊이 더 들어가야 합니다. 그리고 외로움을 오히려 자기 발전의 계기로 삼아야 합니다. 그러면 우리는 외로움을 극복할 뿐 아니라 외로움 때문에 하나님과의 더 깊은 교제 속에서 신비로운 은혜를 경험할 수 있습니다. 그렇게 해서 더 큰 사명을 감당하고 사명의 길을 걸어갈 수 있습니다.

2. 가슴이 텅 빈 당신에게

"더러운 귀신이 사람에게서 나갔을 때에 물 없는 곳으로 다니며 쉬기를 구하되 쉴 곳을 얻지 못하고 이에 이르되 내가 나온 내 집으로 돌아가리라 하고 와 보니 그 집이 비고 청소되고 수리되었거늘 이에 가서 저보다 더 악한 귀신 일곱을 데리고 들어가서 거하니 그 사람의 나중 형편이 전보다 더욱 심하게 되느니라 이 악한 세대가 또한 이렇게 되리라"(마 12:43-45).

치매 걸린 시인은 없다

치매라는 병이 얼마나 무서운 줄 아십니까? 초등학교 아이가 이런 내용의 일기를 썼습니다. "어제 할아버지가 《치매 걸리지 않는 법》이란 책을 사 오셨다. 그런데 오늘 또 사 오셨다." 이 할아버지는 이미 치매에 걸리신 것이죠. 저희 아버님께서도 돌아가시기 전에 몇 달 동안 약간의 치매기가 왔습니다. 그래서 아버님을 찾아뵈러 갔습니다. 저희 아버님이 엄청 양반이셔서 자식들에게 진주 소씨의 족보 교육과 양반으로 살아가는 예절 교육을 많이 시키셨습니다.

"우리 성씨끼리는 소씨라고 해야 하지만 남 앞에서는 소가라고 낮춰야 한다"라고 하셨습니다. 어느 집을 가든 어르신을 뵈면 고개만 숙이면서 인사하지 말고 큰 절로 인사를 드리라고 했습니다. 저희 아버님은 양반 중의 양반 중의 양반이시라 김을 드셔도 다른 김은 안 드시고 양반김(?)만 드셨습니다.

그러니까 은근히 궁금한 마음도 생겼습니다. 그렇게 양반의 체통을 중요시하던 아버님이 치매기가 왔으니 나를 보고 뭐라고 할까? 궁금한 마음으로 아버님께 갔더니 저희 아버님이 제 손을 잡고 뭐라고 그런 줄 아십니까? "아니, 동생이 우리 집에 어쩐 일이여?"

그러나 이것은 약과입니다. 어느 성자 같은 목사님이 은퇴 후에 치매가 걸리셨습니다. 한번은 까마득한 후배 목사 교회를 찾아가신 것입니다. 후배 목사가 보니까 까마득한 어르신이 오셨지 않습니까? 그래서 축도를 모셨습니다. 그러자 어떻게 축도하신 줄 아십니까? "이제는 우리 주 예수 그리스도의 은혜와 하나님의 사랑하심과…" 까지는 잘했습니다. 그런데 갑자기 두 손을 든 채로 노래를 부르시는 것입니다.

♪ 오동추야 달이 밝아… 동네 처녀 바람났네
아싸라바빠 삐아 삐아~~

그래서 무장해제를 하고 목사님을 아래 자리로 모셨다고 합니다. 얼마나 서글픈 이야기입니까? 그러므로 우리 모두 천국 갈 때까지 절대로 치매가 안 오도록 기도해야 합니다. 요즘 정신과에 가서 치매 검사를 할 때 10문제 중 3~4문제를 맞추면 치매 초기 증상으로 본다고 합니다.

이런 사람들에게 정신과 의사가 제일 먼저 처방해 주는 것이 에세이를 쓰는 것이랍니다. 에세이를 쓰기 시작하면 자신을 돌아보게 되고 과거에 있었던 일을 다 기억하게 되기 때문입니다. 이처럼 글 쓰는 것이 얼마나 중요한지 모릅니다. 우리도 치매 안 걸리려면 에세이를 잘 써야 합니다.

그런데 에세이보다 더 좋은 처방이 있는데 그것은 바로 시를 쓰는 것입니다. 시라고 하는 것은 창작 작업입니다. 그러니까 시를 쓰는 사람은 나이가 먹어도 계속 창작을 하니까 치매가 안 걸린다는 것입니다. 그 말을 듣고 보니까 정말 시인들 중에는 치매 걸린 사람이 없습니다.

그런데 집에서 혼자 멍하게 텔레비전만 보며 우울하게 있으면 뇌 조직이 파괴되고 치매가 온다는 것입니다. 그러니까 부지런히 밖에 나가서 활동을 하거나 창작을 해야 합니다. 그런 의미에서 저는 너무 감사합니다. 제가 매주 주보에 칼럼도 쓰고 여러 신문에 글을 얼마나 많이 씁니까? 게다가 저는 시까지 씁니다. 그래서 저는 치매 오기가 다 틀린 것 같습니다.

남진 장로님의 콘서트 일화

시는 아무나 잘 쓸 수 없습니다. 그래서 시 쓰는 것 못지않게 중요한 처방이 있다고 합니다. 그것은 바로 좋은 음악을 듣는다든지 좋은 노래를 부르는 것입니다. 좋은 음악을 듣거나 좋은 노래를 부르면 정서가 순화되고 마음이 정화됩니다. 이런 사람에게는 치매가 올 수 없습니다. 치매가 안 올 뿐만 아니라 영혼이 건강해집니다.

우리의 영혼이 건강하기 위해서는 먼저 좋은 정서가 뒷받침을 해주어야 합니다. 정서가 불안하고 마음이 건강하지 못한 상태에서는 결코 영혼이 건강할 수가 없습니다. 견고하고 건강한 정서의 토대 위에서 건강한 영혼의 집을 짓고 흔들림 없이 영에 속한 사람으로 살아갈 수 있습니다. 그래서 세계적인 조직신학자 안토니 후크마도 그의 저서 《개혁주의 인간론》에서 전인적 인간론을 언급하면서 정서의 건강을 강조했습니다.

그러므로 치매 예방뿐만 아니라, 정말 우리가 영적으로 건강한 삶을 살고 우리 안에 견고한 영혼의 집을 튼튼하게 짓기 위해서는 먼저 우리의 정서가 건강해야 합니다. 마음의 심지가 굳고 정서의 토대가 견고해야 영혼의 집을 잘 짓고 정말 영적인 사람으로 살아가는 것입니다. 그래서 성경도 무릇 지킬 만한 것보다 먼저 마음을 지키라고 말씀하고 있습니다. 그리고 우리 마음의 심지를 견고하게 하라고 합니다. 그래야 우리 안에 생명이 흘러넘치고 평강이 흘러넘친다는 것입니다.

잠 4:23 모든 지킬 만한 것 중에 더욱 네 마음을 지키라 생명의 근원이 이에서 남이니라

사 26:3 주께서 심지가 견고한 자를 평강하고 평강하도록 지키시리니 이는 그가 주를 신뢰함이니이다

제가 호산나선교회를 2년 동안 섬겨왔는데 항간에 호산나선교회와 저에 대해서 종북 좌파라고 악의적으로 글을 쓰는 사람이 있었습니다. 완전히 소설이고 가짜입니다. 제가 그런 사람인가요? 글 쓴 분이 나라를 워낙 사랑하는 분 같아서 대응을 하지는 않았습니다. 호산나선교회는 정말 순수하게 고향 사람끼리 교제하고 선교하는 단체입니다. 사실 이것도 안 하려고 하는데 제발 해달라고 사정을 해서 하게 된 것입니다.

그런데 제가 너무 바빠서 호산나 모임도 못 갔고 일도 전혀 못 했습니다. 그래서 너무 죄송해서 작년 연말에 호텔에서 식사 한 끼 대접해 드리고 남진 장로님 콘서트를 마련해 드렸습니다. 남진 장로님 무대 매너가 얼마나 좋습니까? "♪너 빈자리 채워 주고 싶어 내 인생을 전부 주고 싶어~"

베스트 오브 베스트이시지 않습니까? 그러니까 대부분의 사람들이 다 박수치고 분위기를 잡는데, 몇 사람이 박수를 안 치고 지켜만 보는 것입니다. 아주 경건파 중의 경건파지요. 그중의 한 분이 저의 은사이신 서철원 박사님이십니다. 남진 장로님이 노래를 하니까 서

박사님 사모님은 좋아서 박수를 치시는데 서 박사님은 표정만 헬렐레 할 뿐 박수를 안 치시는 것입니다.

그래서 제가 서 박사님 옆에 가서 조용하게 말씀드렸습니다. "교수님, 좋은 말로 말씀드릴 때 박수 좀 치세요. 서 박사님께서 저희들을 가르치실 때 인간의 정서가 건강해야 영혼도 건강하게 된다고 하셨잖아요?" 그러자 드디어 박수를 치시는 겁니다. 그런데 또 한 분이 박수를 안 치는 것입니다. 정장복 총장님이 박수를 안 치시는 것입니다. "♪너는 나만 믿고 따라와 내가 널 지켜 줄 거야."

이런 노래를 부르는데도 박수를 안 치시는 것입니다. 이분은 예배학을 전공하신 분입니다. 그래서 제가 가서 또 그랬습니다. "총장님, 지금 예배 시간 아닙니다. 좋은 말로 할 때 박수 치세요." 그랬더니 박수를 치시는 것입니다. 그러자 장내 분위기가 완전히 하나 되었습니다. 남진 장로님이 가신 후에 다시 강단에 가서 마이크를 잡고 제가 목사님들께 물어봤습니다. "남진 장로님이 오셔서 좋습니까, 안 좋습니까?" 그랬더니 "좋습니다"라고 하는 것입니다.

"그러면 왜 박수를 안 치십니까? 우리가 영혼이 건강하려면 정서부터 건강해야 합니다. 정서가 건강하지 않고는 절대로 영혼이 건강할 수 없습니다. 싸우는 교회 보십시오. 그들이 얼마나 겉으로는 경건한 척합니까? 예배 시간에는 얼마나 경직되어 있는지 모릅니다. 그런데 경직될 정도로 경건하게 예배드리는데 왜 교회가 싸웁니까? 그냥 싸우기만 합니까? 왜 그렇게 박살이 나고 깨집니까? 그들이 하나님 앞에 그렇게 경건하게 예배드리고 경건하게 기도도 하는 것처럼 보이는데 왜 교회가 싸우고 박살나고 깨지는 것입니까?

그 이유는 그 교회 교인들의 정서가 건강하지 못해서 그래요. 우리 교회 보십시오. 제가 30년 목회했지만 한 번도 싸운 적이 없습니다. 교회가 박살나고 깨진 적이 한 번도 없습니다. 왜 그런 줄 아십니까? 교인들의 정서가 건강하기 때문에 그래요. 교인들의 정서가 건강한데 어떻게 싸우겠습니까?"

아무리 교인들이 경건하고 윤리적으로 깨끗한 것처럼 보여도 교인들의 가슴이 텅 비어 있다면 신경질적으로 싸우게 됩니다. 아무리 교회 예배가 경직될 정도로 경건하더라도 교회 내부가 휑하고 은혜와 생명력이 사라져 버리면 경건의 모양밖에 없는 것입니다. 그러니까 다투고 싸우는 것입니다. 이 텅 빈 성도들의 가슴에 더러운 영이 들어와서 장난을 치니까 싸우고 다투고 박살이 나는 것입니다.

그러므로 우리는 경건의 모양만 갖추지 말고 경건의 능력이 있어야 합니다. 진짜 경건의 능력을 갖춘 사람은 그냥 못 있습니다. 신바람 나는 삶을 살 수밖에 없습니다. 그러므로 주님 오실 때까지 신바람 나는 교회가 되어야 합니다. 박살 나는 교회가 되지 말고 언제나 사랑하며 섬기는 교회가 되어야 합니다. 언제나 화목하며 평안이 가득한 교회가 되어야 합니다.

♪ 만세 반석 말씀 위에 터전을 잡고
　보혈 샘물 생수의 성령 흐르는 곳에
　그리스도 중심하여 서로서로가

사랑하며 섬기는 영광스런 새에덴교회

변화 받은 성도들이 경배하는 곳
축복 받은 교우들이 교제하는 곳
진리 횃불 드높이고 전도하여서
교회 성장 가정 축복 영광스런 새에덴교회

만델라 석방을 위한 음악회

이것은 교회만이 아닙니다. 어느 조직이나 공동체도 마찬가지입니다. 단국대학교에서 특별한 음악회가 있었습니다. 그 음악회는 임시정부 수립 100주년과 장형 선생님 탄생 130주년 기념음악회였습니다. 장형 선생님은 유명한 독립운동가요 교육사업가였습니다. 그분이 임시정부 수립에도 큰 역할을 하셨고 국가유공자이십니다. 그분의 묘지를 보훈처에서 관리를 하고 있습니다.

이분이 단국대학교를 설립하셨으며 우리 교회 장충식 장로님의 선친이십니다. 그런데 기념음악회에서 장충식 장로님이 클로징 멘트를 하는데 이런 말씀을 하시는 것입니다. 대한민국 정치가 살기 위해서는 정치인들이 음악 공부를 해야 한다는 것입니다. 특별히 국회의원들이 음악을 모르니까 맨날 싸움을 한다는 것입니다.

우리나라에서 음악회를 가 보면 정치인들의 얼굴이 보이던가요? 그러나 유럽 같은 경우, 특별히 영국 같은 경우는 정치인들이 음악에 조예가 깊습니다. 아주 격조가 있는 음악회에 여야 의원들이 다

참석을 합니다. 그리고 시작 전과 중간 쉬는 시간에 여야 의원들끼리 함께 모여서 다과회를 갖고 칵테일을 마십니다. 그러니까 정치도 현장에서 음악적 하모니를 이루고 조화를 이룬다는 것입니다. 왜냐하면 음악은 하나님이 인간에게 주신 최고의 선물이기 때문입니다.

그래서 남아프리카공화국의 만델라가 종신 징역살이를 하고 있었는데, 1988년에 영국에서 각국을 대표하는 세계적인 성악가 80명이 모여서 음악회를 했습니다. 오케스트라를 합치면 150명, 200명이 되었습니다. 그들이 모여서 만델라의 석방을 기원하는 음악회를 한 것입니다.

그런데 그 음악회의 영향으로 그 이듬해 봄에 만델라가 석방되었습니다. 이처럼 음악은 모든 것을 살릴 수 있다는 것입니다. 그런 의미에서 저는 또 하나님 앞에 감사하지 않을 수 없습니다. 제가 에세이와 시를 쓸 뿐만 아니라 음악을 굉장히 좋아하는 사람이기 때문입니다. 그래서 저의 설교 중에도 반드시 음악이 있고 노래가 있습니다. 그러다 보니까 우리 교회 분위기는 항상 음악적 분위기가 가득합니다.

교회가 이렇게 음악적 분위기가 되는데 어떻게 싸우겠습니까? 이런 분위기가 1~2년도 아니고 30년도 넘게 이어오니까 싸우는 분위기가 아닙니다. 우리 교회는 정서도 건강하고 영적 분위기도 건강합니다. 그러므로 저는 영혼 건강을 강조하기 전에 정서적인 건강의 중요성을 강조합니다.

그런 의미에서 우리들이 영혼 관리와 더불어서 정서 관리도 잘해야 합니다. 그리고 정서 관리를 잘하기 위해서는 좋은 음악회를 가는 것도 좋습니다. 만일 음악회에 갈 여유가 없다면 좋은 음악을 듣는 것도 좋습니다. 그러나 좋은 음악을 듣는답시고 우울하고 허무한 음악을 들으면 절대로 안 됩니다. 그러면 가슴이 허전하고 마음이 휑하게 됩니다.

> ♪ 황성 옛터에 밤이 되니 월색만 고요해…(중략)
> 아 가엾다 이 내 몸은 그 무엇 찾으려
> 끝없는 꿈의 거리를 헤매어 왔노라

이런 노래를 자꾸 들으면 정말 가슴이 휑하고 우울해집니다. 윤심덕이라는 가수가 이런 노래를 부르다가 결국 비극적 죽음을 맞았지 않습니까?

> ♪ 이래도 한평생 저래도 한평생 돈도 명예도 사랑도 다 싫다~

돈도 명예도 다 싫은 분들은 저에게 가져오세요. 제가 하나님 나라와 한국교회를 위해 선한 일에 많이 쓰겠습니다. 어디 좋은 음악뿐이겠습니까? 조용한 숲을 산책하고 산행을 하는 것도 정서 건강에 큰 도움을 줍니다. 저는 아무리 머리와 어깨가 무거워도 산에만 가면 날아갈 것 같습니다. 그러니 산에만 가면 무조건 천국입니다. 갑바도기아 신학자인 닛사의 그레고리처럼 저도 산행을 하면서 자연과 교감을 하고 대화를 합니다. 나무와 풀잎, 그리고 꽃들… 그들에게도 아픔이 있고 상처가 있거든요. 또한 그들에게도 기쁨이 있고 행복이 있습니다. 그래서 저도 그들을 축복해 주고 그들도 저를 위로해 주는 시간을 갖습니다.

제가 충주에 있는 깊고 깊은 옹달샘을 다녀온 적이 있습니다. 작년에 그곳에 갔을 때 고도원 장로님과 그곳 나무들에게 꽃피는 봄에 다시 온다고 약속을 했습니다. 그러나 제가 얼마나 바쁩니까? 그래서 봄은커녕 여름에도 가질 못했습니다. 교회 뒷산을 갈 때마다 대신 나무들에게 미안하다고 했습니다. 푸른 풀잎들과 꽃잎들에게 정말 미안하다고 사과를 했습니다. 그러다가 가을을 맞게 되었고 곧 겨울이 왔습니다. 그래서 한번은 제가 교회 뒷산에 가서 깊은 산 속 옹달샘에 있는 나무들을 J라고 생각하면서 이런 노래를 불렀습니다.

♪ J~ 아름다운 여름날이 멀리 사라졌다 해도
　J~ 나의 사랑은 아직도 변함없는데
　J~ 난 너를 못 잊어 J~ 난 너를 사랑해

그러다가 '아, 이래선 안 되겠다. 내가 잘못하면 사기꾼이 되겠구나…' 하는 마음이 들어서 하루 코스로라도 다녀왔습니다. 그곳에 가서 고도원 장로님에게 걷기 명상을 배웠습니다. 그리고 그곳에서 나무 명상을 하였습니다. 사방이 쭉쭉 뻗은 전나무로 가득한데 오로지 한 나무가 꾸불통꾸불통하게 자라 있었습니다. 저는 거기서 그 나무들을 바라보며 명상을 한 것입니다.

"야, 너는 어쩌면 그렇게 꾸불퉁꾸불퉁하게 자랐니? 험악한 세월을 견뎌내느라 얼마나 고생이 많았니? 내 인생도 돌아보면 너랑 똑같구나. 그러나 우리가 살아 있는 게 하나님의 축복이고 은혜잖아. 죽어 쓰러진 나무는 바람이 불어도 전혀 흔들리지 않고, 떨어져 버린 가랑잎은 찬 서리가 내려도 떨지도 않잖아. 그러니까 다가오는 겨울에 아무리 눈보라가 불어닥친다 하더라도 함께 잘 견뎌내 보자꾸나. 그래야 우리가 내년에 아름다운 봄을 맞이할 수 있잖아."

제가 이렇게라도 살아가니까 저의 정서가 건강해지는 것입니다. 우리는 이렇게라도 해서 건강한 정서를 소유해야 합니다. 그렇지 않으면 우리도 모르게 육신의 정욕을 따라 살아가게 되고 쓸데없는 세상 쾌락에 빠지게 됩니다. 그러면 우리의 정신과 영혼이 피폐해지고 맙니다.

전두엽에 저장된 중독의 위험성

우리 뇌의 구조를 보면 전두엽이라는 부분이 있습니다. 이 전두엽이 어떤 역할을 하냐면, 세상 쾌락을 느끼거나 육신의 쾌락을 저장하는 역할을 합니다. 예컨대 알코올을 통한 쾌감, 도박을 통한 쾌감, 성적인 쾌감 등 여러 가지 세속적이고 관능적인 쾌락을 느끼면 그것이 전두엽에 저장됩니다.

그 쾌락이 전두엽에 저장되면 중독이 되고, 그러면 절대로 거기서 빠져나올 수가 없습니다. 쾌락의 노예가 되는 것입니다. 쾌락을 느끼지 않으면 살 수가 없습니다. 중독에서 벗어나려면 치유 프로그램이 약간의 도움이 되긴 하지만 정말 힘듭니다. 그런데 정말 도움이 되는 길이 있습니다. 그것은 지금까지 감각적으로 느끼고 축적해 왔던 육신의 쾌락과 세상의 재미보다 훨씬 더 신령하고 거룩한 하늘의 기쁨을 맛보는 것입니다. 우리가 하늘로부터 오는 평강과 기쁨과 거룩한 쾌감을 맛본다면 먼저 우리의 전두엽부터 덮어 버리게 됩니다. 하나님께서 성령을 통하여 하늘의 신령한 기쁨을 주시고 거룩한 평강을 부어 주시면, 전두엽에 새겨지고 각인되어 있던 쾌락의 기억이나 욕구가 다 지워집니다.

그러니 세상의 그 어떠한 중독도 이기게 되는 것입니다. 그러므로 정말 우리가 하나님의 말씀으로 은혜를 받고 그 말씀을 통해서 치유를 경험해야 합니다. 그러면 이런 사람은 하늘의 기쁨과 평강과 거룩한 희락에 중독이 되어서 살아가는 것입니다. 이런 사람은 하나님이 없이는 살아갈 수가 없습니다. 주님의 은혜와 생명이 없이는 살아갈 수가 없습니다. 그러니까 이 사람은 주님의 은혜로 살고 하늘의 기쁨으로 살고 거룩한 기쁨과 희락에 중독이 되어서 살아가는 것입니다.

♪ 그대가 만일 참된 행복을 찾거든 예수님을 만나 보세요
그분으로 인하여 참 평안을 얻으면 나와 같이 고백할거요
난 예수가 좋다오 난 예수가 좋다오
주를 사랑한다던 베드로 고백처럼 난 예수를 사랑한다오

텅 빈 방, 영혼의 진공 상태

마태복음 12장은 이러한 사실을 교훈해 주고 있습니다. 오늘 예수님께서는 이 세대를 악하고 음란한 세대라고 했습니다.

> 마 12:39 예수께서 대답하여 이르시되 악하고 음란한 세대가 표적을 구하나 선지자 요나의 표적 밖에는 보일 표적이 없느니라

그런데 악하고 음란한 세대에 어떤 일이 일어나느냐 하면, 사람의 마음속에 귀신들이 자주 들락날락한다는 것입니다. 어떤 사람에게 귀신이 들어왔습니다. 그런데 예수님을 만나 귀신이 쫓겨났습니다. 그래서 그 사람에게 쫓겨난 귀신은 물 없는 곳으로 다니며 쉴 곳을 구합니다. 그런데 쉴 곳을 얻지 못했습니다.

> 마 12:43 더러운 귀신이 사람에게서 나갔을 때에 물 없는 곳으로 다니며 쉬기를 구하되 쉴 곳을 얻지 못하고

여기서 '물 없는 곳'은 문자적인 의미로는 광야나 사막을 말합니다. 고대 근동에서 광야는 귀신의 거처로 여겨졌습니다. 그런데 귀신은 광야보다 사람의 마음속에 거하기를 좋아합니다. 그래서 물 없는 곳으로 이리저리 다니며 쉬기를 구하였지만 쉴 곳을 찾지 못했습니다. 그러다가 옛날 자기가 거했던 그 사람의 마음이 생각났습니다. 그래서 다시 귀신이 그 사람에게 돌아오니까 그 집이 청소가 되

고 수리가 되어 있었습니다. 다시 말하면 집 안이 깨끗하게 청소된 것처럼 마음이 깨끗하고 수리가 되었습니다. 그런데 중요한 것은 그 마음이 텅 비어 있었다는 것입니다.

> **마 12:44** 이에 이르되 내가 나온 내 집으로 돌아가리라 하고 와 보니 그 집이 비고 청소되고 수리되었거늘

여기서 그 집은 그 사람의 마음을 말합니다. 한마디로 이 사람은 가슴이 텅 빈, 영혼의 진공 상태를 이루고 있었던 것입니다. 물론 그 집이 깨끗하게 수리가 된 집이었습니다. 마음이 청소가 되고 수리가 되었다는 말입니다. 오늘날로 말하면, 그 사람은 양심도 바르고 윤리적으로 보나 도덕적으로 보나 깨끗한 사람이었습니다. 거짓말하거나 도둑질하거나 사기를 친 사람이 아닙니다.

그런데 문제는 그 사람의 가슴이 텅 비어 있었다는 것입니다. 아니, 가슴뿐만 아니라 영혼이 텅텅 비어 있었습니다. 그러자 귀신이 자기 혼자 들어가기는 좀 찝찝했나 봅니다. 그래서 자기보다 더 악한 귀신 일곱을 데리고 들어가서 그 사람의 마음에 거한 것입니다. 성경에서 '일곱 귀신' 하면 주로 능력이 많고 아주 센 귀신을 의미합니다. 그래서 막달라 마리아가 주님을 만나기 전에는 일곱 귀신이 들렸다고 기록하고 있습니다.

> **눅 8:2** 또한 악귀를 쫓아내심과 병 고침을 받은 어떤 여자들 곧 일곱

귀신이 나간 자 막달라인이라 하는 마리아와

그래서 일곱 귀신을 데리고 그 사람 속에 들어가니까 그 사람의 정신적 질환이 더 심해진 것입니다.

> 마 12:45 이에 가서 저보다 더 악한 귀신 일곱을 데리고 들어가서 거하니 그 사람의 나중 형편이 전보다 더욱 심하게 되느니라 이 악한 세대가 또한 이렇게 되리라

아무리 마음이 청소가 되고 수리가 되었다 할지라도, 그 마음이 텅 비니까 귀신이 들어갔습니다. 오히려 더 센 귀신이 들어간 것입니다. 그러므로 우리는 여기서 너무나 중요한 교훈을 깨달아야 합니다. 사람의 마음이 아무리 깨끗하고 그 삶이 윤리적이고 도덕적이라 할지라도 마음이 텅 비어 있으면 안 된다는 것입니다. 그것이야말로 속빈 강정이 되고 속이 뚫려 있는 오동나무가 되는 것입니다.

왜 백악관이나 청와대가 준엄하고 권위 있는 집으로 느껴집니까? 그 건물이 잘 지어져서일까요? 그 건물이 아름다워서 일까요? 아닙니다. 거기에는 그 나라의 통치자를 대표하는 사람이 거하고 있기 때문입니다. 대통령이 없는 백악관, 대통령이 없는 청와대를 생각해 보세요. 대통령이 탄핵되어 청와대에서 쫓겨나면 무슨 의미가 있습니까? 그 청와대와 백악관은 그저 텅 빈 집일 뿐입니다.

우리 그리스도인도 마찬가지입니다. 우리가 아무리 마음이 청결하

고 도덕적인 삶을 산다 할지라도 우리의 가슴이 텅 비어 있으면 말짱 헛것입니다. 우리 가슴속에 말씀의 생명력과 은혜가 충만해야 우리 안에 예수 그리스도가 주인으로 거하시며 통치자로 거하시는 것입니다. 우리 안에 성령의 충만함과 임재가 가득해야 귀신이 얼쩡거리지 못합니다.

> 요 10:10 도둑이 오는 것은 도둑질하고 죽이고 멸망시키려는 것뿐이요 내가 온 것은 양으로 생명을 얻게 하고 더 풍성히 얻게 하려는 것이라

> 갈 2:20 내가 그리스도와 함께 십자가에 못 박혔나니 그런즉 이제는 내가 사는 것이 아니요 오직 내 안에 그리스도께서 사시는 것이라…

그러므로 우리의 가슴을 텅 비게 하지 말고 마음을 진공 상태로 두지 말아야 합니다. 우리 가슴속에 예수님의 말씀과 은혜로 가득해야 합니다. 예수님의 생명으로 가득해야 합니다. 성령충만과 능력으로 가득해야 합니다. 그러기 위해서 항상 생명나무를 선택해야 합니다. 생명나무를 통하여 우리의 가슴에 예수님의 생명이 철철 흘러 넘쳐야 합니다.

> ♪ 나의 구원 나의 생명이신 예수 당신은 나의 생명나무
> 나의 사랑 나의 소망이신 예수 당신은 나의 생명나무 할렐루야
> 에덴동산 중앙에 생명과실 맺으며 푸르름 가득했던 생명나무

원망과 불평을 하지 않으며 아멘과 순종으로
생명나무 붙잡고 일어서리라

물론 우리 영혼의 건강 이전에 마음이 정화되고 정서가 순화되어야 한다고 했습니다. 우리가 좋은 글을 쓰고 좋은 음악을 부르는 목적도 마음의 정화와 정서의 순화를 위해서입니다. 좋은 시를 쓰고 좋은 노래를 부른다고 불렀는데 그것 때문에 우리가 허무주의에 빠지고 가슴이 텅 비어 버리면 안 됩니다. 바로 우리 마음이 텅 비어 있을 때 귀신이 찾아오는 법입니다. 허무라는 무기를 가져오고 회의와 갈등이라는 선물을 가져옵니다. 절망과 낙심이라는 선물을 가져옵니다. 세상 쾌락과 중독이라는 선물을 가져옵니다.

오늘 우리는 어떤 사람입니까? 가슴이 텅 빈 사람입니까? 영혼이 진공 상태로 내버려져 있지 않습니까? 그렇다면 왜 우리의 가슴이 텅 비어 있다고 생각하십니까? 왜 우리의 영혼은 진공관처럼 되어 버렸다고 생각하십니까? 왜 우리의 내면은 텅 빈 공허의 공백만을 자랑하고 있습니까?

젊음의 빈 노트

제가 신학교를 졸업하고 개척 교회를 준비할 때였습니다. 저는 그때 개척 장소를 선정하기 위해 서울 시내 전역을 돌아다녔습니다. 그러다가 토요일이 되면 광주로 내려가는데 고속버스 안에서 '젊음의 빈 노트'라는 노래가 나왔습니다.

♪ 내 젊음의 빈 노트엔 무엇을 그려야 할까
내 젊음의 빈 노트엔 무엇을 써야만 하나
내 젊음의 빈 노트엔 무엇을 채워야 하나

저는 이 노래를 듣고 정말 많은 생각을 했습니다. '내 안에도 젊음의 빈 노트가 있는데 나는 이 빈 노트에 무엇을 써야 하는가? 무엇을 그리고 무엇을 채워야 하는가?' 당연히 예수님을 채워야 합니다. 당연히 예수님의 생명을 채워야 합니다. 당연히 하나님의 사랑 이야기를 젊음의 빈 노트에 쓰고 그려야 합니다.

♪ 내 젊음의 빈 노트에 예수님을 채워야 하지
내 젊음의 빈 노트에 예수님을 그려야 하지

우리의 텅 빈 가슴에는 예수 그리스도를 채워야 합니다. 하나님의 사랑을 그리고 써야 합니다. 성령충만의 임재와 능력을 축적하고 또 축적해야 합니다. 그래야 우리가 악한 마귀를 이길 수 있습니다. 귀신을 내쫓을 수 있습니다. 더러운 영들을 쫓아낼 수 있습니다. 아니, 더러운 귀신들이 우리 주변에서 얼씬거리지도 못하게 됩니다. 더러운 귀신이 얼씬거리지 못할 뿐만 아니라 언제나 행복한 삶을 살게 됩니다. 정말 순전한 삶을 살게 됩니다. 정말 기쁨과 행복과 참 만족이 넘치는 복된 삶을 살아갑니다.

♪ 예수 우리 왕이여 이곳에 오소서
　보좌로 주여 임하사 찬양을 받아 주소서
　주님을 찬양하오니 주님을 경배하오니
　왕이신 예수여 오셔서 좌정하사 다스리소서

3.
홀로 서 있는 당신에게

"두 사람이 한 사람보다 나음은 그들이 수고함으로 좋은 상을 얻을 것임이라 혹시 그들이 넘어지면 하나가 그 동무를 붙들어 일으키려니와 홀로 있어 넘어지고 붙들어 일으킬 자가 없는 자에게는 화가 있으리라 또 두 사람이 함께 누우면 따뜻하거니와 한 사람이면 어찌 따뜻하랴 한 사람이면 패하겠거니와 두 사람이면 맞설 수 있나니 세 겹 줄은 쉽게 끊어지지 아니하느니라"(전 4:9-12).

시의 전성시대를 연 '홀로서기'
서정윤 시인의 '홀로서기'라는 시를 아십니까?

기다림은 / 만남을 목적으로 하지 않아도 / 좋다
가슴이 아프면 / 아픈 채로,

바람이 불면 / 고개를 높이 쳐들면서, 날리는
아득한 미소

어디엔가 있을 / 나의 한쪽을 위해
헤매이던 숱한 방황의 날들,
태어나면서 이미 / 누군가가 정해졌었다면,
이제는 그를 / 만나고 싶다

홀로 선다는 건 / 가슴을 치며 우는 것보다 / 더 어렵지만
자신을 옭아맨 동아줄, / 그 아득한 끝에서 대롱이며
그래도 멀리, / 멀리 하늘을 우러르는 / 이 작은 가슴.
누군가를 열심히 갈구해도 / 아무도
나의 가슴을 채워 줄 수 없고
결국은 홀로 살아간다는 걸 / 한겨울의 눈발처럼 만났을 때
나는 / 또다시 쓰러져 있었다…(하략)

 이 시는 1987년도에 발표되었는데, 도종환 시인의 '접시꽃 당신'이라는 시와 함께 대중의 큰 사랑을 받으며 시의 전성시대를 열었던 최고의 감성시입니다. 안타깝게도 훗날 시인의 불미스러운 사건으로 인하여 아름다운 시적 감성이 조금 빛이 바래긴 했지만, 그래도 한 시대를 풍미하며 수많은 사람들의 가슴에 시적 감성의 등불을 밝혀 준 것만은 사실입니다.

1980년대 중후반의 사회구조는, 전체주의 시대에서 민주화 시대로 넘어가면서 각 개인의 실존과 가치의 발견이 깨어나던 때였습니다. 그래서 많은 사람들이 전체의 일부분으로서의 내가 아닌, 개인적이고 독자적인 실존으로서의 삶을 목말라하기 시작했습니다. 그런 시대 흐름 속에서 '홀로서기'라는 시는 존재론적 향수를 불러일으키며 수많은 사람들의 감정을 건드려 주었습니다. 그래서 대중으로부터 큰 반향을 일으켰던 것입니다.

만남을 목적으로 하지 않아도 좋은 기다림, 가슴이 아프면 아픈 채로, 바람이 불면 고개를 높이 쳐들고서 날릴 수 있는 아득한 미소…. 그 가장 깊은 존재론적 사랑과 기다림의 끝에서 이제는 누군가를 만나고 싶다는 것입니다.

그뿐입니까? 홀로 선다는 것은 가슴을 치며 우는 것보다 더 애처롭고 처절하다는 것입니다. 내가 아무리 누군가를 갈망하며 갈구한다 할지라도 누가 나의 텅 빈 가슴을 채워 주겠냐는 것입니다. 그러니 사람은 누구나 쓰러지고 또 쓰러지더라도 홀로서기를 할 수 있어야 한다는 것입니다. 얼마나 아름다우면서도 처절하고 애처로운 시입니까?

사람은 누구나 홀로서기를 할 수 있어야 합니다. 언제까지 부모가 내 인생을 책임져 줄 것이며 사랑하는 사람의 사랑만을 의지하며 살아가야 하겠습니까? 인생을 살다 보면 한겨울의 눈발을 만날 때가 있습니다. 삶의 폭풍을 만날 때가 있습니다. 그럴 때 우리는 처절하게 쓰러집니다. 그러나 그때 다시 우리는 홀로서기를 해야 합니다.

저도 누구 못지않게 홀로서기를 해 왔던 사람입니다. 누구보다 인생 밑바닥에서 처절하게 홀로서기를 연습해 왔던 사람입니다. 제가 예수 믿고 신학교를 간다고 집에서 쫓겨나던 날, 그날 얼마나 눈보라가 내리쳤는지 아십니까? 두 눈에 눈물을 흘리면서 집을 나오는데 눈물이 두 볼에 얼어붙을 정도였습니다. 내의는 그만두고 바지 하나에 봄 점퍼를 걸치고 집을 나왔습니다.

> ♪ 몸에 걸친 단벌옷이 내게 족하고
> 들고 나선 성경 찬송이 넉넉하여라

참으로 혹독한 겨울의 눈보라가 저의 인생을 쓰러지고 쓰러지게 만들었습니다. 집을 나왔지만 오갈 데가 없었던 저는 군산으로 올라와 이 교회 저 교회를 배회하며 굶주림에 허덕여야 했습니다. 광주 신학교에 가서도 기숙사에서 120원짜리 식권이 없어 굶기를 밥 먹듯이 했습니다.

백암교회를 개척하던 때는 어땠습니까? 수많은 사람들이 술을 마시고 와서 제 멱살을 잡고 얼굴에 침을 뱉으며 온갖 모욕을 주며 저를 쓰러뜨리려 하였습니다. 물론 저는 쓰러졌습니다. 그러나 쓰러져도 다시 일어났습니다. 그리고 다시 걸어갔습니다. 그때 저는 시집 한 권, 소설책 한 권 읽어 본 적이 없고 영화 한 편 본 적이 없습니다. 제 고향이 남원이기 때문에 풍류와 음악을 좋아하는 사람입니다. 오죽하면 제가 생전 처음 교회 나가서 2부 시간에 '오동잎'이라는 노래를 불렀겠습니까?

♪ 오동잎 한 잎 두 잎 떨어지는 가을밤에
그 어디서 들려오나 귀뚜라미 우는 소리

'J에게'와 '젊음의 노트'

이렇게 대중가요를 좋아했던 사람이 은혜 받고 나서는 한 번도 불러 본 적이 없습니다. 신학교를 다니던 때의 신앙으로는 제가 대중가요가 용납이 안 되었고 또 그럴 만한 마음의 여유도 없었습니다. 그러다가 제가 신학교를 오가는 버스에서 전혀 색다른 노래가 흘러나온 것입니다. 그 노래가 바로 'J에게'라는 노래였습니다.

♪ J 스치는 바람에 J 그대 모습 보이면
난 오늘도 조용히 그댈 그리워하네
J 지난 밤 꿈 속에 J 만났던 모습은
내 작은 가슴에 여울져 남아 있네

20대, 처절하게 홀로서기를 하고 있던 저에게 이 노래는 엄청난 예술적 파문을 갖다 주었습니다. 또 하나, '젊음의 노트'라는 노래가 있었습니다.

♪ 내 젊음의 빈 노트엔 무엇을 그려야 할까
내 젊음의 빈 노트엔 무엇을 써야만 하나

당시 저는 서울로 신학교를 다니며 개척 장소를 물색하던 때였습니다. 그러니 그때 이 노래가 얼마나 제 가슴에 큰 파문을 일으켰겠습니까? 그러나 마음속으로만 부르지 입으로 부르지를 못 했습니다. 제가 그만큼 신앙적·목회적으로 홀로서기에 올인했다는 말입니다.

특별히 저는 부목사 사역을 해본 적이 없습니다. 써 주는 사람이 없었기 때문입니다. 그래서 저의 길은 원 웨이, 오로지 교회를 개척하는 길이었습니다. 그러나 저는 누구에게도 목회를 배워 본 적이 없습니다. 개척을 할 때도 저를 지도해 주거나 도와준 사람이 없었습니다. 그러니까 저의 개척 사역은 얼마나 처절하고 애처로웠는지 모릅니다.

제가 서울 시내를 다 다니면서 개척을 하려고 하는데 개척 자금이 있어야지요. 지역이 좋은 곳에서 개척을 하려고 하면 개척 교회를 할 수 있는 돈이 있습니까? 그러니 제 삶이 얼마나 처절하고 고독하고 외로웠겠습니까? 그래서 교계에서 저에게 붙여 준 닉네임이 '맨발의 소명자' 혹은 '3M 목회자'입니다. 맨발, 맨손, 맨땅에서 그런 교회를 이루었다고 말입니다.

지금 인생의 사막 한가운데를 걸어가는 분들이 있습니까? 소쩍새 우는 숲에서 외롭고 고독한 시간을 보내고 있는 분들이 있습니까? 고난과 시련의 극지에서 눈물 흘리는 분들이 있습니까? 주님의 은혜를 붙잡고 홀로 설 수 있어야 합니다. 사막 한가운데이든지, 광야 극지의 땅이든지, 적막한 숲이든지, 홀로 설 수 있어야 합니다. 사명의 길을 홀로 걸어갈 수 있어야 합니다.

♪ 비바람이 앞길을 막아도 나는 가리 주의 길을 가리
　눈보라가 앞길을 가려도 나는 가리 주의 길을 가리
　이 길은 영광의 길 이 길은 승리의 길
　나를 구원하신 주님이 십자가 지고 가신 길
　나는 가리라 주의 길을 가리라 주님 발자취 따라 나는 가리라
　나는 가리라 주의 길을 가리라 주님 발자취 따라 나는 가리라

우리의 신앙생활과 교회 생활도 처음에는 전도자의 안내나 순장의 케어가 필요합니다. 그리고 양육교사들의 양육이 필요하고 교역자들의 도움이 필요합니다. 처음에는 누구나 그렇습니다. 어린아이가 엄마 아빠를 의존해서 사는 것처럼 말입니다. 그러나 어느 때부턴가는 아무것도 아닌 것을 가지고 시험에 들 때가 있습니다.

교역자들의 말 한마디나 행동, 인간관계 때문에 상처받기도 합니다. 아니, 담임목사 때문에 상처를 받을 수도 있습니다. 그러나 시험이 없는 신앙생활은 어디에도 없습니다. 가시 없는 교회가 없습니다. 어느 가시 때문에 교회를 옮기면 거기는 또 왕가시가 있습니다. 왜 하나님이 그런 아픔과 상처를 주시는지 아십니까?

바로 그때가 홀로서기를 할 때입니다. 하나님께서 홀로서기를 하라는 사인을 주시는 것입니다. 그래서 우리의 마음이 아프고 다쳐서 포기하고 싶고 나도 모르게 쓰러진다 할지라도, 그때 다시 일어서야 합니다. 다시 홀로서야 합니다. 그러면 어떻게 일어납니까? 예수님의 이름을 붙잡고 일어나야 합니다. 예수님의 은혜를 의지해서 일어

서야 합니다. 혹시 마음이 다친 사람이 있습니까? 인간관계뿐만 아니라 삶이 지치고 힘들어서 주저앉고 포기하고 싶은 분들이 있습니까?

먼저 주님의 손을 잡아야 합니다. 주님은 언제나 우리에게 손을 내밀고 계시기 때문입니다. 그러면 주님이 우리를 일으켜 세워 주십니다. 그리고 이러기를 반복하면, 우리 가슴속에 예수의 이름과 능력이 머물게 됩니다. 고된 인생살이를 하다가 지치고 넘어질 때마다 습관적으로 예수의 이름을 붙잡게 됩니다. 그리고 그 예수님의 이름을 붙잡고 다시 일어납니다.

> ♪ 예수의 이름으로 나는 일어서리라
> 주가 주신 능력으로 나는 일어서리라
> 원수가 날 향해 와도 쓰러지지 않으리
> 주가 주신 능력으로 주가 주신 능력으로
> 주가 주신 능력으로 일어서리

'홀로서기'에서 '함께서기'로!

그런데 문제가 있습니다. 홀로서기만을 지나치게 강조하다 보면 신앙이 개인화되고 독선주의로 갈 수 있다는 것입니다. 그리고 홀로서기의 문화가 잘못 확산되다 보니까 성도들의 신앙이 폐쇄적이 되어 갑니다. 그저 편리하게 인스턴티즘에 빠져서 공동체로서의 교회보다는 그냥 혼자 교회를 왔다갔다만 합니다. 그러다 보면 신앙이 개인화되고 독선적이 될 수 있습니다.

그래서 교회가 내 마음에 안 들면 언제든지 교회를 떠날 수도 있고, 종교까지 바꾸는 사람도 있습니다. 교회도 마찬가지입니다. 교회도 홀로서기 문화만 고집하다 보면 개교회주의에 빠집니다. 연합의식이 없어지고 공동체 의식이 없어집니다. 우리가 공교회 의식을 가져야 하는데, 전부다 모래알같이 개교회주의로 가는 것입니다.

저도 옛날에는 그랬습니다. 제가 얼마나 성장주의를 추구한 사람인지 아십니까? 제가 이래봬도 '맨발의 소명자'로 교회를 개척해서 30대 중반에 천 평이 넘는 교회를 짓고 교인 수 1,500명을 넘기면서, 한국교회에 목회 신화를 이루고 부흥의 전설을 이루었던 사람입니다. 그래서 교계 안에 목회 돌풍을 일으키며 혜성같이 등장한 차세대 지도자라고 주목을 받기 시작했습니다. 가수로 말하면 혜성같이 등장한 신인 가수상의 주인공이 된 것입니다.

그런데 그러다가 5년 만에 다시 땅을 샀고 바로 이어서 1만 평이 넘는 예배당을 지었습니다. 당시 40대에 이런 예배당을 지은 사람이 조용기 목사님 외에 한국교회에 없었습니다. 그러니 저의 목회 야성과 저력이 얼마나 대단했습니까? 그때까지만 해도 제 나름대로는 얼마나 고고하게 목회를 했는지 모릅니다. 오로지 우리 교회의 성 안에 갇혀서 연합의식이 어디 있습니까? 공교회의식이 어디 있습니까? 교회 생태계가 어디 있습니까? 그러니까 제가 성장주의로 계속 갔더라면 저는 분명히 다른 곳에 더 넓은 땅을 사서 지금보다 몇 배나 더 큰 교회를 짓고, 몇 배나 더 큰 부흥을 이루었을 것입니다.

그런데 제가 어느 날부턴가 만나지 말아야 할 사람을 만났습니다. 그분은 제가 정말 존경하고 사랑하는 김승규 장로님입니다. 이분은 법무부장관과 국정원장을 역임하셨습니다. 이분은 목사도 아니고 장로님이신데, 한국교회를 무너뜨리는 반기독교 정서와 세력이 밀려오고 있다는 것입니다. 그게 바로 이슬람이고, 동성애고, 차별금지법이라는 것입니다.

그분이 큰 교회 목사님들을 초청해서 한국교회 위기를 설명하시는데 다들 새벽기도를 하고 나온 때라 어르신들이 다 꼬박꼬박 졸고 계시는 것입니다. 그러나 젊은 목사 한 사람이 똘망똘망한 눈으로 영상을 다 지켜보고 있었습니다. 아니, 아예 머리가 확 돌아 버렸습니다. 그 젊은 목사가 누군지 아십니까? 여기 소강석 목사입니다.

저는 그분을 만난 이후로 완전히 생각이 바뀌었습니다. '아, 이제 홀로서기에서 함께서기를 해야겠구나. 나 혼자 성을 쌓고 왕국을 이룰 것이 아니라, 이제는 함께 연합하여 한국교회를 세워야겠구나. 하나님의 도성을 쌓아야겠구나.' 그래서 한 12~3년 전부터 한국교회 연합운동을 하였습니다. 한국교회 생태계를 지키는 일을 하였습니다.

제가 한국교회 생태계라는 말을 가장 먼저 쓴 사람입니다. 제가 미리 이슬람 수쿠크법뿐만 아니라 동성애, 차별금지법 등을 앞장서서 막은 것입니다. 차별금지법은 좋은 것입니다. 독소 조항만 빼라는 것이지, 한국교회가 차별금지법 자체를 반대하는 것은 아닙니다. 그 독소 조항 때문에 유럽교회가 망하고 북유럽교회가 망한 것이 아닙니까? 그러니까 그 독소 조항을 빼자는 것입니다.

종교인 과세도 마찬가지입니다. 목회자는 당연히 세금을 내야만 왜 교회가 세무 대상이 되어야 한단 말입니까? 왜 국가 권력이 종교를 통제하고 지배하려고 하는 것입니까? 우리 교회 직원들은 십몇 년 전부터 자발적으로 다 세금을 냈습니다. 그러나 교회가 세무 대상이 되어서는 결코 안 됩니다.

저는 이 일에 많은 시간을 투자했습니다. 얼마나 많은 체력과 물질을 소진했는지 모릅니다. 그래서 어느 선까지는 한국교회 생태계를 보호하였습니다. 그러나 사실 우리 개교회로서는 손해입니다. 더 큰 교회를 짓고 더 큰 목회를 할 수 있었을 텐데….

그러나 한국교회 전체로 볼 때는 제가 김승규 장로님을 만난 것이 큰 은혜요 복이었습니다. 북유럽교회 탐방을 다녀온 교인들이 저에게 이런 말들을 하는 것입니다.

"우리 목사님이 귀한 줄은 알았는데, 북유럽에 와서 보니 우리 목사님이 얼마나 귀한 분인가를 다시 깨닫습니다. 우리 목사님이 얼마나 선각자시고 선견자의 안목을 가지고 계셨는가를 알게 되었습니다."

서유럽과 북유럽 교회 목회자들이 조금만 깨어 있었다면 절대로 그렇게 무너지지는 않았을 것입니다. 그런데 목회자들이 연합의식과 공교회의식이 없고, 완전히 개교회주의에 빠져 있었습니다. 그러다가 반기독교 악법들이 통과되면서 영국교회와 북유럽교회들이 무너져 버렸던 것이 아닙니까?

뉴욕 한복판에서 외친 반동성애 설교

미국도 연합은 고사하고 대형 교회 목회자들은 주로 스타플레이를 했습니다. 연합의식이나 공교회의식이 전혀 없었습니다. 그러니 동성결혼법이 통과되어버린 것이 아닙니까? 저는 미연방 대법원에서 동성결혼법이 통과되었을 때 뉴욕 할렐루야대회를 인도하고 있었습니다. 뉴욕교계 언론뿐만 아니라 일반 언론들도 오랜만에 할렐루야대회가 많이 모였다고 격려와 칭찬을 아끼지 않았습니다. 개인적으로 너무 기뻤습니다.

그런데 뉴욕 집회를 하는 기간에 미연방 대법원에서 동성결혼법이 통과된 것입니다. 그 소식을 듣고 정말 충격을 받고 가슴이 미어졌습니다. 그때 함께 갔던 기자들이 동성결혼법 통과에 대한 미국교회의 여론과 분위기를 살펴보고자 주일날 보수적인 몇몇 교회들을 돌아보았습니다. 그런데 어느 교회 주보에도 동성애 합법화에 대한 단 한 줄의 광고도, 기도하자는 말도 없었습니다. 아니, 울분을 터뜨리며 설교를 하는 목회자도 없었습니다. 거리를 걸어다니는 사람들에게도 물어보아도 하나같이 그러려니 하고 받아들이더라는 것입니다.

그때 저는 뉴욕에서 가장 큰 한인교회에서 주일 설교를 했는데, 그 목사님의 목회를 돕고 세우는 교회론적 메시지를 준비했습니다. 이미 주보에도 설교 본문과 제목이 다 나와 있었습니다. 그런데 그 주일날 그 교회가 속한 총회장, 세계적으로 7천만 성도들을 섬기는 가장 큰 총회장이 오신 것입니다. 얼마나 교단이 큰지 총회장이 전용비행기를 타고 다닐 정도였습니다. 그분이 온 이유는, 작년에 교단

기념행사가 있었는데 그때 수고했던 사람들에게 메달을 주러 왔다는 것입니다. 그분이 제 설교 전에 인사말을 하는데 이런 이야기를 하는 것입니다.

"저는 미연방 대법원에서 동성결혼법이 합법화되자 성명서를 내었습니다. 그런데 저는 미국 변호사 출신이기에 법에 저촉되지 않는 선에서 조심스럽게 썼습니다." 저는 그 이야기를 듣고 한국 목사로서 너무 열불이 치솟고 거룩한 의분이 들끓었습니다. 그래서 강단에 올라가서 설교 제목과 본문을 즉석에서 바꾸어서 동성애 반대 설교를 했습니다.

"여러분, 7천만 성도도 중요하고 큰 교회도 중요합니다. 지금도 미국의 대형 교단과 교회들이 많이 있는데, 어떻게 동성결혼법이 통과되는 것을 가만히 두고 볼 수 있단 말입니까? 미국에서 동성결혼이 통과되는 것은 미국뿐만 아니라 세계교회 생태계를 깨뜨리는 것입니다. 요즘 생태계가 얼마나 중요한지 아십니까? 생태계가 파괴되면 인류의 생존까지 위협을 받기 때문입니다.

교회도 마찬가지입니다. 영국교회를 보십시오. 영국교회 생태계가 무너지더니 지금은 완전히 소멸되어 버렸지 않습니까? 그러니까 미국교회들이 네트워크를 구축하고 이 법을 어떻게든지 막아야 했습니다. 이 법을 막기 위해서 만약 미국교회가 워싱턴에서 100만 명만 모여서 연합기도회를 했다면 동성결혼법이 통과되지 않았을 것입니다. 미국연방 대법원 재판은 여론 재판이라고 할 수 있잖습니까?"

이런 말을 하니까 그 큰 교단의 총회장이 동시통역 설교를 들으면서 고개를 푹 숙이고 눈을 내리는 것을 여러 번 보았습니다. 예배를 마친 후 식사를 하면서 총회장님께서 이렇게 말씀을 하시는 것입니다. "소 목사님 말씀이 맞습니다. 우리가 정말 부족했습니다."

미국교회를 하나로 모으고 이끌어 갈 한 사람의 지도자가 없었던 것입니다. 대형 교단, 큰 교회 목사들은 많이 있지만 과거 빌리 그레이엄 같은 한 사람의 지도자가 없었습니다. 그러니 미국교회들이 연합이 안 되는 것입니다. 미국교회가 힘이 없는 것이 아닙니다. 여전히 교단과 개교회들은 힘이 있지만 범교단적이고 전 국가적인 방어를 못한 것입니다. 그래서 동성결혼법이 통과되어 버린 것입니다.

함께 서기를 위한 연서

한국교회도 함께 힘을 모아 반기독교적 사상과 문화, 악법을 막아야 합니다. 부족하지만 저는 누가 말하지 않아도 스스로 앞장섰습니다. 사실 저는 젊은 나이에 우리 교단의 총회장이 되리라고는 생각도 하지 않았습니다. 오로지 제 목회 로망은 조용기 목사님이었습니다. 정말 죄송하지만 제가 신학교 시절 "나는 조용기 목사님을 능가하리라"고 허풍을 떨고 다녔던 사람입니다.

그런데 먼 훗날 조용기 목사님을 뵙고 이랬다는 것을 고백하며 용서를 구하니까 조용기 목사님도 저를 인정해 주셨습니다. "소 목사님, 소 목사님은 그릇이 커요. 그러나 그릇은 큰데 교회를 너무 작게 지었습니다. 앞으로 하나 더 지으세요. 소 목사님은 나보다 더 큰 목회를 할 수 있어요." 우리 교회에 오셨을 때도 그런 말씀을 하셨습니다.

이처럼 저는 조용기 목사님처럼 큰 목회를 하는 것이 로망이었지, 연합 사역이나 목회 생태계, 총회장 등에는 관심이 없었습니다. 그런데 제가 한국교회 연합 사역과 생태계 보호 사역을 하면서 개교회 목회자로서의 영향력의 한계를 절감했습니다. 그래서 개인의 명예나 지위를 위해서가 아니라 선한 영향력을 위해서 교단장의 직함도 필요하다는 사실을 깨달았습니다.

그러나 교단장을 하려면 선거를 해야 합니다. 선거를 하면 얼마나 피곤하고 힘들겠습니까? 그런데 제가 우리 총회 선거 직선제 역사상 38년 만에 최연소 나이로 단독 후보가 되어 무투표로 부총회장이 되었습니다. 제가 경쟁자와 선거를 했으면 얼마나 체력을 소모하고 시간을 많이 뺏겼겠습니까? 그러나 하나님의 은혜로 선거 없이 단독으로 추대되어 부총회장이 된 것입니다.

그런데도 기쁘기보다는 송구스럽고 쑥스러운 마음이 들었습니다. 그래서 수많은 성도들이 꽃다발을 가져왔지만 안 받았습니다. 그것을 다른 사람들에게 주도록 했습니다. 그러면서도 기도해 주시고 헌신해 주신 성도들의 모습이 눈에 어른거렸습니다. 진짜 혼자 있으면 울고 싶었습니다.

사실 제가 총회 총대로 25년을 넘게 참석했습니다. 그런데 단 한 번도 개근을 해본 적이 없습니다. 저는 총회 정치보다는 목회에 더 관심이 많았기 때문에, 총회를 하다가도 심방 있으면 바로 나왔습니다. 그런데 이번에는 마지막 날까지 부총회장 좌석에 앉아서 개근을 해야 하니까 얼마나 좀이 쑤시고 엉덩이가 근질근질했겠습니까?

그러나 저는 부총회장 좌석에 앉아서 계속해서 우리 교단을 생각하고 한국교회를 생각했습니다. 우리 교단은 1959년 WCC 가입 문제로 인하여 허허벌판 황무지에서 다시 시작해야 했습니다. 그때 우리 교단의 선진들은 총신대를 세웠고, 총회회관을 건립하였으며, 세계 최대 장로교단으로 부흥하는 눈물겨운 교단사를 기록하였습니다. 그래서 내년엔 자동 총회장이 되는데, 총회장 임기 때 교단 발전을 위해 수고하신 분들을 추적해서 다큐멘터리도 제작하고 뮤지컬도 기획해 보려고 합니다. 그리고 총회 차원에서 그분들 가문에 자랑할 만한 포상도 하려고 합니다.

그러나 저는 총회장을 할 때 우리 교단 사역으로만 끝내려고 하지 않습니다. 우리 교단의 신학적 순수성과 정체성을 지키되, 한국교회를 지키고 보호하는 데는 연합도 해야 합니다. 생태계의 원리를 아시지 않습니까? 환경 생태계가 무너지면 우리 인간의 생명이 위협을 당합니다. 다른 교회가 무너지면 우리 교회도 무너집니다. 다른 교단이 무너지면 우리 교단도 무너집니다.

그래서 저는 계속 부총회장석에 앉아서 여전히 홀로서기와 개인적인 신앙에 머물러 있거나 안나가 신자들에게 마음속으로 사랑의 연서를 썼습니다. 그리고 여전히 홀로서기 목회를 하고 개교회 목회를 하는 목사님들을 향하여 계속해서 마음속으로 사랑의 연서를 보낸 것입니다.

"홀로 서 있는 당신이여, 지금 당신은 어느 광야를 걷고 있나요? 어느 사막에 홀로 서서 목말라 하고 있는 건가요? 왜 자꾸 공동체무리에서 이탈하려고만 하나요? 왜 교회 공동체를 이탈하여 홀로서만 외로운 길을 가려고 하시나요? 지금도 당신을 애타게 찾으며 부르고 계시는 주님의 음성이 들리지 않나요? 홀로 서 있는 당신이여, 이제는 주님의 품으로 돌아오세요.

홀로 서 있는 목사님들이여, 저도 옛날에는 성장주의과 개교회주의에 매몰된 사람이었습니다. 그러나 어느 때부턴가 저는 홀로서기를 넘어 함께 서기에 눈을 뜬 사람입니다. 그래서 연합 사역을 하게 되었고 공교회 사역을 하게 되었습니다. 그러니 우리 목사님들도 함께 서기에 나섭시다. 그리고 제가 총회장할 때 목사님들께서 도와주십시오. 저는 반드시 한국교회 연합기관을 하나로 만들고 한국교회 생태계를 보호하며 부흥의 리더십을 행사하겠습니다. 존경하는 목사님들, 장로님들 우리 함께 손을 잡고 나갑시다."

그때 제 머릿속에 옛날 제가 썼던 '함께 서기'라는 시가 생각이 났습니다. 이 시가 아주 훌륭한 시는 아니지만 서정윤의 '홀로서기'에 역행하는 시를 써 본 것입니다.

예전엔 / 홀로 설 수 있었습니다 / 하지만 /
지금은 홀로 설 수 없습니다
예전엔 / 홀로서기를 좋아했습니다 / 그러나 /
지금은 함께 서기가 좋습니다
예전엔 / 당신이 홀로 섰던 것을 / 시샘하고 질투하였지만
이제는 / 당신이 먼저 서 주어야 / 내가 설 수가 있습니다

예전의 역사는 / 독선과 수치의 역사였습니다
독불장군의 활극을 꿈꾸고 / 홀로서기의 영웅이 되려는 /
그것이었습니다
하지만 지금은 / 역사를 참회하고 / 다시 섭니다
당신이 먼저 서고 / 당신 기대어 나도 함께 서는
황홀한 / 함께 서기의 역사를 이루기 위해서요

제가 이걸 생각하면서 시까지 쓰고 작곡까지 한 것이 아닙니까?

♪ 인생의 무거운 짐이 그대 삶을 짓누를 때
　막다른 절벽 끝에서 삶을 포기하려던 적 있었나요
　아무리 외쳐도 외로운 기다림
　잠 못 드는 밤 가슴 치며 울고 있었나요
　삶의 무게와 슬픔이 어깨를 짓누르고
　바람 부는 거리에 홀로 주저앉히려 해도
　그 목마른 사랑과 기나긴 그리움 끝에서
　누군가 다가와 그대의 손을 잡아 주리니
　심장이 뛰는 한 포기하지 마세요
　젖은 눈동자로 달빛 부서지는 산을 보세요
　변함없이 그대를 바라보고 있잖아요
　시린 가슴으로 떠나는 첫 새벽길
　그대라는 아름다운 꽃이 피어날 테니까요

시 133:1 보라 형제가 연합하여 동거함이 어찌 그리 선하고 아름다운고

성경말씀에서도 연합함의 중요성을 강조하고 있지 않습니까? 전도서 4장에서도 두 사람이 한 사람보다 나은 것은 그들이 수고함으로 좋은 상을 얻을 것이라고 하지 않습니까? 두 사람이 길을 가다 넘어지면 다른 사람이 일으켜 주지만, 홀로 있는 사람은 넘어져도 일으켜 줄 자가 없어 화가 있을 것이라고 하지 않습니까?

> **전 4:9-10** 두 사람이 한 사람보다 나음은 그들이 수고함으로 좋은 상을 얻을 것임이라 혹시 그들이 넘어지면 하나가 그 동무를 붙들어 일으키려니와 홀로 있어 넘어지고 붙들어 일으킬 자가 없는 자에게는 화가 있으리라

또 두 사람이 함께 누우면 따뜻하지만 홀로 있으면 어찌 따뜻하겠냐는 것입니다. 혼자 있으면 패하지만 두 사람이 함께 있으면 맞설 수 있으니, 세 겹 줄은 쉽게 끊어지지 않는다는 것입니다.

> **전 4:11-12** 또 두 사람이 함께 누우면 따뜻하거니와 한 사람이면 어찌 따뜻하랴 한 사람이면 패하겠거니와 두 사람이면 맞설 수 있나니 세 겹 줄은 쉽게 끊어지지 아니하느니라

제3의 법칙을 아십니까? 수십 명, 수백 명이 오가는 횡단보도에서

한 가지 실험을 한 것입니다. 한 사람이 횡단보도 한가운데 서서 하늘을 볼 때는 사람들이 그냥 지나갔습니다. 두 사람이 서서 하늘을 볼 때도 사람들은 의식하지 않고 그냥 지나갔습니다. 그런데 세 사람이 함께 서서 횡단보도 한가운데서 하늘을 보자, 그냥 지나가던 사람들이 함께 서서 하늘을 보기 시작한 것입니다. 제3의 법칙이 얼마나 놀랍습니까? 세 명이 힘을 합하니까 상황을 바꾸고 흐름을 바꾸어 버리더라는 겁니다.

비로산장의 추억

제가 속리산 국립공원 관리사무소 소장으로 계시는 윤덕구 안수집사님의 배려로 속리산 비로산장을 다녀온 적이 있습니다. 가서 보니까 얼마나 산이 깊고 맑은 계곡물이 흐르던지 정말 별천지였습니다. 그곳을 처음 열었던 아버님은 돌아가시고 따님이 운영을 하고 계셨습니다. 그런데 그분께서 아버지께서 비로산장을 만든 이유에 대해서 설명을 하는데 참 감동적이었습니다.

"비로산장은 주인과 나그네가 함께 추억을 공유하며 그 추억을 대를 이어가게 하기 위해서 만들었습니다." 제가 그 말을 듣고 너무 감동을 받았습니다. '아, 나도 우리 새에덴의 성도들과 함께 신앙의 추억을 공유하고 또 그 신앙의 추억을 대를 이어가게 하는 목회를 해야 되겠구나…' 그런 생각을 했습니다.

저는 산을 좋아하기 때문에 혼자도 많이 다닙니다. 그런데 이번에 장로님들과 같이 가니까 함께 신앙의 추억도 쌓고 너무너무 좋았습니다. 오후 5시부터 식사를 하면서 이야기를 시작해서 새벽 3시 반까지 이야기를 나눴습니다. 함께한다는 것이 이렇게 행복하고 즐거운 것입니다.

한국교회가 이런 비로산장과 같은 공동체가 되면 얼마나 좋겠습니까? 함께 신앙의 추억을 공유하고 예수님을 사랑하며 살아가면 얼마나 좋겠습니까? 그런데도 우리는 왜 여전히 홀로 서 있는 것만을 고집하고 있습니까? 그런 분들에게 이러한 사랑의 연서를 보내고 싶습니다.

"홀로 서 있는 당신! 외롭지 않으신가요? 지금 어느 비바람이 부는 길을 홀로 걸어가고 있나요? 어느 차가운 별이 지는 밤을 홀로 지새우고 있나요? 홀로 길을 걸어가다 넘어져 눈물을 닦고 있지는 않나요? 함께 걸으면 넘어져도 서로 일으켜 세워줄 수 있고, 함께 누우면 따뜻하다고 말씀하지 않습니까? 세 겹 줄은 쉽게 끊어지지 않는다고 하지 않습니까? 특별히 홀로서기 목회와 공교회의식이 없는 주님의 종들이여, 우리 함께 손을 잡읍시다. 함께 뭉칩시다. 우리 함께 한국교회를 세워 나갑시다."

우리를 통하여 이런 놀라운 역사가 일어나야 합니다. 한국교회의 연합과 공교회를 이루는 처치 플랜팅의 역사가 일어나야 합니다.

♪ 사랑하는 주님 앞에 형제자매 한 자리에
　크신 은혜 생각하며 즐거운 찬송 부르네
　내 주 예수 본을 받아 모든 사람 내 몸같이
　환난 근심 위로하고 진심으로 사랑하세

4. 사랑이 그리운 당신에게

"모세가 광야에서 뱀을 든 것같이 인자도 들려야 하리니 이는 그를 믿는 자마다 영생을 얻게 하려 하심이니라 하나님이 세상을 이처럼 사랑하사 독생자를 주셨으니 이는 그를 믿는 자마다 멸망하지 않고 영생을 얻게 하려 하심이라"(요 3:14-16).

버림받은 고라니의 슬픈 눈동자

아주 오래전의 일입니다. 주일 3부 예배를 마치고 제 서재로 들어오는데 우리 교회 어느 집사님이 고라니 새끼 한 마리를 가져왔습니다. 운전하고 교회를 오는데 길가에 고라니 새끼가 걷지도 못하고 덜덜 떨고 있어서 데려왔다는 것입니다. 제가 동물병원을 하는 것도 아닌데 왜 저에게 가져왔는지 황당했습니다.

그런데 그 짙은 잿빛을 띤 새끼 고라니가 덜덜 떨면서 초조하고 불안한 눈동자로 저를 바라보는 것입니다. 그 모습을 보자 저는 새끼 고라니가 너무 가련하고 애처롭게 느껴졌습니다. "이 녀석은 엄마한테 버림을 받았는지, 아니면 제 잘못으로 엄마를 잃어 버렸는지…."

버림받은 영혼의 가냘프고 두려워하는 눈빛이 처량하게 보였습니다. 지치고 지쳐 더 이상 일어설 수도 없는 서러운 영혼의 아픔, 자기를 보호해 달라는 애잔한 눈빛의 신호…. 그 새끼 고라니의 가련한 눈빛을 보면서 저도 모르게 강렬한 부성애를 느꼈습니다. 그래서 어떻게든지 보호하고 지켜주고 싶었습니다.

지금 고라니를 산으로 돌려보내면 100퍼센트 죽습니다. 그런데 저는 그날 당장 2만 명이 넘게 모이는 기도한국 집회를 인도하러 가야 했습니다. 그래서 일단 아들 성군이에게 고라니를 맡기기로 했습니다. "아들아, 오늘 너는 아빠가 인도하는 집회에 참석하지 않아도 좋다. 어떻게든지 이 고라니를 오늘까지만 살려 줘라. 너무 어린 새끼라 풀도 못 먹으니 아기들 먹는 분유를 타서 줘라."

그리고 고라니의 머리에 손을 얹고 기도해 주었습니다. 차를 타고 가면서도 온통 고라니 생각뿐이었습니다. 오늘 어떻게 하면 2만 명이 넘는 성도들에게 은혜를 끼칠 수 있을까를 생각하는 것이 아니라 새끼 고라니의 눈동자만 생각났습니다. 어쩌면 이 일은 신도시 대형 교회 목사로서 매너리즘에 빠져 가고 있을지도 모르는 저의 내면에 큰 파문을 일게 하였습니다. 연민의 불꽃이 튀었습니다. 다시 일렁이는 사랑의 파도가 해일처럼 일어났습니다.

물론 하나님이 붙잡아 주셔서 부족하지만 안타를 치고 홈런을 치는 설교를 할 수 있었습니다. 저는 집회가 끝나자마자 집으로 당장 달려왔습니다. 평상시에는 집에 가지도 않고 교회 서재에서 잠을 자는데, 고라니 때문에 한걸음에 집으로 갔습니다. 집에 갔더니 아들 녀석이 고라니를 품에 안고 우유를 타 먹이고 정성껏 보살펴 주고 있었습니다. 그래서 우리 아들 장하다고 칭찬해 주었습니다.

따뜻한 엄마의 품이 얼마나 그리웠으면 이렇게 아들 품에 가만히 안겨 있을까. 저는 고라니를 앞에 두고 아들과 오랜만에 깊은 대화를 나눌 수 있었습니다. "아들아, 옛날에 아빠도 이 고라니처럼 혼자 버려지고 말할 수 없는 마음의 아픔을 겪었단다. 아빠도 누군가 도와주지 않으면 살 수 없는 가난하고 배고픈 시절이 있었어. 그러니까 이 고라니가 더 가련하게 느껴지는구나."

담비와의 만남과 이별

이런 이야기를 하며 아들과 함께 고라니의 이름을 뭐라고 할까 하다가 담비로 부르기로 했습니다. 그리고 저는 담비에게 이렇게 말했습니다. "담비야, 걱정 마라. 어떻게든 널 살려서 숲으로 보내 줄 거야. 아니, 필요하면 동물보호센터로 안전하게 보내 줄게." 그리고 거실에 부드러운 수건을 깔아주고 담비를 재웠습니다. 아들의 마음도 저처럼 여리다는 것이 참 아름답고 고맙게 느껴졌습니다.

그날은 유난히도 별들이 반짝였고 제 가슴에 묻혀 있던 별도 반짝였습니다. 그것은 동물 사랑, 생명 사랑의 별이었습니다. 다음 날

아침에 9시가 넘어서 시청과 구청에 전화를 했습니다. 또한 동물보호센터와 심지어는 용인 에버랜드에까지 전화를 했지만 고라니는 관리를 안 한다는 것입니다.

그래서 할 수 없이 우리 가족이 두어 달 잘 키우다가 자연으로 방사를 하기로 결정하였습니다. 낮에는 저와 집사람이 번갈아 돌봐 주고 저녁에는 아들과 딸이 돌봐 주기로 하였습니다. 우리는 길 잃은 새끼 고라니 한 마리 때문에 오랜만에 가족회의를 열고 고라니를 가운데 두고 가정예배도 드렸습니다. 이것은 고라니 새끼가 우리 가족에게 준 뜻밖의 선물이었습니다. 눈부신 햇살이 유리가루처럼 흩날리고 있었습니다.

그렇게 한 주가 지나고 두 주가 지났습니다. 온 가족이 담비를 얼마나 정성스럽게 돌보았는지 담비는 금방 건강을 회복하고 껑충껑충 뛰며 우리 가족을 따라다녔습니다. 나중에는 아파트 정원뿐만 아니라 심지어는 산에도 따라다녔습니다. 동네 아이들이 신기해서 몰려왔습니다.

그런데 담비가 체중도 늘고 많이 성장해서 아파트에서 키우는 것이 쉽지가 않았습니다. 그래서 가족회의를 하여 곤지암에 있는 기도원에다가 두기로 했습니다. 기도원은 사방이 산이고 거기서 몇 주를 조금만 더 키우다가 기도원 뒷산에다가 풀어 주기로 한 것입니다. 저는 담비를 기도원으로 데리고 가면서 이런 상상을 했습니다. "기도원 산에 방사를 해도 '담비야' 하고 부르면 담비가 나의 목소리를 알아듣고 달려올 수 있을까, 만약에 그럴 수만 있다면 한 편의 우화나 영화처럼 얼마나 감동적인 순간일까?"

유튜브를 보면 사자를 키워 밀림으로 보내고 몇 년 후에 갔더니 사자가 알아보고 반갑게 달려오던 영상이 있지 않습니까? 그래서 담비가 껑충껑충 뛰어와서 이렇게 말을 하는 상상을 해봤습니다. "목사님, 저에게 사랑을 가르쳐 주셔서 감사합니다. 목사님이 저를 버리셨다면 저는 단 한 번도 사랑을 경험해 보지 못하고 아마 차가운 길바닥에서 죽었을 것입니다. 그런데 목사님이 저를 보살펴 주시고 사랑해 주셔서 이렇게 건강하게 자랄 수 있었습니다. 저는 자연의 숲속에 살지만 보살펴 주신 목사님과 목사님의 가족을 절대로 잊지 못할 것입니다. 목사님, 감사합니다. 목사님을 사랑합니다."

기도원에 가서 홍 장로님에게 잘 키워 줄 것을 부탁드렸습니다. 틈틈이 홍 장로님에게 전화를 걸어 담비의 안부를 물었습니다. 담비는 너무나 건강하게 잘 자라고 있었습니다. 그런데 얼마나 지났을까요? 어느 날 홍 장로님에게 전화가 왔습니다. "목사님, 담비가 숨을 쉬지 않습니다. 이상합니다. 우유도 잘 주고 정성스럽게 연한 풀도 잘 뜯겨 먹였는데 오전까지 잘 뛰어 놀던 담비가 갑자기 숨을 쉬지 않습니다."

순간 저는 마음속에서 깊은 슬픔의 돌풍이 일어났습니다. 그렇게 바쁜 저였지만 당장 기도원으로 달려갔습니다. 담비는 그 크고 검은 눈망울을 감고 있었습니다. 그 모습을 본 아들 성군이는 엉엉 소리를 내어 울어 버렸습니다. 저도 가슴이 너무 먹먹하고 아리기만 했습니다. 그렇게 사랑하고 보살펴 주었는데 너무나 허망하게 떠나가

버리고 만 것입니다.

　아들은 씩씩거리며 동물병원에 가서 사체를 부검해 보고 담비가 왜 죽었는지 경찰에 수사도 의뢰해 보자는 것입니다. 저는 아들에게 달랬습니다. "아들아, 그건 담비에게 두 번 상처를 주는 거야. 그러니 그냥 담비를 푸른 숲속에 묻어 주자." 담비가 죽은 이유는 누구도 몰랐습니다. 동물병원에서는 혹 독초를 뜯어먹었거나 아니면 비닐뭉치나 쇳조각을 먹었기 때문이 아닐까 추측만 했습니다. 저는 바람에 흔들리는 숲을 바라보며 이런 노래가 떠올랐습니다.

　♪ 엄마 잃고 아빠도 잃은 가엾은 작은 담비는
　　바람이 거세게 부는 날에 음 어찌해서 가야 했나
　　바람아 너는 알고 있나 비야 네가 알고 있나
　　무엇이 이 숲속에서 이 담비를 데려갈까

사랑받지 못한 자의 상처와 증오

　저는 그때, 한낱 한 마리의 야생 짐승에 불과하지만 그 고라니를 통해서 생명의 고귀함과 영혼의 가치를 느꼈습니다. 그래서 모든 생명은 사랑을 받아야 한다는 사실을 새삼스럽게 느꼈습니다. 특별히 영혼을 소유한 인간은 더 사랑을 받고 살아야 한다는 사실을 더욱 절감하였습니다. 그래서 어렸을 때에 부모로부터 사랑을 받지 못했거나 버림을 받은 사람은 씻을 수 없는 상처와 아픔 속에서 살아갑니다. 또한 사랑하는 사람으로부터 버림을 받거나 믿는 사람으로부터 끊임없는 배신을 받고 산 사람도 상처 속에서 살아갑니다.

이런 사람은 무엇보다 자존감이 떨어지거나 열등의식이 가득합니다. 그리고 항상 남을 믿지 못하고 불안과 초조 속에서 살아갑니다. 아니, 어떨 때는 분노를 하며 증오하는 마음이 가득할 수도 있습니다. 어떤 사람은 주기적으로 도벽에 빠지기도 합니다. 사랑을 받지 못하거나 사랑을 빼앗기면 그러는 것입니다. 그래서 저는 그 담비 사건을 통하여 생명 사랑과 영혼의 고귀함을 깨닫게 된 것입니다.

'아, 나는 우리 교회를 찾아오는 수많은 사람들을 숫자로만 보지 않아야 하겠구나. 한 생명, 그리고 한 영혼으로 바라보아야 하겠구나. 우리 교회에 찾아오는 성도들 한 사람, 한 사람이 온 천하보다 귀한 생명이 아니던가. 그런데 하나님께서 나에게 이런 온 천하보다 귀한 생명들을 돌보게 하시고 이렇게 가치 있는 영혼들을 보듬게 하셨단 말인가.'

하나님께서는 우리에게 영혼을 섬기는 사명을 주셨습니다. 그러므로 우리는 하나님께 이렇게 기도해야 합니다.

"오 하나님, 제가 무엇입니까? 저는 마른 막대기요 타다 남은 재와 같은 존재가 아닙니까? 그런데 웬 은혜, 웬 사랑으로 이런 소중한 영혼을 품게 하시고 이런 생명들을 보듬게 하셨단 말입니까? 저를 온 천하보다 귀한 영혼들을 섬기며 품는 목사로 세우셨으니 이제 성도들의 영혼을 만족케 하는 종이 되게 하옵소서. 제 영혼만 기쁨을 얻을 뿐만 아니라 성도들 영혼을 만족케 하며 하나님을 기쁘시게 하는 종이 되게 하옵소서."

♪ 나를 도우소서 일으키소서 나와 동행하사 힘 주시고
　내 영혼 기쁨을 얻게 하시어 주님을 기쁘게 하옵소서

　사랑을 빼앗긴 사람들은 상처와 증오라는 저주의 쓴뿌리가 마음 깊숙이 뿌리내리고 있어서 온 세상이 증오로만 보입니다. 온갖 미움과 원망의 대상으로만 보입니다. 그러다 보니 이 사람은 항상 인생을 삐딱하게 생각하고 삐딱하게 행동을 합니다. 그러다가 엄청난 사회악을 저지르는 사람이 많습니다.

　그러면 왜 이런 행동을 저지르는지 아십니까? 누군가로부터 사랑을 받고 싶어서 그런 것입니다. 사랑이 그립고 목마르기 때문입니다. 그래서 고아원에서 사고치는 애들은 사랑을 받으려고 하는 것입니다. 사랑에 그립고 목마른 아이들일수록 더 사고를 쳐서 관심을 받고 사랑을 받으려고 합니다. 얼마나 사랑이 그립고 목마르면 그러겠습니까?

길쇠 목사와 어머니의 눈물

　우리 교회 한 부목사님이 있었습니다. 그가 태어난 곳은 집이 아니라 길바닥이었습니다. 산에서 고사리를 캐던 어머니가 산기를 느껴 집으로 돌아가던 길에서 그를 낳았기 때문입니다. 그는 태어날 때부터 불행이라는 굴레에 씌워진 채 태어난 것입니다. 그래서 동네 사람들은 길바닥에서 태어났다고 해서 그를 '길쇠'라고 불렀습니다.

　아버지는 술만 먹으면 술주정을 하고 어머니를 팼습니다. 남편의 폭행을 견디지 못한 어머니는 어린아이를 집에 남겨 두고 덜컥 집을 나가 버렸습니다. 그러자 아버지는 집 나간 어머니를 찾으러 다니다가 연탄가스에 중독되어 죽고 말았습니다. 그래서 그 아이는 어릴 때부터 할아버지, 할머니 손에서 자랐습니다.

그런데 며느리가 집을 나가고 아들도 죽고 나니 할아버지는 술만 먹었다 하면 칼을 들고 이 아이를 죽인다고 하였습니다. 그래서 그 소년의 어린 시절은 공포와 두려움, 상처로 얼룩졌습니다. 온 세상이 비관적으로만 보였습니다. 그러다 보니까 아이에게는 도벽증이 생겼습니다. 그래서 자꾸 동네의 물건을 훔쳤습니다. 동네에서 무슨 물건이든 사라지기만 하면 사람들은 으레 "길쇠야, 우리 집 물건 어디 있냐" 하면서 찾으러 오는 것입니다.

그러던 그가 중학교 때 우연한 기회에 교회에 나가서 난생 처음으로 사람들로부터 따뜻한 사랑을 받게 되었습니다. 그리고 그는 자라서 훗날 신학교에 들어갔습니다. 또한 어찌어찌해서 우리 교회 부목사로까지 들어왔습니다. 제가 보니 그는 원래가 착하고 충직한 성품을 가졌지만, 내면은 여전히 사랑에 배고프고 칭찬과 격려가 필요한 사람이었습니다. 그가 누구냐면 양병길 목사님입니다.

그래서 저는 양 목사님을 볼 때마다 항상 다독이고 칭찬하며 격려를 하였습니다. "양 목사님, 정말 장합니다. 어려운 환경이라 얼마든지 잘못된 길로 빠지고 삐딱하게 살 수도 있었을 텐데 이렇게 훌륭하게 자라 주어 고마워요. 더구나 목사가 되어 나와 함께 동역을 해 주니 얼마나 감사한지 모릅니다. 나는 진심으로 양 목사님을 사랑하고 존경합니다."

그러다가 언젠가는 친어머니를 찾아보라고 했습니다. 물어 물어 어머니를 찾아보니 부산에 살고 계셨습니다. 그래서 어버이주일 주간에 특별 휴가를 주고 여비와 용돈까지 주면서 어머니를 찾아뵙고 오라고 하였습니다. "양 목사님, 이제 하나님에게뿐만 아니라 남도 사랑을 할 수 있는 연습을 해야 합니다. 그러기 위해서 지금까지 원망하고 증오하며 살았던 어머니부터 찾아가 용서하세요."

양 목사님은 부산에 가서 생전 처음으로 어머니를 만났습니다. 어머니께 밥도 사 드리고 옷도 사 드리고 어머니와 함께 자고도 왔습니다. 어머니는 자식 앞에 그저 죄송하고 송구해서 눈물만 흘렸답니다. 밤에도 주무시지 못하고 눈물을 흘리며 우시더라는 것입니다. 양 목사님은 그런 어머니의 눈물을 닦아드리고 몇 번이나 어머니를 껴안아 드렸습니다.

그런 양 목사님은 우리 교회에서 설교를 할 때마다 성도들에게 가장 많은 눈물을 흘리게 하는 감동을 주었습니다. 그러기를 12~3년 되었을 때, 서울의 한 교회에서 교회 장로님들과 안수집사님들이 저를 찾아왔습니다. 양병길 목사님을 담임목사님으로 청빙하겠다고 말입니다. 서울의 교회는 해외 유학을 다녀온 사람도 담임목사로 가기가 하늘의 별따기처럼 어렵습니다.

그런데 누구와도 경쟁 없이 그를 업어가다시피 단독으로 청빙을 하겠다는 것입니다. 그는 마지막 떠나기 전 우리 교회에서 마지막 고별 설교를 했습니다. 강단에 선 양 목사님도 눈물을 훔치며 설교했고, 설교를 듣고 있던 우리 교회 성도들도 하염없이 눈물바다를 이루었습니다. 저의 가슴에도 뜨거운 눈물이 하염없이 흘러내렸습니다. 그것은 사랑의 힘이고 사랑의 위대한 역사였습니다.

인생의 광야를 외롭게 걸어가는 자에게

사랑이란 이렇게 중요한 것입니다. 사랑을 받으면 누구나 치유되고 회복됩니다. 마음에 그 어떤 응어리가 있고 가슴에 멍이 들어 있다 해도 사랑은 모든 것을 치유하고 회복시킬 수 있습니다. 우리 교회가 다투고 싸우는 교회였다면 양 목사님이 어떻게 그런 사랑의 종이 될 수 있었겠습니까? 그리고 어떻게 서울 교회의 담임목사로 갈 수 있었겠습니까? 그러므로 우리는 계속해서 사랑하며 섬기는 삶을 살아야 합니다. 우리 모두가 끝까지 사랑하며 섬기는 교회를 이루어야 합니다.

> ♪ 만세 반석 말씀 위에 터전을 잡고
> 보혈 샘물 생수의 성령 흐르는 곳에
> 그리스도 중심하여 서로서로가
> 사랑하며 섬기는 영광스런 새에덴교회

양 목사님이 간 교회라고 어찌 문제가 없었겠습니까? 아니 문제가 많은 교회였습니다. 그러나 그 문제를 사랑으로 다 보듬고 품었습니다. 상처받은 한 영혼, 한 영혼을 사랑으로 품었습니다. 그리고 교회가 마침내 갑절에 갑절의 부흥을 이루었습니다. 바로 이러한 사실이 국민일보에 기사로 소개되었고, 기독교 TV '내가 매일 기쁘게'라는 프로그램에 방영이 되었습니다.

오늘 우리 가운데에도 사랑에 배고픈 사람이 있습니까? 사랑을 그리워하고 목말라하는 사람들이 있습니까? 우리 스스로 담비처럼 버려졌다고 생각하십니까? 과거의 기억들이 우리의 마음을 짓누르고 있지 않습니까? 그래서 겉은 멀쩡한데 마음은 인생의 고독한 숲길을 걷고 있지 않나요?

사방 주위를 둘러봐도 나를 사랑하는 사람은 아무도 없고 고독한 광야를 걷고 있다고 느껴집니까? 나무 한 그루, 풀 한 포기 없는 사막을 걸어가며 사랑의 갈증을 목마르게 느끼고 있는 사람이 있지 않습니까? 교회를 와도 사랑이 메말라 있는 것 같고 교회마저도 증오와 살인 광선이 내리쬐는 광야처럼 느껴질 때가 있지 않습니까?

우리의 환경이 그렇게 느껴질 수 있습니다. 어떻게 교회라고 해서 다 완벽한 사랑의 공동체만 이룰 수 있겠습니까? 기대했던 사람으로부터 실망을 하고 사랑하는 사람으로부터 버림을 받아서 쓸쓸한 고독의 길을 걸을 때도 있습니다. 아니, 아예 마음의 방문을 닫아 버린 채 내면의 어두운 지하실로 내려가 울고 있을 때도 있습니다.

저는 그런 분들에게 이 세상에서 가장 위대한 사랑을 소개하고자 합니다. 그것은 바로 하나님의 사랑 이야기입니다. 제가 목회하면서 안타까운 사실을 하나 발견했습니다. 가끔 보면 하나님의 사랑은 생각하지 않고 늘 인간의 사랑만을 먼저 생각하는 사람이 있습니다. 교인들에게 인정받고 교역자들에게 주목을 받으려고 하고 특별히 담임목사의 인정과 사랑을 지나치게 받으려고 하는 사람이 있습니다.

그러나 담임목사가 사랑하면 얼마나 사랑을 줄 수 있겠습니까? 또 부교역자들이 관심을 주면 얼마나 주겠습니까? 우리는 신앙생활 하면서 하나님의 사랑을 발견하고 깨닫고 그 사랑을 누려야 합니다. 하나님께서 우리를 사랑하셔서 당신의 하나밖에 없는 아들, 예수 그리스도를 이 땅에 보내 주시지 않았습니까? 그것도 우리를 너무나 사랑하셔서 가장 천한 말 구유에 태어나셨고 십자가에 죽게 하셨습니다. 그래서 하나님이 세상을 이처럼 사랑하셨다고 말씀하지 않습니까?

> 요 3:16 하나님이 세상을 이처럼 사랑하사 독생자를 주셨으니 이는 그를 믿는 자마다 멸망하지 않고 영생을 얻게 하려 하심이라

'이처럼'의 사랑

일본의 위대한 성자였던 우치무라 간조가 제자들에게 로마서 강해를 하다가 "하나님이 세상을 이처럼 사랑하사…"를 설명하게 됩니다. 그러나 아무리 설명하려고 해도 이 구절만큼은 설명할 수가 없었습니다. 그래서 3일 동안이나 자리에 누워 끙끙 몸살을 앓았습니다. 제자들이 찾아와서 질문을 하니까 우치무라 간조가 이렇게 설명했습니다. "이 구절은 말로 설명할 수가 없으니 내 몸살로 설명할 수

밖에 없겠어요."

하나님의 사랑 이야기의 역사는 '이처럼'의 역사입니다. "하나님이 세상을 이처럼 사랑하사…." '이처럼'이라는 말이 영어로는 'so that'입니다. 부사인데 이 단어가 무엇을 받느냐면, 요한복음 3장 14절의 말씀을 받습니다.

> **요 3:14** 모세가 광야에서 뱀을 든 것같이 인자도 들려야 하리니

민수기 20장을 보면 이스라엘 백성들이 하나님을 원망하다가 불뱀에 물려 죽어 갑니다. 이때 모세가 장대에다가 놋뱀을 만들어서 그 놋뱀을 쳐다보는 사람은 살 것이라고 말합니다. 그 놋뱀은 앞으로 예수님이 십자가에서 죽으실 것을 예표합니다. 그래서 예수님께서 모세가 광야에서 놋뱀을 든 것처럼 자신도 십자가에 달려 죽을 것이라고 말씀하고 있습니다.

그러니까 예수님께서 십자가에 달리실 때 그냥 죽은 것이 아니라 한 마리의 뱀이 되어서 십자가에서 고통스럽게 죽으셨습니다. 예수님께서 십자가에 달려서 한 마리의 뱀처럼 꿈틀꿈틀거리셨습니다. 이 얼마나 저주스런 모습이었습니까? 그리고 그렇게 죽어 가던 예수님은 얼마나 아프고 고통스러웠겠습니까?

세상에 어쩌면 이런 일이 있을 수 있을까요? 아무리 하나님께서 우리를 사랑하신다 할지라도 어떻게 하나님께서 하나밖에 없는 아들을 죄인의 몸으로 세상에 보내실 수 있단 말입니까? 그리고 어떻

게 당신의 하나밖에 없는 아들이 십자가에 저주받은 뱀처럼 달려 죽게 할 수 있단 말입니까?

그것도 우리를 위해서 말입니다. 우리를 향한 하나님의 사랑 때문에 어쩔 수 없이 일어난 일이라니 얼마나 놀라운 일입니까? 우리를 향한 얼마나 감동적인 사랑의 이야기입니까? "아, 예수님께서 왜 우리를 위해 십자가에서 죽으셨는가! 왜 우리를 이토록 사랑하셨던 말인가!"

> ♪ 예수님 날 위해 죽으셨네 왜 날 사랑하나
> 겸손히 십자가 지시었네 왜 날 사랑하나
> 왜 날 사랑하나 왜 날 사랑하나
> 왜 주님 갈보리 가야 했나 왜 날 사랑하나

그래서 사도 요한은 하나님의 사랑 이야기와 역사를 '이처럼'이라는 말로 표현한 것입니다. "하나님이 세상을 이처럼 사랑하사…" 하나님이 우리를 얼마나 사랑하셨는가 하면, 모세가 광야에서 뱀을 든 것처럼 하나님께서 골고다 십자가 언덕에서 예수님을 저주받은 뱀처럼 죽게 하셨다는 것입니다. 그리고 오늘날 십자가에 죽은 예수님을 믿는 사람들마다 멸망하지 않고 영생을 얻게 한다는 것입니다.

그러니 이 얼마나 아름다운 사랑 이야기입니까? 이 사랑이야말로 우리에게 수수께끼 같은 사랑이요 영원한 아이러니와 미스터리 같은 사랑 이야기인 것입니다. 이런 하나님의 사랑을 깨닫는다면 어찌 감동하지 않을 수 있겠습니까? 어찌 감격하지 않겠습니까?

하나님의 고통스러운 사랑

저는 고등학교 2학년 때 예쁜 여학생을 만나러 교회 나간 사람입니다. 그런데 어느 날 제가 하나님의 사랑 이야기를 깨달았습니다. 이 하나님의 사랑에 푹 빠졌습니다. 그래서 제가 완전히 교회에 미쳤고, 하나님의 소명을 받아 이렇게 하나님의 사랑을 전하는 목사가 되었습니다.

하나님이 우리를 이처럼 사랑하신다는 그 이야기가 얼마나 큰 울림으로 느껴지십니까? 그 하나님의 사랑 이야기가 우리의 가슴을 얼마나 울렁거리게 하고 있습니까? 이런 사람은 그 어떤 내면의 아픔도 치유되게 되어 있습니다. 그 어떤 마음의 상처도 회복되게 되어 있습니다. 그러므로 우리는 먼저 이 하나님의 사랑을 깊이 느껴야 합니다.

> ♪ 하나님은 외아들을 주시는 데까지
> 세상 사람 사랑하니 참 사랑이로다
> 하나님은 사랑이라 죄악에 빠졌던
> 우리까지 사랑하니 참 사랑 아닌가

우리 하나님은 누구나 다 사랑하십니다. 그런데 어떤 사람에게는 하나님께서 아주 고통스럽게 사랑을 하실 때가 있습니다. 하나님의 사랑을 스스로 깨닫고 하나님의 사랑에 푹 빠져 사는 사람에게는 하나님께서 고통스럽게 사랑할 필요가 없습니다. 이런 사람에게는 하나님께서 더 감격적이고 황홀한 은혜와 사랑을 깨닫게 해주십니다.

그러나 이 하나님의 사랑을 깨닫지 못하고 여전히 겉도는 신앙생활만 하는 사람은 하나님이 고통스럽게 사랑하시는 것입니다. 이런 하나님의 사랑을 영어로 'long suffering of God'이라고 합니다. 교회를 나와도 종교적으로 습관적으로 나오는 사람이 있지 않습니까? 하나님의 사랑이 이해가 안 되고 느껴지지도 않는 사람이 있습니다. 그런 사람을 하나님이 얼마나 답답하게 느끼시겠습니까?

아니, 교회에 나오다가 아예 등져 버린 사람도 있습니다. 이런 사람을 '안 나가 신자'라고 합니다. 이런 사람은 오히려 바깥에 나가서 시민단체와 연합하여 교회를 공격하고 허무는 일에 앞장섭니다. 왜 그런지 아십니까? 이분들은 교회를 다녔지만 하나님을 만나지 못해서 그런 것입니다.

그저 하나님을 도덕적이고 윤리적이고 정의로운 분으로만 이해하니까 그렇습니다. 정말 이 하나님의 깊고 감동적이며 신비로운 사랑을 체험하지 못하니까 그렇습니다. 저처럼 바른말 하기 좋아하는 성격을 가진 사람도 드물 것입니다. 저처럼 정의와 옳고 그름을 외치는 투사도 많지 않을 것입니다.

그러나 하나님의 사랑을 경험하니까 이 하나님의 사랑이 모든 옳고 그름과 선악의 논리를 다 덮어 버리게 됩니다. 그러니 넉넉한 마음을 갖고 품고 섬기며 사랑하는 목회를 할 수 있는 것입니다. 그런데 저도 목회를 하다 보니까 어떤 사람은 사랑하면 사랑할수록 더 깊은 사랑을 하게 되지만, 어떤 사람은 가슴 아픈 사랑을 해야 합니다. 고통스러운 사랑을 해야 합니다.

그래서 저는 하나님의 마음을 깨닫게 되었습니다. 오늘 우리는 어떤 사람입니까? 하나님의 사랑을 황홀하게 누리고 있는 사람입니까? 아니면 하나님의 가슴 아픈 사랑을 받고 있는 사람입니까? 하나님께서는 우리에게 항상 이렇게 말씀하시고 노래하고 계시다는 사실을 아십니까?

> ♪ 내가 너를 얼마나 사랑하는지 너는 아느냐
> 내가 너를 얼마나 좋아하는지 너는 아느냐
> 내가 너를 얼마나 기다렸는지 너는 아느냐
> 너는 아느냐 너는 아느냐
> 내가 너를 살리려 나의 생명을 주었고
> 내가 너의 수치를 씻으려 나의 생명을 주었으니
> 너는 아느냐 나의 은혜를 얼마나 알며
> 내 사랑의 노래를 너는 아느냐

하나님의 사랑을 느껴 본 사람은 더 주님의 사랑을 그리워하고 갈망합니다. 주님의 사랑에 더 목말라 합니다. 그러면서 다른 사람에게 더 많은 사랑을 베풀려고 합니다. 다른 사람을 더 많이 섬기고 더 보듬으려고 합니다. 다른 사람에게 더 많이 하나님의 사랑을 전하려고 합니다.

저는 이런 사랑의 물결이 우리 민족과 국가를 덮어 버렸으면 좋겠다는 생각을 해봅니다. 요즘 우리 국민은 얼마나 진영 논리에 빠져 있습니까? 나하고 생각이 다르고 의견이 다르면 무조건 감정적으로 반응하는 가슴 아픈 현실을 목도하고 있습니다.

그런데 이러한 진영 논리가 교회까지 들어와서 교계 지도자들까지도 생각이 나뉘어 있습니다. 우리가 하나님의 사랑 이야기에 푹 빠져야지 진영 논리의 노예가 되어서야 되겠습니까? 하나님의 사랑을 아는 사람은 옳은 일을 하더라도 사랑 안에서 하고 증오심을 갖지 않습니다. 결코 무례히 행하지 아니하고 하나님의 때를 기다리며 방법도 구합니다. 그리고 이런 사람은 절대로 자신의 욕망도 앞세우지 않습니다.

우리는 하나님의 사랑을 먼저 갈망해야 합니다. 그리고 이 하나님의 사랑을 더 많이 전해야 합니다. 믿지 않는 이웃에게 하나님의 사랑을 전해야 합니다. 그렇게 해서 우리 모두가 교회를 세우고 하나님의 나라를 세우는 사람이 되어야 합니다.

5.
참 아름다운 당신에게

"그러나 너희는 택하신 족속이요 왕 같은 제사장들이요 거룩한 나라요 그의 소유가 된 백성이니 이는 너희를 어두운 데서 불러내어 그의 기이한 빛에 들어가게 하신 이의 아름다운 덕을 선포하게 하려 하심이라 너희가 전에는 백성이 아니더니 이제는 하나님의 백성이요 전에는 긍휼을 얻지 못하였더니 이제는 긍휼을 얻은 자니라"(벧전 2:9-10).

시월의 어느 멋진 날에

10월은 모든 것이 눈부시고 아름답고 멋진 나날들입니다. 대한민국의 정국은 진영 논리로 양분되어 있고 촛불과 태극기, 광화문과 서초동의 정국을 이루고 있지만, 그래도 10월은 하루하루가 눈부시고 아름답고 멋진 날이 아닙니까? 이럴 때면 우리는 '10월의 어느 멋진 날'이라는 노래가 떠오르지 않을 수 없습니다.

> ♪ 창밖에 앉은 바람 한 점에도 사랑은 가득한 걸
> 　주님 만난 세상 더는 소원 없어 바램은 죄가 될 테니까
> 　시월의 어느 멋진 날에

　오늘 우리 모두는 10월이 그런 멋진 나날이 되어야 합니다. 10월뿐 아니라 11월도 따뜻한 계절이 되어야 합니다. 그런데 분명한 것은, 가을이 되면 사람들은 누구나 사색을 하고 깊은 상념에 빠지게 된다는 사실입니다. 봄이 사람들의 마음을 들뜨게 한다면 가을은 사람들의 마음을 차분하게 하고 사색하게 합니다. 그리고 누군가를 그리워하고 아름다운 사람을 생각하게 하는 계절입니다. 그래서 이런 것을 생각하면서 목사이지만 제가 '가을연가'를 작사·작곡했습니다.

> ♪ 코스모스 향기가 코끝을 스치면
> 　어느새 들녘엔 갈대꽃들이 피네
> 　석양 노을 빛 비추는 가을 길을 걷노라면
> 　문득 곁에 있어 준 그대 생각
>
> 　사랑은 가을처럼 그리움은 갈대처럼
> 　아무리 흔들어도 꺾이지 않으리

비바람에 어쩔 수 없이 꺾인다 해도
그대 향한 촛불은 끄지 않으리

높은 가을 하늘에 떠 있는 흰 조각구름을 바라보노라면 인생의 깊은 상념에 잠기곤 하지요. 또한 붉게 물들어 가는 단풍잎을 바라보며 자신의 삶을 회고하기도 합니다? 아니면 거리에 나뒹구는 낙엽을 밟으면서 '나는 누구인가? 나는 지금까지 어떤 인생을 살아왔는가? 앞으로 나는 어떻게 살아갈 것인가?'를 생각합니다.

그런데 사람은 잘나가고 마음이 들뜰 때는 이런 생각을 하지 않습니다. 살아가면서 가장 힘들고 어려울 때 생각을 많이 하고 스스로에게 질문을 던집니다. 큰 시련이나 아픔, 혹은 깊은 고독 속에 빠질 때 자기 스스로 이런 질문을 하게 됩니다.

그러나 인생의 큰 시련이나 아픔, 혹은 고뇌에 빠지지 않더라도, 우리가 가을이라는 계절을 만나면 자연스럽게 이러한 질문을 던지게 됩니다. 특별히 붉게 물든 단풍 숲을 산책하고 가을낙엽을 밟고 걸어가노라면 나 자신도 모르게 이런 질문을 하게 됩니다. '나는 누구인가? 나는 어떻게 살아야 하는가?'

심리학자 엘리자베스 퀴블러 로스는 미국 시사주간지 〈타임〉에 20세기 100대 사상가 중 한 명으로 선정될 정도로 저명한 사람입니다. 제가 몇 년 전 〈시사저널〉에서 대한민국을 이끌어갈 300인 가운데 한 명으로 선정된 적이 있는데, 이것도 대단하지만 이분은 세계의 100대 사상가 중에 한 명으로 선정되었습니다.

그분은 스위스 취리히에서 세쌍둥이 중 첫째로 태어났습니다. 그래서 어릴 때부터 자신과 똑같이 생긴 다른 두 자매를 바라보며 일찍이 자신의 정체성에 대해서 깊은 고민을 하기 시작했습니다. "아, 나는 누구일까? 아, 나는 진짜 나일까? 아니면 나는 세쌍둥이의 삼분의 일에 속한 사람일까?" 이것이 매우 궁금했다고 합니다.

이런 고민을 하고 있을 때 아버지의 친구가 그만 나무에서 떨어져 죽는 사건을 목격하였습니다. 그는 어린 시절에 아버지의 둘도 없는 친구의 죽음을 보면서 그때부터 죽음에 대해 심각한 관심을 갖고 연구를 하게 됩니다. 특별히 그는 2차 세계대전 이후에 유대인 수용소에서 자원봉사자로 일하면서 죽음에 대해서 깊은 관심을 가지고 죽어 가는 사람을 연구하였습니다.

그런 그는 그의 저서 《인생 수업》이라는 책을 통하여 이런 의미심장한 이야기를 합니다. "삶의 마지막 순간에 바다와 하늘과 별, 또는 사랑하는 사람들을 한 번만 더 볼 수 있게 해달라고 기도하지 마십시오. 지금 당장 그들을 보러 가십시오." 무슨 말입니까? 죽음 앞에 선 사람들일수록 내가 누구인가를 알며 만나고 싶은 사람을 당장 만나라는 것입니다.

죽음 앞에 떠오르는 두 가지 질문

우리는 죽음 앞에서 혹은 죽음과 버금가는 엄청난 고통과 깊은 고뇌에 빠질 때 불현듯 떠오르는 질문이 있습니다. 그것은 '나는 누구인가?'라는 질문입니다. 그리고 또 하나가 있습니다. '나는 이제부

터 인생을 어떻게 살아가야 할 것인가?'

1) '나는 누구인가'에 대한 문제입니다.

정신과 의사인 김정수 박사가 쓴 《나는 누구인가? 나는 무엇인가?》라는 책이 있습니다. 이분은 심리학적이고 정신과적인 측면에서 본 '나는 누구인가'를 찾고 있습니다. 사람은 성장하면서 형성된 심리 상태나 콤플렉스, 무의식이 자아를 형성하게 되는데 거기서 자신을 찾게 된다고 말합니다. 그러나 그렇게 해서 내가 누구인가를 진짜 알 수 있을까요?

그런가 하면 어떤 사람은 인간을 이해하기 위해서 헤겔과 마르크스의 유물론적 이념을 이해해야 한다고 합니다. 이런 사람은 무조건 돈을 많이 벌라고 합니다. 무조건 남보다 성공을 하고 출세를 하라고 합니다. 겉으로는 화려하게 평등 이야기를 하고 분배와 공유의 가치를 이야기하지만 실제로는 온갖 거짓말과 권모술수로 자신이 출세하고 온갖 성공과 부를 누리려고 합니다.

디트리히 본회퍼는 2차 세계대전 당시 유대인을 학살하던 히틀러의 나치 정권에 항거하다가 순교한 독일의 신학자였습니다. 그가 순교하기 전 1944년 6월에 그는 감옥에서 'Who am I?'(나는 누구인가?)라는 시를 썼습니다. 그는 이 질문을 던지고 스스로 이렇게 대답을 합니다. "오, 하나님, 내가 누구이든 당신은 나를 아십니다. 당신이 아시듯 나는 당신의 것입니다." 이것은 본회퍼가 깊은 고뇌 속에서 스스로 대답한 고백이었습니다.

성경에 나오는 다윗도 하나님 앞에 스스로 질문을 하지 않습니까? "하나님, 내가 누구이오며 내 집이 무엇입니까?" 그런데 그의 질문은 자신의 인생이 무엇인지 몰라서 물어보는 질문이 아닙니다. "내가 누구이기에 하나님께서 이렇게 복을 주시고, 내 집이 무엇이기에 이렇게 큰 은혜를 주신단 말입니까?"

> 삼하 7:18 다윗 왕이 여호와 앞에 들어가 앉아서 이르되 주 여호와여 나는 누구이오며 내 집은 무엇이기에 나를 여기까지 이르게 하셨나이까

그런 후에 다윗은 이렇게 고백합니다. "하나님이 저에게 복을 주신다고 하니 저는 이제 기도로 구할 마음이 생겼나이다. 이제 저와 저희 가정에 복을 주사 주의 종의 집이 영원히 복을 받게 하옵소서."

> 삼하 7:27-29 만군의 여호와 이스라엘의 하나님이여 주의 종의 귀를 여시고 이르시기를 내가 너를 위하여 집을 세우리라 하셨으므로 주의 종이 이 기도로 주께 간구할 마음이 생겼나이다 주 여호와여 오직 주는 하나님이시며 주의 말씀들이 참되시니이다 주께서 이 좋은 것을 주의 종에게 말씀하셨사오니 이제 청하건대 종의 집에 복을 주사 주 앞에 영원히 있게 하옵소서 주 여호와께서 말씀하셨사오니 주의 종의 집이 영원히 복을 받게 하옵소서 하니라

우리가 진정한 그리스도인이라면 이런 감격의 질문을 할 수 있어

야 하고, 감격의 고백과 기도를 할 수 있어야 합니다. "하나님, 제가 무엇이기에 저에게 이런 복을 주십니까? 저희 집이 무엇이기에 이런 복을 주신단 말입니까? 이제 저와 제 가정이 받은 복이 자손대대로 이어지게 하옵소서. 아니, 대를 이어갈수록 더 큰 복을 받게 하옵소서."

우리도 다윗처럼 감격적인 기도를 해야 합니다. 다윗처럼 감격적으로 대답하고 고백해야 합니다.

> ♪ 내가 주님 앞에 무엇입니까 마른 막대기가 아닙니까
> 내가 당신 앞에 쓸모없었던 타다 남은 재가 아닙니까
> 나를 도우소서 일으키소서 나와 동행하사 힘 주시고
> 내 영혼 기쁨을 얻게 하시어 주님을 기쁘게 하옵소서

그러면 구체적으로 우리는 하나님 앞에서 누구입니까? 어떤 사람입니까? 그 사실을 알기 위해서 우리가 성경으로 돌아가야 합니다. 성경은 우리에게 뭐라고 말씀하십니까? 먼저 우리는 하나님의 형상대로 지음 받은 존재입니다.

> **창 1:27** 하나님이 자기 형상 곧 하나님의 형상대로 사람을 창조하시되 남자와 여자를 창조하시고…

그러니까 우리는 하나님께서 아무렇게나 지으신 존재가 아닙니다. 당신의 형상을 따라서 인격적인 존재로 지으셨습니다. 더구나 우

리를 영적인 존재로 만드셨습니다. 먼저 하나님은 땅의 흙을 가지고 사람을 지으시고 생기를 그 코에 불어 넣으셨습니다.

> **창 2:7** 여호와 하나님이 땅의 흙으로 사람을 지으시고 생기를 그 코에 불어넣으시니 사람이 생령이 되니라

하나님이 흙으로 사람을 지으셨을 때 당시는 완전히 육체였습니다. 그런데 하나님의 생기(니쉬마트 카임)를 그 코에 불어넣으시자 인간이 참된 생령이 되었습니다. 그래서 하나님의 형상을 닮게 되었으며 영적인 존재가 된 것입니다. 그렇게 해서 우리로 하여금 하나님을 섬기고 하나님을 찬양하게 하셨습니다.

> **사 43:21** 이 백성은 내가 나를 위하여 지었나니 나를 찬송하게 하려 함이니라

하나님은 우리를 자기 멋대로 살고 방탕하게 살라고 육적인 존재로만 지은 것이 아닙니다. 우리를 영적인 존재로 지어 주시고 하나님을 찬양하는 삶을 살라고 하셨습니다. 그래서 아담과 하와가 하나님께 지음을 받자마자 에덴동산에서 두 팔을 벌리며 이렇게 하나님을 찬양하였을 것입니다.

♪ 흙으로 사람을 지으사 그 코에 생기를 불어넣으신 주 하나님

우리 위해 아들을 세상에 보내신 사랑의 주 하나님을 사랑해
나는 하나님 형상 따라 지음 받은 몸이니 이 몸을 주께 바치리
항상 내 생활 중에 주를 부인하지 않으며 내 주를 섬기렵니다

나비와 꽃, 누가 선택했을까?

그뿐입니까? 우리 하나님은 우리를 무턱대고 지어 주신 것이 아니라 만세 전에 우리를 선택하셔서 우리를 하나님의 자녀로 삼으시고 기업으로 삼아 주셨습니다.

> **엡 1:4-5** 곧 창세 전에 그리스도 안에서 우리를 택하사 우리로 사랑 안에서 그 앞에 거룩하고 흠이 없게 하시려고 그 기쁘신 뜻대로 우리를 예정하사 예수 그리스도로 말미암아 자기의 아들들이 되게 하셨으니

이런 말씀을 읽고 묵상할 때마다 얼마나 감격이 넘칩니까? 얼마나 하나님의 은혜가 울렁거립니까? 제가 이따금씩 하는 질문이 있는데, 그것은 '꽃이 나비를 선택하는가' 아니면 '나비가 꽃을 선택하는가' 하는 것입니다. 물론 겉으로 볼 때는 '나비가 꽃을 선택한다'고 볼 수 있습니다.

그러나 생래적으로 나비는 꽃을 선택하지 않으면 안 될 존재로 지음을 받았습니다. 나비가 어디 똥파리를 찾아가겠습니까? 썩은 거름더미를 찾아가겠습니까? 나비는 저절로 자기도 모르게 꽃을 향해 날아갑니다. 꽃향내음을 맡으면 본능적으로 찾아가게 됩니다. 그러

니까 다시 생각해 보면, 나비가 꽃을 선택한 것이 아니라 꽃이 나비를 선택한 것입니다.

그런 것처럼 수많은 종교 가운데 우리가 현명해서 기독교를 선택한 것입니까? 우리가 똑똑해서 예수님을 선택한 것입니까? 우리가 잘 판단해서 수많은 교회 가운데 교회를 선택한 것입니까? 아닙니다. 그것은 하나님의 예정이었고 선택이었고 은혜 때문이었습니다.

하나님이 우리를 예정하시고 성령님의 은혜로 불러 주셨기 때문에 예수님을 믿고 교회에 오게 된 것입니다. 이런 것을 생각하면 얼마나 하나님의 은혜가 큽니까? 예정과 선택의 은총이 얼마나 위대합니까? 저는 이러한 생각을 하면 할수록 예정의 섭리와 하나님의 선택의 은혜가 얼마나 신비하고 신기한지 모릅니다.

저 같은 사람이 예수를 믿고 목사가 되다니요. 어린 시절에 제 아버님은 예수는 쌍놈들만 믿는다고 했습니다. 양반들은 절대로 교회를 안 나간다고 했습니다. 그래서 저는 초등학교 시절 고전 읽기를 할 때도 불교 성전을 선택한 사람입니다. 제가 불교에 문외한이 아닙니다. 어린 시절에 불교 성전을 달달달 터득해서 독후감을 써 군에서도 상을 받고 도에서도 상을 받은 사람입니다.

그런데 하나님의 예정과 선택으로, 그리고 성령의 거룩한 부르심으로 말미암아 예수님을 믿고 목사가 되었습니다. 그러니 이런 예정의 섭리와 선택의 은혜에 어찌 감격하지 않을 수 있겠습니까? 이러한 신비한 은혜와 비밀스러운 은혜를 어찌 노래하지 않을 수 있겠습니까? 아무리 생각해 봐도 아, 하나님의 은혜로 이 쓸데없는 자를 하나님이 구속하여 주시고 불러 주시며 써 주시니 얼마나 감사합니까?

한국에는 15만 명의 목사님들이 계시고 6만여 개의 교회가 있으며 1,000만의 성도가 있습니다. 그런데 그 수많은 사람들 중에 어떻게 우리가 한 교회에서 만나서 신앙생활을 하고 있단 말입니까? 더구나 우리가 함께 한마음으로 한국교회를 섬기며 교회 생태계를 지키려고 한다는 사실이 얼마나 신비스럽습니까? 별처럼 수많은 사람들, 아니, 별처럼 수많은 교회가 있는데, 그중에 우리가 만나 꿈을 꾸듯 은혜를 받고 하나님을 섬기며 사명을 감당하고 있으니, 이것이 하나님의 전적인 예정의 은혜요, 선택의 축복이 아니고 무엇이겠습니까?

물론 처음 우리 교회에 왔다가 제 스타일이 마음에 안 든다고 등록을 안 한 사람들도 많았습니다. 그러나 하나님께서 그런 사람들을 강권하여 끌어다가 다시 교회에 등록하게 하시는 것을 봅니다. 그런 후에 저와 함께 꿈을 꾸듯 행복하게 신앙생활을 하며 이 시대의 사명을 감당합니다. 그러니 제가 이런 노래를 안 부를 수 있나요?

> ♪ 별처럼 수많은 사람들 그중에 그대를 만나
> 꿈을 꾸듯 서롤 알아보고
> 주는 것만으로 벅찼던 내가 또 사랑을 받고
> 그 모든 것 기적이었음을

그런데 저는 여기서 가사를 개사합니다.

♪ 은혜를 받아서 족했던 내가 또 사명을 받고
그 모든 것 예정이었음을
그 모든 것 선택이었음을
그 모든 것 기적이었음을

제가 신년이면 주일학교 방문을 하며 기도를 해주는데, 그때는 각 부서가 제가 민망할 정도로 서로 경쟁을 하며 담임목사를 환영합니다. 그런데 제가 이 노래를 좋아하는 것을 알고 소년부에서 이 노래를 부르며 환영을 해주는데 얼마나 감동했는지 모릅니다.

하나님의 걸작

그뿐이 아닙니다. 우리는 하나님의 걸작으로 지음을 받았습니다.

> **엡 2:10** 우리는 그가 만드신 바라…

여기서 "그가 만드신 바라" 할 때 헬라어로는 '포이에마'라고 합니다. 이 말에서 영어의 '포엠'이라는 말이 나왔습니다. 그러니까 우리는 하나님이 만드신 걸작이요, 명시라는 말입니다. 우리 한 사람 한 사람이 하나님의 걸작이요 명시라는 것입니다. 그러니 우리 모두는 참 아름다운 사람들입니다.

유명한 시인도 진짜 명시는 일생에 몇 편밖에 못 씁니다. 그렇다면 하나님께서 우리를 위대한 걸작이요 명시로 지으셨다면 하나님이 우리에게 얼마나 공을 들이고 정성을 들여 창조하셨겠습니까? 그래서 베드로전서 2장 9절에서도 이렇게 말씀하지 않습니까?

> **벧전 2:9** 그러나 너희는 택하신 족속이요 왕 같은 제사장들이요 거룩한 나라요 그의 소유가 된 백성이니…

여기서 '왕 같은 제사장'이라는 말은 왕이면서 제사장이라는 것입니다. 왕적인 제사장, 아니 왕적인 권위 있는 제사장이라는 것입니다. 그리고 그의 나라요 그의 소유 된 백성이라는 것입니다. 우리가 세상에 살지만 세상에 속한 백성이 아니라는 것입니다(living in this world, not of this world). 우리 자신이 하나님의 거룩한 나라요, 그 안에 사는 거룩한 권속이요 멤버라는 것입니다.

그러니 우리가 예수 그리스도 안에서 얼마나 아름다운 존재입니까? 참 아름다운 존재입니다. 얼마나 가치 있는 존재입니까? 그리고 얼마나 눈부신 존재입니까? 참 아름답고 눈부신 존재입니다. 그러므로 우리는 우리의 아름다움을 깨달아야 합니다. 참 아름다움의 가치를 깨달아야 합니다. 그래서 이 가을의 계절에 우리의 삶을 더 아름답고 눈부시게 살아갈 수 있어야 합니다.

♪ 눈이 부시게 푸르른 존재 눈부신 영혼을 이루어 가자
저기 저기 저 가을 꽃자리 푸르른 신앙이 눈부신 삶을…

2) '나는 무엇인가, 혹은 어떻게 살아가야 할 것인가'에 대한 문제입니다.

내가 누구인지 알았다면 나는 무엇인가를 알아야 합니다. 다시 말하면 어떻게 살아야 할 것인가, 나의 삶의 목적을 알아야 합니다. Being 다음에 Doing이 온다는 말입니다. 그런데 많은 사람이 왜 사느냐고 묻는다면 잘 먹고 잘살기 위해서 산다고 합니다. 자신의 삶의 목적을 이루기 위해서 산다고 합니다.

그러나 우리가 그렇게만 산다면 우리의 인생이 얼마나 허무할까요? 우리가 성공하고 출세하고 잘 먹고 잘살기 위해서만 산다면 우리 인생이 얼마나 허탈하고 공허하겠습니까?

그렇게만 말하면 아무리 잘 먹고 잘사는 사람도 결국 죽습니다. 부자도 죽고 가난한 사람도 죽습니다. 또한 유명한 사람도 죽고 무명의 사람도 죽습니다. 출세한 사람도 죽고 실패한 사람도 죽습니다. 왕도 죽고 백성도 죽습니다. 우파도 죽고 좌파도 죽습니다. 인생이 죽음으로만 끝난다면 얼마나 허무하겠습니까? 그래서 사도 바울도 우리의 삶이 이생뿐이라면 자신이 가장 불쌍한 사람이라고 고백하지 않습니까?

> **고전 15:19** 만일 그리스도 안에서 우리가 바라는 것이 다만 이 세상의 삶뿐이면 모든 사람 가운데 우리가 더욱 불쌍한 자이리라

이무석 박사님은 유명한 국제정신분석가이시고 우리 교단의 홀

류하신 장로님이십니다. 그분의 여러 저서 가운데 《이무석의 마음》이라는 책이 있는데, 그 책 중에 이런 이야기가 나옵니다. 이분이 의과대학에 다닐 때 자신의 은사님 중에 성질이 지독하게 더러운 교수가 있었습니다. 걸핏하면 고함을 지르고 욕도 잘하고 얼마나 난폭한지 모릅니다.

심지어 수술 중에 실수한 레지던트에게 온갖 쌍욕을 내뱉으며 발로 조인트를 까면서 내쫓아버렸다고 합니다. 그러나 그분의 수술 실력만큼은 타의 추종을 불허할 정도로 최고의 권위를 가졌다고 합니다. 그런데 이무석 박사님이 의과대학을 졸업하고 10여 년이 지난 어느 날, 이분이 예수를 믿고 교회를 나가기 시작한 것입니다.

더더욱 놀라운 것은 주일예배 시간에 헌금위원으로 봉사를 하는 것입니다. 교회에는 안내위원과 헌금위원의 인상이 좋아야 합니다. 그렇지 않아도 부부싸움을 하고 교회를 오는데 안내위원마저 퉁명스럽게 "절로 가세요" 하면 진짜 절로 가버릴 수 있습니다. 그래서 안내위원은 인상이 포근하고 옷도 화사하게 입어야 합니다.

헌금위원은 더더욱 그렇습니다. 그렇지 않아도 헌금을 봉투에 넣고 할까 말까 생각 중인데 헌금위원이 인상을 팍팍 쓰면서 연보함을 툭툭 던지는 식으로 봉사를 하면 누가 헌금하고 싶겠습니까? "나 헌금 안 할 거다" 하고 그냥 가 버립니다.

그런데 성질이 정말 더럽고 고약한 교수님이 교회 나가서 헌금위원으로 봉사를 하더라는 것입니다. 이무석 박사님이 성질 더러운 교수님을 찾아서 "어떻게 예수 믿고 교회를 다니게 되셨습니까?"라고 물어 봤습니다. 그러니까 이렇게 대답을 하는 것입니다.

"이 교수, 나는 하나님을 믿지 않았어. 나는 기독교 신앙이 비과학적이라고 생각했지. 그런데 암환자들을 치료하면서 내 생각이 달라졌어. 대부분 말기암 환자들은 주변 사람들을 원망하고 욕을 하며 불안에 떨다가 죽어 가거든. 그러나 지금도 기억에 생생한 환자가 있는데, 그분의 얼굴은 그렇게 편안할 수가 없었어.

그분은 지독한 통증을 다 참아가면서 주변 사람들을 위로해 주었어. 인내하며 오히려 주변 사람들에게 하나님의 사랑을 이야기한 거야. 그리고 내가 회진을 가면 그분은 언제나 환한 얼굴로 웃음을 지으며 '선생님, 감사합니다'라고 인사를 했어.

그때 나는 그분의 얼굴을 보며 '나라면 저렇게 죽음 앞에 편할 수 있을까?' 생각을 해봤지. '그래, 저분에게는 무언가 있어.' 그런 생각을 하고 나중에 그 이유를 알았는데 그분은 예수님을 믿었던 거야. 그리고 그는 나에게 하나님의 사랑을 이야기해 주었어. 그분에게는 죽음이 삶의 끝이 아니라 새로운 삶의 시작이었지. 그 이후에 내가 유심히 살펴보니 예수님을 믿는 사람들은 대부분 죽음 앞에서 편안하더라고…. 내가 예수님을 믿게 된 것은 그분들의 영향이 제일 컸어. 나는 그분들 때문에 예수님을 믿게 된 거야."

살아도 주를 위해, 죽어도 주를 위해

예수 믿는 사람도 언젠가는 암에 걸릴 수 있고 불치병에 걸릴 수 있습니다. 우리가 예수 믿는다고 영원히 삽니까? 예수 믿는 사람도 나이 먹으면 늙고 병들어 죽습니다. 어떤 사람은 행복하게도 심장마비로 죽을 수 있지만 대부분은 암과 싸우거나 지병으로 투병을 하다가 죽습니다. 그런 의미에서 저는 편한 죽음을 달라고 하나님께 기도하고 있습니다.

그런데 어떻게 죽든지 간에 예수 믿는 사람은 얼마나 편안하게 죽는지 모릅니다. 왜냐하면 우리는 죽음 너머에 저 영원한 천국이 있기 때문입니다. 영원한 내세가 보장되어 있다는 말입니다. 그러니까 우리는 평안하고 행복하게 죽을 수 있습니다. 지존파 같은 악한 살인마들도 감옥에서 예수님을 영접하고 만면에 미소를 띤 채 편안하게 찬송을 부르다가 죽었다고 하지 않습니까?

하물며 예수님을 인격적으로 영접하고 삶의 목적이 주님에게 있던 사람은 더욱 평안하게 죽지 않겠습니까? 정말 행복하게 죽습니다. 아니, 평생을 사명을 따라 살고 하나님 나라를 위해 살고 복음과 교회를 위해 살아온 삶이 얼마나 보람되겠습니까? 돌이켜보면 후회할 것도 없고 아쉬울 것이 없지 않습니까?

평생 내 마음대로 살고 흥청망청 살다가 겨우 죽을 무렵에 예수 믿고 천국 가면 후회할 수 있는 것입니다. 아쉬울 수 있습니다. "아, 내가 젊을 때 하나님을 잘 섬길 걸. 내가 젊을 때 교회 나가서 사명을 따라 살아갈 걸…" 물론 늦게라도 예수 믿고 천국 가서 다행이지요. 그러나 젊을 때부터 하나님의 자녀로 살아가고 사명을 따라 살아가는 사람은 참으로 행복한 사람입니다. 죽을 때도 평안하게 죽습니다. 그 어떠한 질병과 싸우고 통증과 싸워도 우리는 거뜬히 이

길 수 있는 힘을 하나님이 주시기 때문입니다.

바로 이러한 사람이 그리스도 안에서 참으로 아름다운 사람입니다. 이 사람이 그리스도 안에서 참으로 아름다운 삶을 살아갑니다. 이런 사람은 절대로 인생을 허비하지 않습니다. 인생을 내 마음대로 살거나 흥청망청 살지 않습니다. 사도 바울의 고백처럼 살아도 주를 위해 살고 죽어도 주를 위해 죽습니다.

> **롬 14:8** 우리가 살아도 주를 위하여 살고 죽어도 주를 위하여 죽나니 그러므로 사나 죽으나 우리가 주의 것이로다

얼마나 멋있는 삶입니까? 얼마나 눈부시고 아름다운 삶입니까? 우리 모두 이런 삶을 살아야 합니다. 그리스도 안에서 참으로 아름답고 눈부시고 행복한 사람으로 살아가야 합니다.

> ♪ 이제 내가 살아도 주 위해 살고
> 이제 내가 죽어도 주 위해 죽네
> 하늘 영광 보여주며 날 오라 하네
> 할렐루야 찬송하며 주께 갑니다
> 그러므로 나는 사나 죽으나 주님의 것이요
> 사나 죽으나 사나 죽으나 날 위해 피 흘리신 내 주님의 것이요

그래서 베드로 사도도 이렇게 말씀하지 않습니까?

> **벧전 2:9** …이는 너희를 어두운 데서 불러내어 그의 기이한 빛에 들어가게 하신 이의 아름다운 덕을 선포하게 하려 하심이라

무슨 말입니까? 이런 사람은 하나님이 예정하시고 구원하시며 선택하신 은혜에 감격하여 언제나 하나님의 사명을 따라 산다는 것입니다. 특별히 이러한 사람은 어떤 경우에도 하나님의 덕을 선포하며 산다는 것입니다. 다시 말하면 하나님의 사랑과 복음을 전하며 살아간다는 것입니다.

이런 사람이 어떻게 교회를 헐어내릴 수 있겠습니까? 교회를 개혁한답시고 어떻게 교회를 무너뜨릴 수 있겠습니까? 이런 사람은 언제나 하나님의 복음을 전하며 살아갑니다. 하나님의 아름다운 덕을 이야기하고 살아갑니다. 항상 교회 안에서도 덕을 세우며 교회 바깥에서도 하나님의 덕을 전합니다. 교회의 덕을 전합니다. 믿음의 덕을 전합니다.

이런 사람이 그리스도 안에서 참으로 아름다운 사람입니다. 그런 의미에서 10월의 눈부신 햇살을 받으며 예배를 드리는 사람은 참 아름다운 사람입니다. 하나님 보시기에 얼마나 아름다운 사람들이겠습니까?

그러므로 예수 그리스도 안에서 참으로 아름다운 사람들이여, 먼저 하나님 보시기에 아름다운 마음부터 가져야 합니다. 언제나 예배 드리기를 좋아해야 합니다. 하나님이 허락하신 사명을 따라 사는 사람이요, 언제나 하나님의 덕을 선전하고 예수 그리스도의 복음을 증

거하기를 좋아해야 합니다. 그리고 교회 안에서 그리스도의 향기를 진동하고 교회 바깥에서도 아름다운 향기를 발하며 살아야 합니다.

> ♪ 아름다운 마음들이 모여서 주의 은혜 나누며
> 예수님을 따라 사랑해야지 우리 서로 사랑해
> 하나님이 가르쳐 준 한 가지 네 이웃을 내 몸과 같이
> 미움 다툼 시기 질투 버리고 우리 서로 사랑해

6. 분노하고 있는 당신에게

"그런즉 거짓을 버리고 각각 그 이웃과 더불어 참된 것을 말하라 이는 우리가 서로 지체가 됨이라 분을 내어도 죄를 짓지 말며 해가 지도록 분을 품지 말고 마귀에게 틈을 주지 말라"(엡 4:25-27).

단 한 번의 말실수 때문에

우리가 세상을 살면서 상처받지 않고 살아갈 수는 없을까요? 또 상처를 받더라도 치유하지 않고도 평안히 살 수는 없을까요? 그렇다면 얼마나 좋을까요? 그러나 상처 없는 세상은 없습니다. 아무리 부잣집에서 태어나 귀하게 자란다 할지라도 상처를 받지 않고 자란 사람은 한 사람도 없습니다.

요즘 제 손녀 현주가 저를 옛날처럼 좋아하지 않습니다. 제가 너무 바빠서 현주를 볼 시간이 없기 때문입니다. 보더라도 잠깐 안아 줄 뿐 아이를 떼어 놓고 오면 엉엉 울어 댑니다. 가지 말라고 해도 할아버지가 무정하게 가 버리니 자기 딴에는 얼마나 섭섭하겠습니까? 바쁘니까 떼어 놓고 와야 하는 할아버지가 자신에게 상처를 준다고 여기는 것입니다.

우리 인생살이도 그렇지 않을까요? 그러나 문제는, 상처를 받는 것이 중요한 것이 아니라 그 상처를 어떻게 털고 일어나느냐가 중요하다는 것입니다. 상처는 반드시 상한 마음으로부터 시작합니다. 마음이 상하게 되면 반드시 상한 언어를 쏟아 내게 됩니다. 그리고 그 상한 언어는 반드시 사람의 마음을 죽이고 맙니다.

청운의 꿈을 가지고 미국 유학길에 올라 열심히 공부했던 부부가 있었습니다. 공부하는 동안 경제적으로 어려워지자 아내는 하던 공부를 멈추고 열심히 일을 해서 남편 뒷바라지를 했습니다. 시간이 지나고 자식도 태어났습니다. 그리고 남편은 원하던 과정을 마치고 박사 학위를 받았습니다. 남편은 좋은 직장에 취직하여 경제적으로 제법 기반이 잡혔습니다. 겉으로 보기에는 이 부부가 얼마나 행복하겠습니까? 남편은 아내의 수고를 잊지 말아야지요. 이런 남편이 아내에게 불러주는 노래가 있습니다.

♪ 젖은 손이 애처로워 살며시 잡아 본 순간
거칠어진 손마디가 너무나도 안타까웠소…

그런데 어느 날 이 부부가 사소한 일로 말다툼을 하였습니다. 그때 남편은 하지 말아야 할 말을 했습니다. 욱하는 성질을 이기지 못하여 무심코 내뱉었습니다. "이제 너 같은 건 필요 없어." 남편이 이런 말을 하면 안 되지요. 그러자 이 말을 들은 아내가 이렇게 받아쳤습니다. "그래, 나 같은 건 더 이상 필요 없다고? 그러면 내가 없어져 주면 될 거 아니야!"

이때 남편이 당장 손을 잡고 미안하다고 했어야지요. "여보, 그 말 취소할게. 홧김에 그랬어. 왜 당신이 없어져야 해? 이제 우리 살만한데. 그 말 한 것 미안해." 그리고 분위기 전환용으로 남자가 한 번 이렇게 쇼를 해야지요.

♪ 쏘리 쏘리 쏘리 쏘리 내가 내가 내가 먼저

그러나 이 남자는 그러지 않았습니다. 그날 밤 홧김에 아내가 차를 몰고 나갔습니다. 그런데 사랑하는 아내는 그날 교통사고로 현장에서 즉사하고 말았습니다. 아내의 교통사고 소식을 듣고 남편이 병원으로 달려갔습니다. 싸늘한 부인의 시신 앞에서 남편은 목 놓아 울며 이렇게 말했습니다.

"여보, 아니야. 아니야. 당신이 정말 필요해. 내가 잘못했어. 당신이 나에게 얼마나 필요한 존재인데. 내가 미안해. 내가 하지 말아야 할 말을 했어. 여보, 이건 아니야. 이건 아니야. 여보, 다시 살아나 줘, 다시 돌아와 줘."

남편은 목 놓아 울었습니다. 부부간에 싸우고 아직도 화해하지 못한 분이 계시면, 먼저 가서 화해해야 합니다. 누가 먼저 손 내밀면 어떻습니까? 부부간에 자존심이 뭐가 필요합니까? 저처럼 자존심이 센 사람은 별로 없을 것입니다. 제가 교회 개척할 때, 또 개척한 후에도 어려울 때 단 한 번이라도 누구한테 도와 달라고 찾아가 본 적이 없습니다.

그런데 부부싸움 하고 나서는 백 번 다 제가 먼저 사과했습니다. 단 한 번도 집사람이 저에게 먼저 와서 사과해 본 적이 없습니다. 제 아들이 증인입니다. 아니, 정 권사님이 더 큰 증인이십니다. 그래도 괜찮습니다. 부부간에 사별을 하고 나면 그렇게 그리워진다고 하지 않습니까? 그래서 이런 노래도 있습니다.

♪ 곱고 희던 그 손으로 넥타이를 매어 주던 때
어렴풋이 생각나오 여보 그때를 기억하오…
세월은 그렇게 흘러 여기까지 왔는데
인생은 그렇게 흘러 황혼에 기우는데…
다시 못 올 그 먼 길을 어찌 혼자 가려 하오
여기 날 홀로 두고 여보 왜 한마디 말이 없소
여보 안녕히 잘 가시게
여보 안녕히 잘 가시게

한동안 저희 집사람이 전화를 해서 꽁알꽁알하면 제가 이 노래를 불러 줄 때가 있었습니다. "♪여보 안녕히 잘 가시게~"

상처, 고통, 분노

아무튼 상처 입은 마음은 파괴적인 언어를 만들고 그 파괴적인 언어는 사람을 죽입니다. 그래서 스위스의 유명한 정신의학자인 폴 투르니에(Paul Tournier) 박사는 "사람은 상처를 받으면 제일 먼저 고통으로 반응을 한다"라고 했습니다. 그리고 그 고통은 마침내 분노를 일으킨다는 것입니다. 그리고 그 분노심은 결국 사람을 죽인다는 것입니다. 그래서 잠언서를 보면 패역한 혀는 마음을 상하게 한다고 하지 않습니까?

> 잠 15:4 온순한 혀는 곧 생명나무이지만 패역한 혀는 마음을 상하게 하느니라

에베소서 4장 26절에서 "분을 내어도 죄를 짓지 말며 해가 지도록 절대로 분을 품지 말라"고 하지 않습니까?

> 엡 4:26 분을 내어도 죄를 짓지 말며 해가 지도록 분을 품지 말고

그러므로 우리는 일상생활뿐만 아니라 신앙생활하면서 분노 조절을 잘해야 합니다. 분노 조절을 못하니까 욱하고 성질을 내는 것입니다. 그런 의미에서 비벌리 엔젤은 《화의 심리학》에서 분노를 이렇

게 정의하고 있습니다.

"화는 인간이라면 피할 수 없는 중요한 감정이다. 그런데 어떤 사람은 화를 지혜롭게 다루며 인생을 풀풀 풀어가고, 어떤 사람은 화를 어리석게 다루어 자신과 주변 사람에게 상처를 남기고 자신도 화를 입는다. 화는 행복과 불행, 성공과 실패를 모두 부른다. '화의 주인'에게는 행복과 성공을, '화의 노예'에게는 불행과 실패를 안긴다."

사람의 성질이 주로 언제 나타나느냐 하면, 운전대를 잡을 때 나타납니다. 어떤 분은 진짜 운전대만 잡으면 팔을 흔들거리고 입에서 온갖 육두문자를 쏟아내면서 성질이 고스란히 나옵니다. 그러나 제 차를 운전하는 송종호 안수집사는 성자가 따로 없을 정도입니다. 다른 차가 갑자기 끼어들어도 절대로 화를 내지 않습니다. 아무리 차가 막혀도 신경질을 부리지 않습니다. "네가 바쁘지 내가 바쁘냐" 하고 절대로 속도 위반, 신호 위반도 안 하고 천천히 갑니다.

한번은 뒤에서 어떤 차가 저희 차를 받아 버렸습니다. 그런데 송집사님이 나가서 보더니 고개를 끄덕끄덕하면서 "그냥 가세요" 하는 것입니다. 제가 보니까 분명히 흠이 났는데도 그냥 그 차를 보내는 것입니다. 차는 제 차인데 말입니다. 그만큼 성격이 온순하고 화를 잘 내지 않습니다.

그런데 오래전의 일이지만 강원도에서 이런 일이 있었습니다. 남자 두 사람이 엽총을 들고 사냥을 떠났습니다. 그들은 승용차를 몰고 비포장도로를 가고 있었습니다. 마침 어느 신혼부부도 중형차를 가지고 강원도로 여행을 갔습니다. 그런데 신혼부부의 중형차가 비포장도로를 추월하여 먼지를 뽀얗게 일으키고 간 것입니다. 그러니까 사냥꾼들이 화가 나지 않겠습니까? 그래서 당장 승용차로 신혼부부의 차를 추월했습니다. 신혼부부 역시 사냥꾼의 차를 추월했습니다. 그러면서 신혼부부의 신랑이 창문을 열고 육두문자를 하였습니다.

그러자 극도로 화가 난 사냥꾼들이 가지고 있는 엽총으로 신혼부부의 자동차를 향하여 난사했습니다. 아직 숨이 붙은 신부가 살려 달라고 애원을 하였지만 사냥꾼들은 잔인하게 총을 쏴서 죽였습니다. 참으로 우발적인 사건이었습니다. 욱하는 성질을 참지 못해서 그런 참사를 불러온 것입니다.

집단적 상처의 폐해

상처도 종류가 있습니다. 한 개인이 받는 개인적인 상처가 있는가 하면, 집단이 한꺼번에 상처를 받는 집단적 상처가 있습니다. 그래서 개인이 상처를 받으면 개인이 분노하고 집단이 상처를 받으면 집단이 함께 분노합니다. 그런데 안타까운 것은, 지금 우리 사회는 완전히 분노사회를 이루고 있다는 사실입니다. 좌파와 우파, 보수와 진보가 서로 분노하고 있습니다. 태극기와 촛불이 충돌하고 서초동과 광화문 정국을 이루었습니다. 집단적 분노와 또 다른 분노가 충돌하게 된 것입니다.

그래서 아무리 좋은 말을 해도 자기와 맞지 않으면 감정 대결을 합니다. 또 좌우를 구별하고 네 편, 내 편 하면서 싸웁니다. 무슨 이야기를 해도 안 듣습니다. 가령 광화문에 나가기만 해도 우파, 서초동에 나가기만 해도 좌파라고 합니다. 그냥 가 볼 수도 있는 것이 아닙니까? 이런 현상을 심리학에서 '선택적 지각'과 '확증편향성'이라고 합니다.

주변에서 어떤 이야기를 해도 자신이 생각하는 대로만 흡수하고 보고 싶은 대로만 보는 것입니다. 이런 사람을 다른 말로 표현하면 '호미적 사고'를 한다고 합니다. 자기의 편협한 사고에 갇혀서 호미질만 합니다. 좌파 호미질을 하고 우파 호미질을 합니다. 이런 호미질을 하다 보면 사람의 인격과 명예뿐만 아니라 서로의 진영을 공격하고 죽이는 살인 언어들이 난무합니다.

이런 언어를 자칼 언어라고 합니다. 세레나 루스트라는 사람이 《기린과 자칼이 함께 춤출 때》라는 책을 통해서 한 말인데, 자칼 언어는 남을 공격하고 비난하고 상처를 주며 죽이는 폭력 대화를 말합니다. 반면에 기린 언어는 상대방과 함께 공감하고 배려하며 존중하는 대화입니다. 기린과 자칼은 피부만 놓고 보면 아주 비슷하게 보입니다. 모두 갈색 바탕에 짙은 무늬가 얼룩덜룩 섞여 있습니다.

그러나 이들의 성격은 정반대입니다. 완전히 다릅니다. 기린은 평화로운 동물이지만 자칼은 피를 부르는 짐승입니다. 그런 것처럼 이 세상에서도 자칼과 같은 사람은 말을 가지고 상대방을 헐뜯고 상처 주고 비난만 합니다. 항상 말을 가지고 사람을 죽입니다. 더구나 자칼이 춤을 추면서 살인적인 노래를 부를 때 이 세상은 공포의 피바다가 됩니다.

그러나 이 세상에는 기린 같은 사람이 있습니다. 절대로 상대방의 마음에 상처를 주지 않습니다. 언제나 상대방의 감정과 말에 공감해 줍니다. 그 사람의 대화를 분석하고 해석하고 비판하지 않고, 먼저 공감하고 느껴 줍니다. 그리고 그 사람에게서 연민을 느끼며 상대방의 욕구와 바람이 무엇인가를 먼저 찾습니다. 그리고 상대방을 배려하고 존중하는 말을 하고 그 사람의 기를 살려 주며 용기를 주는 말을 합니다. 그러니까 기린 같은 사람이 춤을 추며 기린의 언어를 꽃 피울 때 가정은 화목한 가정이요, 이 세상은 살 만한 세상이 됩니다.

그런데 우리 사회에 자칼 언어가 판을 친다는 것은 그만큼 집단적 상처가 많다는 것입니다. 그리고 그 집단 상처는 이념과 진영의 상처를 만듭니다. 그래서 진영끼리 첨예한 대립을 합니다. 그리고 이런 첨예한 대립이 교회까지 들어왔습니다. 그래서 어떤 교회는 구역예배를 드리다가 이념 논쟁을 하는 바람에 싸움이 났다고 합니다. 어떤 교회는 남전도회 모임에서 진영 논쟁을 하다가 싸움을 했다는 것이 아닙니까? 얼마나 부끄러운 이야기입니까?

그러므로 이 시대는 분노하고 있는 이 사회를 화합하는 사회로 만들 누군가를 필요로 하고 있습니다. 누가 그런 화해의 리더십을 행사할 수 있을까요? 그리스도의 사랑을 가진 자가 할 수 있는 것입니다.

꽃으로도 때리지 말라

탤런트 김혜자 씨가 쓴 《꽃으로도 때리지 말라》는 책이 있습니다. 그분은 훌륭한 기독교 신앙을 가진 교회 권사님이신데 아프리카 구호 활동을 하면서 이 책을 썼습니다. 책 제목을 프란시스코 페레의 교육철학이 담긴 《꽃으로도 아이를 때리지 말라》라는 책의 내용에서 따왔다고 합니다.

저도 아프리카 구호 활동을 두 번 다녀왔습니다. 탄자니아도 갔고 케냐도 갔습니다. 또 에티오피아도 갔습니다. 에티오피아의 에이즈 걸린 아이를 품에 안고 촬영을 하다가 그 아이로부터 벼룩이 옮았습니다. 그래서 저도 그 아이의 에이즈가 제 몸에 전염되었나 싶어서 서울대 병원에 가서 검사까지 하는 소동을 벌였습니다. 감사한 것은 월드비전 역사상 교회 후원으로는 우리 교회가 제일 많이 했다는 것입니다. 그리고 제가 TV 방송에 나가서 후원 모금을 할 때 제일 많이 들어왔다고 합니다. 정말 감사한 일이지요.

그런데 김혜자 권사님이 기근이 극심한 한 마을에 들어갔습니다. 마을 사람들은 모두 죽어 있었습니다. 그러나 아직 살아 있는 한 소년을 발견하였습니다. 이 소년은 온몸이 벌레에 물려 있었고 영양실조에 걸려 배가 불룩 나와 있었습니다. 이때 동행한 사진 기자가 과일을 하나 건네주었습니다.

소년은 그것을 받아 들고 고맙다고 눈짓을 하더니 마을을 향해 걸어갔습니다. 소년이 마을에 들어섰을 때, 이미 죽은 것처럼 보이는 한 작은 아이가 땅바닥에 누워 있었습니다. 이 작은 아이는 소년의 동생이었습니다. 이 소년은 동생을 무릎에 눕혔습니다. 그리고 손에 쥐고 있던 과일을 한 입에 베어 이로 씹더니 그것을 동생의 입에 넣어 주는 것입니다.

며칠 뒤 결국 형은 영양실조로 죽었고 동생은 살아남았습니다. 이 책에서 김혜자 권사님은 굶주린 아이들을 위한 모금을 위해 이렇게 호소합니다. "만일 내가 비라면 물이 없는 곳으로 갈 거야. 그곳 사람들에게 '내가 곧 갈게' 하고 말할 거야. 그래서 그들이 내미는 그릇들을 물로 가득 채워 줄 거야."

김혜자 권사님의 책 제목처럼 우리는 우리 아이들뿐만 아니라 상대방을 향하여 꽃을 가지고도 함부로 때려서는 안 됩니다. 상처는 분노를 낳고, 분노는 자칼 언어를 낳고, 자칼 언어는 분노 사회를 이루기 때문입니다. 우리는 어떤 사람입니까? 우리도 여전히 분노하고 있습니까? 우리도 여전히 이념 논리에 빠져서 마음대로 자칼 언어를 내뱉고 그것을 즐기며 낙으로 여기지는 않습니까?

그렇다면 우리 안에는 말할 수 없는 상처와 콤플렉스가 있다는 것입니다. 우리 안에 어떤 부족함, 혹은 과도하게 억압된 트라우마가 해결 받지 못한 채 그것이 바깥으로 부정적으로 표출되고 있는 것입니다. 우리 그리스도인은 정치인이 아닌 이상, 이념 노선에 지나치게 편승하거나 줄을 서서는 안 됩니다. 한국교회는 하나님의 말씀을 붙잡아야 합니다. 그러면서 모든 진영과 소통하고 아우르며 품을 수 있어야 합니다. 적어도 분노 사회를 치유하고 양쪽 진영을 통합하는 리더십을 발휘해야 합니다.

똑같은 검이지만 검투사의 손에 칼이 들려지면 사람을 죽이는 데 쓰입니다. 그러나 똑같은 칼이지만 정원사의 손에 들려지면 정원을 가꾸고 꽃밭을 가꾸는 데 쓰입니다. 우리는 성경적 본질과 신앙의 정체성은 확고하게 하면서 정원사의 마인드를 가져야 합니다. 그렇게 해서 분노로 찢겨진 사회를 하나로 통합하고 한국교회를 통합할 뿐만 아니라 시대를 향한 화해의 리더십을 발휘해야 합니다. 이래도 여전히 분노를 품고 사시겠습니까? 분을 내어도 죄를 짓지 말라고 했지 않습니까?

> **엡 4:26** 분을 내어도 죄를 짓지 말며 해가 지도록 분을 품지 말고

이 말이 무슨 말입니까? 분을 내려면 공분을 내고 의분을 내라는 것입니다. 우리가 진리를 위해 분노하고 공익을 위해 분노해야 합니다. 영적 진리를 지키고 영적 전투를 하기 위해서 분노해야지, 진영 논리식 분노를 하면 결국은 복수의 치킨 게임을 하는 것입니다.

가정생활에서도 마찬가지입니다. 주로 가정에서 누가 화를 버럭 냅니까? 대부분 남자가 버럭 화를 냅니다. 그런데 대부분 여자가 깐죽깐죽해서 남자가 화를 냅니다. 남자가 화를 버럭 내면 이상하게 여자는 귀도 닫고 마음도 닫아 버립니다. 그러니까 남자들이 욱하고 성질을 내면 안 됩니다.

교회 생활도 마찬가지입니다. 교회는 사소한 일로 목숨을 거는 사람 때문에 다툽니다. 어떤 사람들은 교회를 섬기면서 사소한 일

에 목숨을 거는 것을 봅니다. 저는 절대로 사소한 일에 목숨 걸지 않습니다. 저는 적어도 작은 것을 주고 큰 것을 얻는 사람입니다. 아무것도 아닌 것을 가지고 장로님들과 싸우고 그럴 일이 뭐가 있습니까? 그래서 우리는 정말 분노하는 것을 자제하고 절제해야 합니다. 욱하는 성질을 꾹 참아야 합니다. 성경에서도 사랑은 모든 것을 참아낸다고 하지 않습니까? 사랑으로 참아내야 합니다.

> ♪ 사랑은 언제나 오래 참고 사랑은 언제나 온유하며
> 사랑은 시기하지 않으며 자랑도 교만도 아니하며
> 사랑은 무례히 행치 않고 자기의 유익을 구치 않고
> 사랑은 성내지 아니하며 진리와 함께 기뻐하네
> 사랑은 모든 것 감싸 주고 바라고 믿고 참아내며
> 사랑은 영원토록 변함 없네
> 믿음과 소망과 사랑은 이 세상 끝까지 영원하며
> 믿음과 소망과 사랑 중에 그중에 제일은 사랑이라

그러면 우리가 어떻게 참아야 할까요? 어떻게 분노를 멈출 수 있을까요?

분노를 멈추는 방법

1) 먼저 마음을 잘 다스려야 합니다.

잠 16:32 노하기를 더디하는 자는 용사보다 낫고 자기의 마음을 다스리는 자는 성을 빼앗는 자보다 나으니라

그러면 마음을 다스리는 비결이 뭘까요? 은혜 받는 것입니다. 하나님의 사랑과 은혜가 우리 마음을 압도하면 내면 콤플렉스가 해결이 되기 때문입니다. 우리 내면 콤플렉스 가운데 가장 골치 아픈 것이 열등의식입니다. 열등의식이 강한 사람은 교회 안에서 지배욕이 강하게 나타날 수 있습니다.

사실 교회 장로가 되려면 내면 콤플렉스가 전혀 없는 사람이나 어느 정도 사회에서 성공을 하거나 인정을 받는 사람이 좋습니다. 교회 장로님이 사회에서 억압을 받다가 교회 오면 이상심리 행동을 할 때가 있습니다. 어느 교회가 지독하게 싸우게 되었는데, 한 장로님 때문이었다고 합니다. 그 장로님의 세상 직업이 정화조 청소를 하는 분이었습니다. 직업이 무슨 귀천이 있겠습니까? 그런데 그 장로님은 정화조 청소를 하며 온갖 세상 사람들에게 구박을 받았습니다.

그래서 그 열등의식이 교회 와서 잘못 발휘된 것입니다. 그러니 이상 행동을 하는 것입니다. 교회에 와서 자기는 손 하나 까딱하지 않고 "물 따라 와라, 커피 타 와라" 하고, 봉사하는 사람들을 향하여 "이래서 되겠느냐, 저래서 되겠느냐" 합니다. 장로들 가운데도 맨날 서열 논쟁만 합니다. 내가 고참이니, 어쩌니 하면서 싸움이 일어났다는 것입니다.

그러므로 마음을 잘 다스려야 합니다. 특별히 중직자일수록 마음

을 잘 다스려야 합니다. 만약에 제 안에 열등의식 콤플렉스가 지나치게 많다면 어떻게 되겠습니까? 맨날 설교 가지고 공격을 할 것입니다. "장로가 왜 사랑이 없느냐, 장로님들이 왜 이 모양이냐, 권사님들이 왜 기도도 안 하고 헌신도 안 하느냐, 터줏대감과 씨암탉들이 말이야" 하며 예수 이름으로 공격하고 정죄를 할 것입니다.

그러나 저는 그렇지 않습니다. 제가 완벽하지는 않지만 어느 정도는 마음을 다스리기 때문입니다. 그중에 가장 큰 비결이 은혜 받는 것입니다. 은혜 받으면 내가 어떠한 사람인지 압니다. 깨닫는 것이 은혜가 아닙니까?

"나같이 버러지만도 못한 인생을 하나님이 불러서 당신의 도구로 쓰시니 내가 얼마나 감격해야 하는가. 이 짐승만도 못한 종을 하나님이 불러서 이렇게 존귀하게 사용하시니 얼마나 감사한가." 이것이 바로 한량없는 은혜요, 망극한 은혜요, 하해와 같은 은혜가 아닙니까? 그래서 이렇게 스스로 감격을 합니다.

> ♪ 한량없는 은혜 갚을 수 없는 은혜
> 내 삶을 에워싸는 하나님의 은혜…

이런 은혜 속에서 살면 우리 주제를 알게 됩니다. 주제 파악이 되면 분노할 수 없습니다. 분노했다가도 당장 정신을 차리고 원위치로 돌아가게 됩니다.

2) 항상 분노가 가져올 손해를 염두에 두고 살아야 합니다.

분노하면 나만 손해입니다. 모세가 화가 나서 반석을 두 번이나 두들기지 않았습니까? 하나님은 반석을 향하여 지팡이를 들라고만 했는데 모세는 온갖 성질을 버럭버럭 내면서 두 번이나 두들겼습니다. 그 결과 그는 가나안 땅에 못 들어가는 손해를 본 것입니다.

> 민 20:11 모세가 그의 손을 들어 그의 지팡이로 반석을 두 번 치니 물이 많이 솟아나오므로 회중과 그들의 짐승이 마시니라

모세가 이 일 때문에 가나안 땅을 못 들어가게 되었습니다.

> 민 20:12 여호와께서 모세와 아론에게 이르시되 너희가 나를 믿지 아니하고 이스라엘 자손의 목전에서 내 거룩함을 나타내지 아니한 고로 너희는 이 회중을 내가 그들에게 준 땅으로 인도하여 들이지 못하리라 하시니라

모세가 이것을 알았더라면 화를 내었겠습니까? 자기가 분노했을 때 분노가 가져올 엄청난 상처와 손해를 생각하였다면 화를 냈겠습니까? 그런데 모세가 그런 것을 생각하지 못하고 그만 분노를 하고 하나님을 우습게 생각함으로써 가나안 땅에 못 들어간 것입니다. 엄청난 손해를 본 것입니다. 그러므로 우리는 성질이 버럭버럭 나려고 할 때 분노가 가져올 상처를 먼저 생각해야 합니다. 그리고 분노했

다 하더라도 행여나 해질 때까지 품지 말아야 합니다. 그것은 마귀가 틈타서 그런 것입니다. 계속 분노를 품고 있는 것은 마귀가 틈타게 하는 것입니다.

> 엡 4:26-27 …해가 지도록 분을 품지 말고 마귀에게 틈을 주지 말라

그러므로 분노하기 전에 사탄이 틈탄다는 것을 알아야 합니다. 결국 잘못된 분노는 사탄이 가져다준 것이고, 그 분노를 계속 품고 있으면 사탄이 계속 집을 짓게 됩니다. 이것을 우리가 안다면 왜 분노를 하겠습니까?

3) 입장을 바꾸어서 생각할 필요도 있습니다.

이것을 역지사지(易地思之)라고 합니다. 제가 분노를 참는 비결 중에 하나입니다. 화가 나도 상대방의 입장에서 생각해 보는 것입니다. 그래서 제가 참고 이해하고 덮어 줍니다. 절대로 내 입장에서만 생각하면 안 됩니다. '왜 저 사람이 나에게 이런 말을 했을까? 이렇게 오해하고 화가 나는 것은 나의 편견 때문은 아닌가? 나에게도 선택적 지각이나 확증편향성 같은 것은 없는가?'

이렇게 입장을 바꾸어서 생각을 하면 어지간하면 참을 수 있습니다. 어지간하면 이해하고 분노를 멈출 수 있습니다. 저는 이러한 역지사지의 교훈을 우리 시대와 사회에도 적용을 하면 좋겠습니다. 그래서 두 진영 간에 서로가 서로를 이해하면서 건강한 견제를 하고

바람직한 경쟁을 하면서 건강한 사회로 발전했으면 좋겠습니다.

4) 예수님의 십자가를 바라보며 인내하고 또 인내해야 합니다.

로키산맥의 무릎 꿇은 나무 이야기를 아십니까? 무릎 꿇은 나무는 로키 산맥의 4,000미터 이상에서 혹독한 추위와 눈보라를 견디며 살아가는 나무입니다. 엄청난 추위와 세찬 바람 때문에 정상적으로 자랄 수 없습니다. 그래서 나무는 올곧게 자라지 못하고 마치 무릎 꿇은 사람처럼 처절하게 자랍니다.

그런데 그 나무를 재료로 해서 바이올린을 만들면 사람들의 심금을 울리는 명품 바이올린이 탄생합니다. 몇 백억을 호가하는 이탈리아의 최고 바이올린 스트라디바리우스도 이런 나무로 만든다고 합니다. 우리 그리스도인이 있는 성질을 다 부리고, 있는 꼬라지를 다 발휘하면 어떻게 그 사람에게서 그리스도의 향기가 나겠습니까? 가는 데마다 악취를 풍기고 사람을 죽이는 것입니다.

그러므로 우리도 로키산맥의 무릎 꿇은 나무처럼 분노가 치밀어 오르면 오를수록 주님 앞에 무릎을 꿇어야 합니다. 무릎만 꿇는다고 됩니까? 십자가를 바라보아야 합니다. 그래서 히브리서 기자는 인내로써 믿음의 경주를 하며 십자가에 달리신 예수를 바라보라고 했습니다.

> 히 12:1-2 …인내로써 우리 앞에 당한 경주를 하며 믿음의 주요 또 온전하게 하시는 이인 예수를 바라보자 그는 그 앞에 있는 기쁨을 위하

여 십자가를 참으사 부끄러움을 개의치 아니하시더니 하나님 보좌 우편에 앉으셨느니라

무언가에 분노하고 계십니까? 예수님의 십자가를 바라보아야 합니다. 주문을 외우듯 입에서 십자가를 외쳐야 합니다. 그리고 십자가에 달리신 예수 그리스도를 바라보아야 합니다. 예수님이 얼마나 억울하게 죽으셨습니까? 얼마나 갖은 누명을 쓰고 죽으셨습니까? 온갖 누명을 쓰고 십자가에 죽으신 주님… 그 주님을 바라볼 때 이런 믿음이 생기는 것입니다. "우리 주님도 참으셨는데 나도 참아야지. 나도 주님의 십자가 때문에 참아야지…."

♪ 괴로울 때 주님의 얼굴 보라 평화의 주님 바라보아라
　세상에서 시달린 친구들아 위로의 주님 바라보아라
　눈을 들어 주를 보라 네 모든 염려 주께 맡겨라
　화날 때에 주님의 얼굴 보라 사랑의 주님 안식 주리라

저는 이러한 십자가가 이 시대 우리 국민들에게 좀 적용되었으면 좋겠습니다. 보수와 진보, 우파와 좌파 사이에 붉은 십자가가 좀 서 있었으면 좋겠습니다. 그리고 그 십자가를 통해서 우리 국민이 화해를 하고 보수와 진보가 화해를 하고 우파와 좌파가 화해를 했으면 좋겠습니다. 그리고 저는 이 붉은 십자가가 남한과 북한 사이에도 세워졌으면 좋겠습니다. 그래서 십자가의 화해와 용서, 그리고 십자

가의 인내로 언젠가 남북이 화해되고 하나가 되었으면 좋겠습니다. 이 역할을 누가 해야 합니까? 우리가 해야 합니다. 한국교회가 해야 합니다.

7.
길을 가다 쓰러진 당신에게

"아합이 엘리야가 행한 모든 일과 그가 어떻게 모든 선지자를 칼로 죽였는지를 이세벨에게 말하니 이세벨이 사신을 엘리야에게 보내어 이르되 내가 내일 이맘때에는 반드시 네 생명을 저 사람들 중 한 사람의 생명과 같게 하리라 그렇게 하지 아니하면 신들이 내게 벌 위에 벌을 내림이 마땅하니라 한지라 그가 이 형편을 보고 일어나 자기의 생명을 위해 도망하여 유다에 속한 브엘세바에 이르러 자기의 사환을 그곳에 머물게 하고 자기 자신은 광야로 들어가 하룻길쯤 가서 한 로뎀나무 아래에 앉아서 자기가 죽기를 원하여 이르되 여호와여 넉넉하오니 지금 내 생명을 거두시옵소서 나는 내 조상들보다 낫지 못하니이다 하고 로뎀나무 아래에 누워 자더니 천사가 그를 어루만지며 그에게 이르되 일어나서 먹으라 하는지라 본즉 머리맡에 숯불에 구운 떡과 한 병 물이 있더라 이에 먹고 마시고 다시 누웠더니 여호와의 천사가 또다시 와서 어루만지며 이르되 일어나 먹으라 네가 갈 길을 다 가지 못할까 하노라 하는지라 이에 일어나 먹고 마시고 그 음식물의 힘을 의지하여 사십 주 사십 야를 가서 하나님의 산 호렙에 이르니라"(왕상 19:1-8).

산행 길에 쓰러져 있었던 사람

제가 분당 구미동에서 목회를 하다가 죽전으로 막 이전을 앞두고 있던 때였습니다. 그때 정 권사님과 함께 불곡산에 자주 다녔는데, 어느 날 불곡산 중턱 부근에서 어떤 남자분이 쓰러져 있었습니다. 그래서 "왜 이렇게 쓰러져 있느냐"라고 물어 보니까 다 죽어 가는 소리로 이렇게 말하는 것입니다. "선생님, 초콜릿이나 사탕 없습니까? 제가 저혈당이 와서요… 저 이대로 두면 죽습니다."

그때 제게 초콜릿은 없었지만 토마토를 갈아서 가지고 갔었습니다. 거기에 마침 꿀도 탔습니다. 그걸 당장 꺼내 드렸더니 벌컥벌컥 마시는 것입니다. 그렇게 마시더니 눈동자가 돌아오기 시작하면서 이렇게 말하는 것입니다. "이 은혜를 어떻게 갚아야겠습니까?" 그러기에 이렇게 말했습니다. "은혜는 무슨 은혜요. 제가 저 앞에 있는 새에덴교회 목사입니다. 다음 주일에 교회 한번 오시죠. 선생님도 예수 믿고 천국에 가십시다."

제가 길을 가다 쓰러진 한 사람을 구원한 것입니다. 저혈당은 정말 무섭습니다. 쓰러져서 정신 나가면 그대로 죽습니다. 그런데 그 다음 다음 주일에 우리가 죽전으로 이사를 갔습니다. 저는 지금도 길 위에 쓰러졌던 그분이 머릿속에 맴돌고 있습니다.

길을 가다가 쓰러져 본 적이 있습니까? 길 위에 쓰러져서 누군가의 도움을 받고 살아난 적이 있습니까? 육신적으로 그럴 일이 없다 하더라도, 지금까지 인생길을 걸어오면서 길 위에서 쓰러져 본 적이 있습니까? 아마도 지금까지 인생길을 걸어가다가 한두 번 이상은 처참하게 쓰러져 본 적이 있을 것입니다. 저도 신학교를 다닐 때 영양실조로 많이 쓰러졌습니다.

이세벨의 엄포에 도망가다 길에 쓰러진 엘리야

성경에 나와 있는 많은 사람들도 길을 걸어가다가 많이 쓰러졌습니다. 특별히 엘리야가 그랬습니다. 엘리야가 어떤 사람입니까? 서슬 퍼런 권력을 가지고 있던 아합 왕에게 하나님의 말씀을 곧이곧대로 전했던 선지자였습니다. 또한 그는 바알 선지자 450명과 영적 전쟁을 해서 이긴 사람입니다. 바알 선지자 450명은 아침부터 오후까지 바알에게 빌었지만 하늘에서 반딧불 하나 떨어지지 않았습니다. 그런데 엘리야는 혼자 나가서 하나님께 간절히 부르짖었습니다. 그러자 하늘에서 불덩어리가 떨어져서 제단의 모든 제물을 태우고 도랑의 물까지 삼켜 버렸습니다.

> 왕상 18:38 이에 여호와의 불이 내려서 번제물과 나무와 돌과 흙을 태우고 또 도랑의 물을 핥은지라

이것으로 끝난 것이 아닙니다. 엘리야가 얼마나 의협심과 용기가

충만한지 백성들과 함께 바알 선지자들을 한 명도 **빠짐없이** 다 죽여 버렸습니다.

> 왕상 18:40 엘리야가 그들에게 이르되 바알의 선지자를 잡되 그들 중 하나도 도망하지 못하게 하라 하매 곧 잡은지라 엘리야가 그들을 기손 시내로 내려다가 거기서 죽이니라

이러니 얼마나 대단한 하나님의 사람이었습니까? 얼마나 의협심이 넘치는 하나님의 종이었습니까? 그뿐 아닙니다. 그는 다시 갈멜 산상으로 올라가서 무릎을 꿇고 간절히 기도하였습니다. 이제는 이스라엘에 비를 내려 달라고 말입니다.

> 왕상 18:42 …엘리야가 갈멜 산 꼭대기로 올라가서 땅에 꿇어 엎드려 그의 얼굴을 무릎 사이에 넣고

그러자 하나님께서 엘리야의 기도를 들으시고 장대비를 주셨습니다. 그러니 얼마나 위대한 종입니까? 그런데 스토리는 돌연 이상한 반전으로 전개됩니다. 이런 기적을 목도했으면 아합과 이세벨이 하나님께 회개하고 돌아올 법도 한데, 이세벨이라는 여자가 뭐라고 말합니까? 오히려 기세가 등등해서 엘리야를 내일 이맘때에 죽여 버리겠다고 선포를 했습니다.

> **왕상 19:2** 이세벨이 사신을 엘리야에게 보내어 이르되 내가 내일 이 맘때에는 반드시 네 생명을 저 사람들 중 한 사람의 생명과 같게 하리라…

그러자 엘리야가 이 말을 듣고 간이 콩알만 해져서 브엘세바까지 도망을 가 버렸습니다. 북왕국 이스라엘 선지자가 남왕국 최남단으로 도망을 갔다는 말입니다. 그러나 브엘세바도 마음이 안 놓였는지 저 남단 네게브 광야까지 도망을 간 것입니다.

그러다가 엘리야는 네게브 광야 어느 길 위에 쓰러지고 말았습니다. 쓰러진 엘리야는 겨우 로뎀나무 그늘 아래로 가서 누워 있다가 하나님께 죽기를 구하고 있습니다. "하나님, 저는 더 이상 살고 싶은 마음이 없습니다. 저는 여기서 모든 것을 포기하고 그냥 죽기를 원합니다."

> **왕상 19:4** 자기 자신은 광야로 들어가 하룻길쯤 가서 한 로뎀나무 아래에 앉아서 자기가 죽기를 원하여 이르되 여호와여 넉넉하오니 지금 내 생명을 거두시옵소서 나는 내 조상들보다 낫지 못하니이다 하고

그러면 왜 엘리야는 이렇게 길 위에 쓰러졌을까요? 한마디로 낙심병에 걸렸기 때문입니다. 무엇 때문에 엘리야는 낙심하고 절망하였습니까? 이세벨이라고 하는 여자의 말 한마디에 절망한 것입니다.

> 왕상 19:3 그가 이 형편을 보고 일어나 자기의 생명을 위해 도망하여 유다에 속한 브엘세바에 이르러 자기의 사환을 그곳에 머물게 하고

얼마나 부끄러운 모습입니까? 하늘에서 불을 끌어당기기도 하고 바알 선지자 450명을 칼로 다 목을 베어 죽였던 엘리야가 이렇게 이세벨의 말 한마디에 간이 콩알만 해져 도망갈 수 있다는 말입니까? 더 중요한 이유는 엘리야 자신 속에 있는 내면적 문제 때문이라고 할 수 있습니다. 엘리야의 내면에 있는 콤플렉스 때문이었던 같습니다. 그래서 그는 길을 가다가 쓰러지고 넘어졌던 것입니다. 그러면 엘리야는 어떤 내면적 콤플렉스가 있었을까요?

엘리야의 내면적 콤플렉스

1) 엘리야는 먼저 잘못된 시각을 갖고 있었습니다.

> 왕상 19:3 그가 이 형편을 보고 일어나…

엘리야가 본 형편은 무엇이었습니까? 지금은 이세벨이 자기를 죽이려고 하는 상황입니다. 그래서 엘리야는 그 상황을 보고, 스스로 두려워하고 절망하여 도망을 갔던 것입니다. 그러나 엘리야는 지금 무엇을 잘못 봐도, 한참 잘못 보고 있습니다.

지금 갈멜 산의 싸움으로, 백성들이 모두 엘리야의 편이 되어 있

지 않습니까? 백성들이 다 엘리야의 편이 되어, 엘리야와 함께 바알 선지자들을 다 때려 죽였습니다. 지금 백성들의 여론은 다 엘리야를 지지하고 있습니다. 민심이 엘리야를 영웅으로 만들어 놓았습니다.

더구나 당시는 제아무리 포악한 왕이라 할지라도 민심을 잃어버리면 백성들이 역성혁명을 일으키던 때였습니다. 열왕기상하를 보면, 당시 북왕국 이스라엘에 얼마나 많은 역성혁명이 일어났는지 모릅니다. 왕을 갈아치워서 왕조가 많이 바뀌었습니다. 그러므로 당시 아합과 이세벨은 엘리야를 절대로 해칠 수 없었습니다. 오히려 불리한 쪽은 이세벨입니다.

그런데 바로 이때, 이세벨이 엘리야에게 사람을 보내 내일 이맘때 엘리야를 죽여 버리겠다는 것입니다. 그러나 이것은 어디까지나 엘리야를 향한 협박 메시지입니다. 엘리야를 죽이려면 쥐도 새도 모르게 자객을 보내어 죽일 일이지, 왜 사람을 보내서 죽인다는 공갈 협박 메시지를 전달한다는 말입니까? 이것이야말로 엘리야를 낙심하게 하고, 엘리야를 지치게 하여, 저 멀리 도망가게 하기 위한 사탄의 수작에 불과했습니다.

그러나 그만 엘리야는 이 공갈 메시지에 꼼짝없이 당하고 말았습니다. 바로 엘리야는 이런 상황을 잘못 본 것입니다. 상황을 잘못 봐도 너무나 잘못 봤던 것입니다. 지금 엘리야는 백성들이 다 자기 편이고, 더욱이 하나님께서 자기편이라는 사실을 잊고 있습니다. 하나님이 엘리야 편이시면 이세벨이 감히 어떻게 하겠습니까?

> **시 118:6-7** 여호와는 내 편이시라 내가 두려워하지 아니하리니 사람이 내게 어찌할까 여호와께서 내 편이 되사 나를 돕는 자들 중에 계시니…

하나님이 내 편이 되시면, 사람들이 나를 어찌하겠습니까? 그런데 엘리야는 지금 하나님을 바라보지 않고 독종 같은 여자 이세벨만 바라보고 있습니다. 이것이 바로 엘리야의 영적인 사시 현상이었습니다. 형편을 본다고 보았는데, 제대로 보지 못하고 비뚤어지게 본 것입니다. 그래서 엘리야는 잘못된 시각 때문에, 스스로 절망하고 말았습니다. 그리고 그 절망 때문에 도망을 가다가 스스로 길 위에 쓰러지고 만 것입니다.

우리에게도 그런 영적인 사시 현상이 일어날 때가 있지는 않습니까? 하나님을 보지 못하고 이세벨 같은 존재를 보며 사는 때가 있지 않습니까? 또 하나님을 본다고 하지만, 하나님은 보이지 않고 자꾸 이세벨 같은 상황과 환경만 보일 때가 있지는 않습니까? 바로 이런 영적 사시 때문에 우리는 낙심과 절망을 합니다.

우리도 엘리야처럼 영적 사시 현상을 가지고 이세벨을 두려워하고 있습니까? 그 이세벨 때문에 어디론가 도망가고 있지는 않습니까? 우리도 길을 가다 쓰러져 있지는 않습니까? 믿음의 길에서 쓰러져 있고 사명의 길에서 쓰러져 있지는 않습니까? 그러나 쓰러져 있더라도 다시 주님을 바라보아야 합니다. 우리가 처한 상황을 보지 말고 주님을 바라보아야 합니다.

왜 다른 환경을 봅니까? 왜 우리가 처한 상황만 바라보는 것입니까? 주님을 똑바로 보세요. 주님만을 주목하고 바라보세요. 그리고 다시 일어나 믿음의 길을 걸어가야 합니다. 소명의 길을 걸어가야 합니다. 사명의 길을 걸어가야 합니다.

> ♪ 똑바로 보고 싶어요 주님 온전한 눈짓으로
> 똑바로 보고 싶어요 주님 곁눈질 하긴 싫어요
> 하지만 내 모습은 온전치 않아 세상이 보는 눈이
> 마치 날 죄인처럼 멀리하며 외면을 하네요
> 주님 이 낮은 자를 통하여 어디에 쓰시려고
> 이렇게 초라한 모습으로 만들어 놓으셨나요
> 당신께 드릴 것은 사모하는 이 마음뿐
> 이 생명도 달라시면 십자가에 놓겠으니
> 허울뿐인 육신 속에 참 빛을 심게 하시고
> 가식뿐인 세상 속에 밀알로 썩게 하소서

2) 엘리야는 하나님을 향한 믿음보다는 환경적인 두려움이 가득 차 있었습니다.

> 왕상 19:3 그가 이 형편을 보고 일어나 자기의 생명을 위해 도망하여…

엘리야가 도망가는 이유는 무엇입니까? 이 형편을 보고 도망갔습니다. 그러면 왜 도망을 갔을까요? 도망가면 안전하다고 생각했기에 도망을 갔을 것입니다. 안전할 것 같아서 도망을 갔지만, 사람이란 도망치면 도망칠수록 더 두렵고 절망스러운 마음이 생기게 됩니다. 엘리야 역시 도망을 갔기 때문에, 두려움과 절망이 마음에 더 가득했던 것 아니겠습니까?

우리가 어렸을 적에, 숨바꼭질을 했습니다. 숨바꼭질은 어떻게 합니까? 술래가 벽을 보고 서서, 눈을 감고 "무궁화 꽃이 피었습니다"를 다섯 번이나 열 번 외칩니다. 그러면 술래가 그렇게 하는 동안에, 다른 아이들은 장독 뒤나 마루 밑, 부엌에 숨습니다. 심지어는 구정물 통에 숨기도 합니다. 그런데 누가 더 불안해합니까? 오히려 숨은 사람이 더 불안해합니다. 장독 뒤에 숨어 있는데, 술래가 갑자기 와서 "찾았다!" 할까 봐 불안에 떨고 숨어 있습니다. 도망가는 사람과 숨어 있는 사람이 더 불안합니다.

윷놀이 할 때도 마찬가지입니다. 윷놀이 할 때, 누가 더 불안합니까? 차라리 꼴찌로 가는 사람은 잡힐 것도 없으니 불안하지 않습니다. 그러나 앞서가는 말을 두는 사람은 정말 불안합니다. 앞서가긴 하지만, '어떤 놈이 모나 윷이 나란히 나와서, 내 말을 잡아 버리지는 않을까?' 하고 불안해합니다. 그래서 오히려 앞에 도망가는 사람이 더 불안해진다는 것입니다.

옛날 어린 시절 사랑방에 모여서, 무서운 이야기를 하곤 했습니다. 비가 부슬부슬 내리는데, 하얀 소복을 입은 처녀 귀신이 숫돌에

다가 칼을 시퍼렇게 갈아서 머리를 풀고 "히히히… 흐흐흐…" 하고 울며 다가오는 이야기를 합니다. 그때 제일 무서운 사람은 바로 문 쪽으로 등을 돌리고 있는 사람입니다. 한참 이런 이야기를 하고 있는데, 누가 "애들아, 고구마나 먹어라!" 하고 문을 확 열면, 문에 등을 대고 있는 사람은 기절초풍합니다.

엘리야가 이렇게 등을 돌리고 도망을 가고 있습니다. 어디까지 갑니까? 남왕국 유다의 최남단 네게브 광야까지 도망을 간 것입니다. 그런데 도망가서 가만히 생각해 보니까 얼마나 자신의 신세가 한탄스러운지 모릅니다. 그래서 스스로 절망하여 마침내 로뎀나무 아래에서 이렇게 기도하지 않습니까? "하나님, 제발 나를 죽여 주시옵소서… 내 생명을 데려가 주소서…."

얼마나 부끄러운 모습입니까? 이 일이 내 일이 아니지만, 우리가 엘리야라고 생각하면서 이 말씀을 읽을 때 얼마나 자존심이 상하는 대목입니까? 이럴 때 우리가 할 일이 있습니다. 뭔지 아십니까? 그것은 대단하고 거창한 일이 아닙니다. 그냥 누워서 주님의 이름을 부르는 것입니다. 그리고 그냥 주님이 주시는 은혜와 사랑을 받는 것입니다.

'동백꽃 필 무렵'이라는 드라마를 보면 동백이라는 여주인공이 동네에서 온갖 조롱을 다 받으며 혼자 아이를 어렵게 키우며 살아갑니다. 그때 용식이라는 남자 주인공이 계속 칭찬을 하고 격려를 해 줍니다. 여자 주인공이 너무 부담스러워하자 용식이는 이렇게 말합니다. "동백 씨가 얼마나 훌륭한 사람인지 아십니까? 그러니까 이제

잔소리 말고, 그냥 받기만 해요."

우리도 그냥 받으면 됩니다. 주님이 손잡아 일으켜 주시면 일어나면 됩니다. 그러므로 형편이 어떠하든지 처한 환경에서 주님을 바라보아야 합니다. 주님의 이름을 불러야 합니다. 주님의 은혜와 사랑을 구해야 합니다. 두려움이 엄습하면 엄습할수록 아버지의 이름을 불러야 합니다. 쓰러져 있으면 쓰러져 있는 대로 그곳에서 아버지의 사랑을 간구해야 합니다.

엎어져 있으면 엎어져 있는 대로, 주님이 오셔서 은혜를 베푸시고 사랑을 베푸시면 그대로 그냥 받아야 합니다. 아버지의 이름을 불러야 합니다. 아버지의 사랑을 간구해야 합니다. 그리고 나서 주님께서 우리에게 오셔서 은혜를 주시면 무조건 받아야 합니다. 우리가 아무리 상처가 있고 쓰러져 있어도 아버지를 부르면 됩니다. 아버지의 사랑과 은혜를 받으면 됩니다.

♪ 아버지 불러만 봐도 그 사랑에 눈물 나요
나 같은 죄인을 사랑하신 아버지
온 종일 울어 봐도 감당할 수 없는 그 사랑
그 크신 사랑을 어찌 말로 표현하리
아버지 아버지 내 영혼 깊은 곳에서
불러 보는 내 아버지 나의 아버지
이 생명 다하는 그날까지 지키시고
인도하실 참 좋으신 나의 아버지

3) 엘리야는 영육 간에 너무나 탈진한 상태였습니다.

엘리야도 사람인지라 너무 지쳤던 것 같습니다. 아무리 하나님이 함께하신다 하더라도, 그가 하늘의 불을 끌어당기려고 얼마나 간절히 기도를 했겠습니까? 그리고 하늘에서 불이 떨어지자, 기손 강까지 달려가서 450명의 바알 선지자들을 죽이는 데 얼마나 많은 힘을 소비했겠습니까?

그리고 다시 갈멜 산상에서 올라와서, 이번에는 하늘의 비를 끌어당기기 위해 얼마나 간절히 기도했습니까? 무릎을 꿇고 두 무릎 사이에 머리를 넣고 간절하게 기도했습니다. 그리고 마침내 장대비가 뚝뚝 떨어지자, 아합의 마차를 따를 정도로 엘리야가 뛰었지 않습니까?

그러다 보니, 그도 사람이기에 그의 육신이 너무나 지치고 말았습니다. 지친 가운데 이세벨의 공갈 협박 메시지를 들었으니, 그는 자기도 모르게 두려워하고 절망했던 것입니다. 그러면서 그는 스스로 자기 연민에 빠지기 시작했습니다. 자기 연민에 빠지니까, 이런 생각이 들었을 것입니다.

'세상에 나같이 불쌍한 사람이 어디에 있어? 죽겠다고 하나님을 섬겼는데… 내가 도대체 얻은 것이 뭐야? 이렇게 기적을 일으켰는데도, 아합과 이세벨은 감동을 받기는커녕 나를 죽이겠다고 하니… 도대체 나의 고난의 끝은 어디란 말인가? 아! 이 불쌍한 인간… 도대체 나는 언제까지 이 고생을 해야 한단 말이냐? 그러니 이 불쌍한 인간은 더 이상 살 필요도 없어! 차라리 죽고 말자!'

사람은 자기 연민에 빠지면, 나만 수고하고 나만 헌신하는 것 같습니다. 그리고 조금만 아파도 죽을 것만 같습니다. 괜히 인생이 서글퍼지고 절망감이 느껴집니다. 그래서 엘리야가 뭐라고 고백했습니까? "나 혼자만 그렇게 유별나게 하나님을 섬겼고, 여호와를 향한 열심으로 아주 특별하게 하나님을 섬겼는데, 도대체 나는 뭐란 말입니까? 하나님, 도대체 제가 얻은 것은 뭐란 말입니까?" 이렇게 하나님께 항의합니다.

> 왕상 19:10 그가 대답하되 내가 만군의 하나님 여호와께 열심이 유별하오니 이는 이스라엘 자손이 주의 언약을 버리고 주의 제단을 헐며 칼로 주의 선지자들을 죽였음이오며 오직 나만 남았거늘 그들이 내 생명을 찾아 빼앗으려 하나이다

> 왕상 19:14 그가 대답하되 내가 만군의 하나님 여호와께 열심이 유별하오니 이는 이스라엘 자손이 주의 언약을 버리고 주의 제단을 헐며 칼로 주의 선지자들을 죽였음이오며 오직 나만 남았거늘 그들이 내 생명을 찾아 빼앗으려 하나이다

엘리야는 왜 이렇게 넋두리를 했을까요? 영육 간에 탈진해 있기 때문입니다. 탈진해 있으니까 스스로 의욕을 잃어버리고 상실감에 빠져 있었던 것입니다. 그래서 지금 하나님께서 그렇게 지친 엘리야에게 떡과 물을 갖다 주시면서 새로운 힘을 주십니다. 그러면서 또

다시 엘리야를 어루만져 주신 것입니다.

> **왕상 19:5-7** 로뎀나무 아래에 누워 자더니 천사가 그를 어루만지며 그에게 이르되 일어나서 먹으라 하는지라 본즉 머리맡에 숯불에 구운 떡과 한 병 물이 있더라 이에 먹고 마시고 다시 누웠더니 여호와의 천사가 또다시 와서 어루만지며 이르되 일어나 먹으라 네가 갈 길을 다 가지 못할까 하노라 하는지라

하나님께서 찾아오셔서 먼저 엘리야를 어루만져 주셨습니다. 요즘 말로 말하면 하나님께서 친히 스포츠 마사지를 해주시고 아로마 마사지를 해준 것입니다. 그리고 계속 먹을 것을 공급해 주셨습니다. 얼마간을 그렇게 하신 후에 엘리야로 하여금 호렙 산으로 가라고 하셨습니다. 길 위에 쓰러져 있는 엘리야를 다시 일으켜 세우시고 그와 함께 호렙 산으로 가셨습니다. 그리고 호렙 산에서 엘리야에게 새로운 사명을 주시고 또다시 사명의 길을 걸어가게 하셨습니다.

인생길을 걸어가는 중에 삶의 무거운 짐이 어깨를 짓눌러서 쓰러져 있지는 않습니까? 막다른 절벽 끝에서 모든 것을 포기하려고 하고 있지는 않습니까? 아무리 외쳐도 외로운 기다림만 남아서 잠 못 드는 밤 가슴 치며 울고 있지는 않습니까? 아니, 너무나 영적으로 탈진하여 길을 가다가 지금 쓰러져 있는 분은 안 계십니까?

그러나 쓰러져 있다 하더라도 오셔서 손 내미시는 분이 계십니다. 그분이 누구십니까? 하나님이십니다. 그분의 손을 잡으면 다시 그대

라는 아름다운 꽃이 피게 될 것입니다. 그래서 제가 '새벽길에 핀 꽃, 우리 함께 걸어요'라는 시를 쓰고 작곡을 하였습니다.

> 인생의 무거운 짐이 그대 삶을 짓누를 때
> 막다른 절벽 끝에서 삶을 포기하려던 적 있었나요
> 아무리 외쳐도 외로운 기다림
> 잠 못 드는 밤 가슴 치며 울고 있었나요
> 삶의 무게와 슬픔이 어깨를 짓누르고
> 바람 부는 거리에 홀로 주저앉히려 해도
> 그 목마른 사랑과 기나긴 그리움 끝에서
> 누군가 다가와 그대의 손을 잡아 주리니
> 심장이 뛰는 한 포기하지 마세요
> 젖은 눈동자로 달빛 부서지는 산을 보세요
> 변함없이 그대를 바라보고 있잖아요
> 시린 가슴으로 떠나는 첫 새벽길
> 그대라는 아름다운 꽃이 피어날 테니까요

인생길을 가다가 너무나 지쳐 쓰러져 있나요? 아니, 사명의 길을 가다가 너무 지쳐서 쓰러져 있나요? 그냥 그대로 쓰러져 있는 채로 주님의 이름을 불러 보세요. 아버지의 이름을 불러 보세요. 그러면 하나님께서 오셔서 손을 내밀어 주실 것입니다. 또 하나님이 오셔서 우리에게 영적인 만나를 먹여 주시고 생수를 마시게 해주실 것입니다. 그리고 마침내 우리가 주님의 손을 붙잡고 일어날 때 그대라는 황홀하고 눈부신 꽃이 다시 피게 될 것입니다. 그리하여 우리들은 그 꽃의 향내음을 피우며 아름다운 사명의 길을, 감격적인 사명의 길을 걸어가게 될 것입니다.

특별히 믿음의 길에서 쓰러져 있는 이여, 사명의 길에서 쓰러지려고 하는 이여, 아니 길 위에 쓰러져 일어날 힘도 없는 이여! 이 시간 우리를 사랑하시는 하나님을 향하여 신음해야 합니다. 졸지도 않고 주무시지도 않고 우리를 지켜보고 계시는 하나님을 향하여 쓰러져 있는 채로 부르짖어야 합니다.

> ♪ 하나님 사랑의 눈으로 너를 어느 때나 바라보시고
> 하나님 인자한 귀로써 언제나 너에게 기울이시니
> 어두움에 밝은 빛을 비춰 주시고 너의 작은 신음에도 응답하시니
> 너는 어느 곳에 있든지 주를 향하고 주만 바라볼지라

그럴 때 하나님이 우리에게 다가오실 것입니다. 손 내밀어 주실 것입니다. 어루만져 주실 것입니다. 그리고 우리에게 떡과 물을 공급해 주시고 일으켜 주실 것입니다. 그리고 황홀하고 감격스러운 믿음의 길, 사명의 길을 걸어가게 해주실 것입니다.

저는 몇 년 전에 일본에서 하토야마 전 수상을 뵙고 인터뷰를 한 적이 있습니다. 그분이 우리 교회를 방문한 적도 있습니다. '제1회 3·1운동 UN/유네스코 평화대상 시상식'에서 하토야마 전 수상께서

국제 부분 수상자로 선정되어 상을 받으러 오셔서 우리 교회를 방문하여 함께 예배를 드렸습니다.

국회에서 우리 교회 성가대가 "자유와 평화"를 부를 때 하토야마 총리께서 같이 지휘를 하면서 듣는 모습을 보면서 너무나 다정하게 느껴졌습니다. 저는 하토야마 총리께서 우리 교회에서 함께 예배드리는 계기를 통하여 한국과 일본이 함께 같은 길을 걸었으면 좋겠습니다.

일본은 역사를 반성하고 한국은 일본을 용서하고 화해하며 양국이 같이 좀 갔으면 좋겠습니다. 일본과 한국만 가는 것이 아니라 미국과 함께 손을 잡고, 더 나아가서 중국과도 같은 길을 갔으면 좋겠습니다. 이것이 하토야마 수상이 구상하고 있는, 동북아 평화를 위한 동아시아 공동체론입니다. 그런데 한국과 일본이 길을 가다 싸우면 되겠습니까? 지금은 같은 길을 가기는커녕 정반대의 길을 가려고 하고 있습니다.

이러다가는 한국과 일본이 길 위에서 모두 쓰러질 수 있습니다. 아니, 어쩌면 지금 쓰러져 가고 있는지 모릅니다. 한국과 일본이 걸어갔으면 좋겠습니다. 하토야마 전 총리님의 수상과 우리 교회에서 예배를 드리는 계기로 한반도와 현해탄 사이에 평화의 다리가 놓여졌으면 좋겠습니다. 길에 쓰러진 우리의 인생도 다시 주님의 손을 잡고 일어나 함께 걸어갔으면 좋겠습니다.

8.
바람에 흔들리고 있는 당신에게

"이는 선지자 이사야를 통하여 말씀하신 바 보라 내가 택한 종 곧 내 마음에 기뻐하는 바 내가 사랑하는 자로다 내가 내 영을 그에게 줄 터이니 그가 심판을 이방에 알게 하리라 그는 다투지도 아니하며 들레지도 아니하리니 아무도 길에서 그 소리를 듣지 못하리라 상한 갈대를 꺾지 아니하며 꺼져 가는 심지를 끄지 아니하기를 심판하여 이길 때까지 하리니"(마 12:17-20).

갈대 앞에서
'갈대 앞에서'라는 시를 아십니까?

　바람에 흔들리고 있는 것은 너만이 아니다
　눈보라가 치고 거센 폭풍이 몰아치는 날 허리가 부러지는 것도

너뿐 아니지

*거센 눈보라와 칼바람에 마디마디가 꺾이고 찢겨질 때가 오면
나도 그때 상한 갈대가 되어 강바람에 쓰러지리니*

*바람이 불어도 흔들리지 않고 그냥 서 있는 것은 죽은 것이 아닌가
너도 나도 살아 있기에 바람에 흔들리며 상한 갈대가 되는 거지*

사실 이것은 제가 쓴 시입니다. 국회 대강당에서 일본의 하토야마 전 총리 시상식이 있어서 여의도를 나갔다가 한강변을 잠시 걸었습니다. 그때 제가 갈대를 보고 쓴 시입니다. 흔들리고 상처받는 것은 갈대만이 아닙니다. 우리 인생도 때론 꺾이고 쓰러지기도 합니다. 푸르른 날 하늘을 향하여 칼을 갈기도 하고, 갈바람에 춤을 추기도 하고, 눈보라 속에서 허리가 꺾이고 백설에 자취를 감춘다 할지라도, 가을의 갈대가 강바람에 흔들리며 춤을 추는 모습은 참으로 아름답기만 합니다.

오히려 흔들리지 않는 것들은 죽은 것입니다. 상처받지 않는 것들은 죽은 것입니다. 죽어 쓰러진 나무는 바람이 불어도 흔들리지 않고, 시든 꽃은 찬 이슬이 내려도 떨지 않습니다. 우리가 살아 있기에 흔들리는 것이고, 우리가 살아 있기에 상처받는 것입니다.

그러므로 바람에 흔들리는 갈대의 모습이 얼마나 아름답습니까? 비록 바람에 허리가 꺾인 상한 갈대라 할지라도, 흔들리면 흔들리는

대로, 상처받으면 상처받은 그대로, 바람에 이리저리 흔들리며 춤을 추는 갈대의 모습이 얼마나 우리의 가슴에 뭉클한 감동을 줍니까? 저는 바람에 흔들리는 갈대를 보며, 인생의 광야에서 흔들리고 상처받으며 살 수밖에 없는 우리의 모습을 발견하였습니다. 아니, 수많은 고난과 시련의 바람 속에서 흔들리고 상처받으며 피어난 저의 지난날의 모습을 떠올리며 아련한 회상에 빠져 보았습니다.

사실 얼핏 보면 제가 얼마나 줏대가 강하고 지조가 곧은 사람입니까? 이래 뵈도 제가 예수 믿고 집에서 쫓겨난 이후로 단 한 번도 좌로나 우로나 치우치지 않고 여기까지 왔습니다. 그러니 인간적으로 보면 얼마나 지조가 있고 절개가 있는 사람입니까? 저야말로 저 송죽 같은 굳은 절개를 지켜온 사람이라 할 수 있지요. 아니, 저 골짜기에 피어난 난과 같은 삶을 살아왔다고 할 수 있습니다.

그러나 아닙니다. 겉보기만 그렇지 저도 얼마나 많이 흔들렸고 얼마나 상처를 많이 받았습니까? 그래서 한강변에서 바람에 흔들리는 갈대를 보며 이런 생각을 해봤습니다.

'너만 바람에 흔들리는 것이 아니다. 너만 상한 것이 아니다. 나도 흔들리고 상처받으며 걸어왔다. 나도 폭풍에 허리가 꺾이고 백설에 파묻히는 외로움과 고독의 세월을 견뎌 왔다. 너도 나도 살아 있기에 바람에 흔들리고 상처받았던 것이다.'

이런 생각을 하니까 갈대가 너무나 아름답게 보였습니다. 그리고 갈대와 제가 그렇게 일치가 되었습니다.

상한 갈대와 꺼져 가는 심지

그 순간 저는 마태복음 12장의 말씀이 생각났습니다. 바로 예수님께서 상한 갈대를 꺾지 아니하시고 꺼져 가는 심지를 끄지 않는 분이라는 말씀입니다.

> 마 12:20 상한 갈대를 꺾지 아니하며 꺼져 가는 심지를 끄지 아니하기를 심판하여 이길 때까지 하리니

여기서 상한 갈대란 말은 그냥 조금 다친 갈대가 아니라 이미 바람에 완전히 꺾어지고 마디마디가 부러진 갈대를 말합니다. 아니, 쓰러져서 이미 썩어 가고 있는 갈대를 말합니다. 그러므로 이 갈대는 되살아날 가망이 전혀 없는 상태를 말합니다. 바로 이러한 갈대를 꺾어버리거나 밟아버리는 것은 잔인한 행동이 아닐 수 없습니다.

그런데 예수님은 그런 갈대를 짓밟거나 더 이상 부서뜨리지 않는다는 것입니다. 물론 이것은 조금 소극적으로 표현한 것이고 이것을 아주 긍정적이고 적극적인 의미로 해석할 수 있습니다. 상한 갈대를 꺾지 않는 것으로 끝나는 것이 아니라 오히려 상한 갈대를 일으켜 세워 주고 살려 주신다는 적극적이고 긍정적인 의미가 담겨 있습니다.

여기서 상한 갈대는 근본적으로 죄로 인하여 죽을 수밖에 없는 인간을 비유한 표현입니다. 다시 말하면 예수님께서 이러한 죄인들도 절대 외면하지 않으시고 오히려 그들에게 자비와 사랑을 베풀어 주신다는 것입니다. 꺼져 가는 심지도 마찬가지입니다. 꺼져 가는 심

지는 깜빡깜빡거리며 연기를 피우고 있는 초를 의미합니다. 그러니까 다 꺼져 가는 심지는 그대로 놔둬도 불꽃을 되살리지 못합니다.

이러한 심지마저 훅하고 불어버리면 얼마나 잔인하고 몰인정한 행동이겠습니까? 그러나 예수님은 이러한 꺼져 가는 심지를 절대로 끄지 않는 분이시라는 것입니다. 예수님께서는 너무나 자비로우시고 인애가 넘치셔서 죄의 상처로 인하여 절망 가운데 쓰러져 가는 사람을 그대로 내버려두지 않으시는 분이라는 것입니다. 아니, 오히려 예수님께서는 하나님의 사랑과 십자가 보혈의 능력으로 이미 부서져 버리고 썩어 가고 있는 갈대를 일으켜 세워 주신다는 것입니다. 그리고 꺼져 가는 심지를 다시 되살려 주시고 사랑의 불꽃을 일으켜 주신다는 것입니다.

상한 갈대와 같은 인간, 꺼져 가는 심지와 같은 죄인들을 그냥 보고만 계시지 않으시고 다시 일으켜 세우시고 반드시 회복시켜 주신다는 것입니다. 왜냐하면 하나님께서 예수님에게 살리는 영을 부어 주셨고 그가 하나님의 사랑과 하나님의 심판을 이방인들에게까지 선포하도록 해주셨기 때문입니다.

> **마 12:18** 보라 내가 택한 종 곧 내 마음에 기뻐하는 바 내가 사랑하는 자로다 내가 내 영을 그에게 줄 터이니 그가 심판을 이방에 알게 하리라

그러면 언제까지 예수님께서 이렇게 자비와 사랑을 베푸신다는 것입니까? 심판하여 이길 때까지라고 하지 않습니까?

마 12:20 상한 갈대를 꺾지 아니하며 꺼져 가는 심지를 끄지 아니하기를 심판하여 이길 때까지 하리니

예수 그리스도께서는 하나님의 심판 때까지 상한 갈대와 같은 우리를 끝까지 보호해 주신다는 것입니다. 다시 말하면 십자가의 능력으로 우리를 죄악에서 구원해 주실 뿐만 아니라 천국 가는 그날까지 우리를 보호해 주신다는 것입니다. 얼마나 감사합니까? 상한 갈대를 꺾지 않고 꺼져 가는 심지를 끄지 않는 우리 주님의 사랑과 은혜가 얼마나 위대합니까?

♪ 왜 내게 성령 주셔서 내 마음 감동해
 주 예수 믿게 하는지 난 알 수 없도다
 내가 믿고 또 의지함은 내 모든 형편 아시는 주님
 늘 보호해주실 것을 나는 확실히 아네

이 말씀은 우리의 믿음 생활과 신앙의 도정에도 적용할 수 있습니다. 우리가 아무리 구원받은 하나님의 자녀가 되고 믿음의 사람이 되었다 해도 여전히 바람에 흔들리는 갈대일 때가 있습니다. 꺼져 가는 심지의 모습을 보일 때도 있습니다. 우리가 경험적으로 보더라도 아무리 은혜 받고 성령충만을 받는다고 우리에게 바람이 안 불어오던가요? 시험의 바람, 역경의 바람이 불어오지 않던가요?

그러면 우리가 상한 갈대가 되고 꺼져 가는 심지가 될 수 있습니

다. 그때 예수님께서는 상한 갈대를 꺾지 않으시고 꺼져 가는 심지를 끄지 않으신다는 것입니다. 오히려 상하고 부서진 갈대를 일으켜 세우시고 꺼져 가는 심지를 다시 살려 주신다는 것입니다.

상한 갈대와 같은 세례 요한

예수님은 상한 갈대와 같은 세례 요한을 통해서도 이러한 사실을 보여주셨습니다. 예수님께서 열두 제자를 세우신 후 한참 복음을 전하고 계셨습니다. 그런데 그때 세례 요한은 감옥에 갇혀 있었습니다. 왜냐하면 세례 요한은 당시 헤롯 왕이 자신의 아내를 버리고 동생의 아내인 헤로디아를 빼앗아 아내로 삼은 일은 정말 부당하고 부도덕한 일이라고 공격을 했기 때문입니다. 온 고을을 다니면서 왕이 행한 일이 부당하고 부도덕한 일이라고 떠들고 다니니 헤롯 왕은 그를 감옥에 가둬 버렸습니다.

그런데 세례 요한이 감옥에 갇혀서 예수님이 하신 일을 소문으로 들었습니다. 그래서 제자들을 보내어 예수님께 이렇게 물어보았습니다. "예수님, 당신이 정말 하나님이 보내신 진짜 메시아입니까? 아니면 우리가 다른 사람을 기다려야 합니까?"

> **마 11:2-3** 요한이 옥에서 그리스도께서 하신 일을 듣고 제자들을 보내어 예수께 여짜오되 오실 그이가 당신이오니이까 우리가 다른 이를 기다리오리이까

세례 요한은 왜 예수님께 그런 질문을 했던 것일까요? 세례 요한도 사역을 하다가 잠시 시험에 들었기 때문입니다. 시험에 드니까 예수님을 잘못 이해하게 된 것입니다. 세례 요한이 누구입니까? 예수님의 앞길을 예비한 위대한 선지자가 아닙니까? 예수님을 보고 "보라! 세상 죄를 지고 가는 하나님의 어린 양이로다!"라고 말하며 예수님의 사역을 준비했던 사람입니다.

> 요 1:29 이튿날 요한이 예수께서 자기에게 나아오심을 보고 이르되 보라 세상 죄를 지고 가는 하나님의 어린 양이로다

세례 요한이 예수님을 소개하자, 그를 따르던 사람들이 예수님께로 몰려가 버렸습니다. 그런데도 그는 시기나 질투를 한 것이 아니라, "그는 흥하여야 하겠고 나는 쇠하여야 하리라!" 하면서 자신은 낮추고, 예수님을 높여 주었던 사람입니다.

> 요 3:30 그는 흥하여야 하겠고 나는 쇠하여야 하리라 하니라

그는 예수님에 대해 누구보다 강한 확신을 가지고 있었습니다. 그는 예수님이 메시아, 즉 그리스도인 줄 알았고, 그것을 전했던 사람입니다. 그런데 왜 지금 예수님에 대해 오해를 하고, 실족을 하고 있는 것입니까? 그가 시험에 들었기 때문입니다.

그가 감옥에 갇혀서 예수님이 하시는 일에 대해서 소문을 듣고

가만히 생각해 보니까, 예수님이 이상하지 않습니까? 예수님도 자기처럼 정의와 법을 세우기 위해 희생을 해야 하는데, 온갖 세리와 창기들과 친구가 되어 놀고 있는 것입니다. 그러니 세례 요한이 이런 생각을 할 수밖에 없었을 것입니다. '아니, 메시아라면 정의를 위해 싸우고, 악을 물리치며, 나아가 이 나라를 바르게 세워야 하는 것 아닌가? 나처럼 불의에 항거하고, 이 땅에 하나님의 나라를 세우기 위해 희생해야 하는 것 아닌가?'

더구나 자기가 감옥에 갇혀 있는데, 예수님께서 자기에 대해 아무런 말씀도 하지 않으시는 것입니다. 요즘으로 말하면, 예수님께서 세례 요한에 대한 성명서라도 발표해 주실 줄 알았습니다. "세례 요한은 참 선지자다. 정의의 사도다. 바른 말을 하다가 감옥에 갔다." 그러나 아무런 언급도 안 하시니까 약간 서운한 마음도 있었을 것입니다. 게다가 예수님은 세례 요한과 다르게 세리와 창녀의 친구가 되었고 먹기를 탐하며 포도주를 즐긴다고 하지 않습니까?

> **마 11:18-19** 요한이 와서 먹지도 않고 마시지도 아니하매 그들이 말하기를 귀신이 들렸다 하더니 인자는 와서 먹고 마시매 말하기를 보라 먹기를 탐하고 포도주를 즐기는 사람이요 세리와 죄인의 친구로다…

그러니 세례 요한은 오해를 할 수밖에 없었을 것입니다. '진짜 하나님이 보내신 메시아가 이럴 수가 있는가! 어떻게 세리와 창녀의 친구가 되고 그들과 먹고 마시며 특별히 포도주를 즐긴다는 말인가.'

그래서 그는 예수님에 대한 확신이 흔들렸고, 회의가 생겼습니다. 이런 세례 요한에 대해 예수님은 이렇게 말씀하셨습니다.

> 마 11:7 그들이 떠나매 예수께서 무리에게 요한에 대하여 말씀하시되 너희가 무엇을 보려고 광야에 나갔더냐 바람에 흔들리는 갈대냐

하나님 나라의 성격에 대하여

그래서 예수님께서는 세례 요한에게 하나님 나라에 대해 아주 우회적으로 에둘러서 말씀을 하셨습니다.

> 마 11:4-6 예수께서 대답하여 이르시되 너희가 가서 듣고 보는 것을 요한에게 알리되 맹인이 보며 못 걷는 사람이 걸으며 나병환자가 깨끗함을 받으며 못 듣는 자가 들으며 죽은 자가 살아나며 가난한 자에게 복음이 전파된다 하라 누구든지 나로 말미암아 실족하지 아니하는 자는 복이 있도다 하시니라

무슨 말입니까? 하나님의 나라는 불완전한 자가 있을 수 없다는 말입니다. 그래서 불완전한 자인 병자들을 고치시고, 완전치 못한 자들을 완전하게 회복시켜 주신 것입니다. 지금까지 하나님의 성전에 들어가지 못하고 하나님 나라 안에서 자유하게 살지 못한 자들이 성전에 들어갈 뿐만 아니라 하나님 나라 안에서 자유롭게 살 수 있도록 그들을 축복해 주신 것입니다. 이것이 바로 하나님 나라요,

하나님의 회복 운동입니다.

예수님께서 이 사실을 세례 요한에게 아주 에둘러서 깨우쳐 주셨습니다. 다시 말하면, 세례 요한으로 하여금 하나님의 복음이 무엇이며 진정한 메시아의 모습이 어떠한 모습인가를 깨우쳐 주신 것입니다. 그리고 하나님의 나라가 어떠한 것인가, 어떤 성격의 나라인가를 가르쳐 주신 것입니다. 이런 식으로 예수님은 상한 갈대 같은 세례 요한을 일으켜 세우시고 회복시켜 주신 것입니다. 그러나 그런 예수님께서 이런 말씀을 하셨습니다.

> 마 11:6 누구든지 나로 말미암아 실족하지 아니하는 자는 복이 있도다 하시니라

무슨 말씀입니까? 사람이 살아가면서 상처를 받고 실족할 수 있습니다. 인생을 사노라면 얼마나 거친 세파가 강하게 불어오고 나의 삶을 뿌리째 흔들려고 하지 않습니까? 그러나 신앙생활을 하면서 주님으로 인하여 시험이 들어서는 안 됩니다. 세상 일로 실족하고 거친 인생의 풍파로 실족할 수 있지만 예수님 때문에 실족해서는 안 됩니다.

결코 주님 때문에 신앙생활을 하다가 실족해서는 안 된다는 것입니다. 몸 된 교회를 섬기다가 실족해서는 절대로 안 됩니다. 특별히 사명을 감당하다가 실족해서도 안 된다는 것입니다. 아주 쓰러져 버린 갈대나 꺼져 가는 심지가 되면 자기만 손해입니다.

이 말을 다른 말로 표현하면 이런 것입니다. 예수님을 사랑하다가 맞는 고난의 바람은 그냥 받아들이라는 것입니다. 교회에 깊숙히 들어와서 주님의 몸 된 교회를 섬기다가 맞는 시험의 바람은 그냥 받아들이십시오. 예수님을 가까이에서 섬기고 사명의 길을 가다가 당하는 어떠한 바람도 그냥 받아 넘기십시오.

저 갈대들이 바람이 분다고 뭐라고 하던가요? 바람이 불면 그냥 흔들립니다. 흔들리며 하얀 꽃을 피우고 더 센 바람이 불면 하얀 갈대꽃잎들이 나부낍니다. 그래도 갈대가 뭐라고 하지 않습니다. 그러다가 북풍한설이 몰아치면 마디마디가 상하고 허리까지 부서집니다. 그리고 하얀 눈이 쌓이면 그 부러진 갈대들은 쌓인 눈 아래 묻히고 마는 것입니다.

그러나 예수님은 그런 갈대들을 결코 그냥 놔두지 않으십니다. 반드시 다시 일으켜 세우십니다. 기필코 그 갈대를 살려 주시고 회복시켜 주신다는 것입니다. 저는 잠시 한강 주변의 갈대밭을 보면서 이런 생각을 해보았습니다. 그때 저에게 떠오르는 노래가 있었습니다. '갈대의 순정'이라는 노래입니다. "그래. 갈대에도 순정이 있다지… 우리도 갈대라면 순정을 지켜야 되겠지…"

♪ 시험엔 약한 것이 성도의 마음 / 울지를 말아라
　아아아 아아아아 갈대의 순정

요셉이 부른 갈대의 순정

저는 이 '갈대의 순정'이라는 노래를 생각하면 요셉의 삶을 생각하지 않을 수 없습니다. 요셉은 얼마나 거센 고난의 바람을 맞았습니까? 처음에는 형제들 때문에 고난의 바람에 휩쓸렸고 애굽으로 팔려갔습니다. 그리고 보디발 집에서 종 노릇을 하면서 보디발의 아내 때문에 누명을 쓰고 감옥으로 던져졌습니다. 그래서 그는 그야말로 상한 갈대가 된 것입니다. 인생의 마디마디가 부러지고 허리까지 부서지는 상한 갈대 중의 갈대가 되었습니다. 그리고 그처럼 철통같이 자신을 무죄로 만들어 주겠다고 약속하며 나갔던 술관원장이 요셉에게 더 큰 상처를 주었습니다.

왜 요셉은 이 모든 고난과 시험의 바람을 혼자 맞아야 했습니까? 그 이유는 바로 하나님의 뜻을 이루기 위해서였습니다. 하나님의 뜻을 이루기 위해서 그는 그 모진 북풍한설을 맞아야 했고, 가슴을 에이고 허리를 부러뜨리는 고난의 바람을 맞아야 했습니다. 그런데 요셉의 삶을 보면 요셉은 그 무정한 고난의 바람 앞에 아무런 저항을 하지 않았습니다. 그 어떤 불평과 원망도 하지 않았습니다. 요셉의 삶에는 노(No)라는 것이 전혀 없었습니다. 그는 그 고난의 바람에 인생의 마디마디가 부러지고 허리가 꺾이며 구부러진다 하더라도 언제나 그 고난의 현장에서 먼저 하나님의 임재 의식을 느꼈습니다.

창 39:9 이 집에는 나보다 큰 이가 없으며 주인이 아무것도 내게 금하지 아니하였어도 금한 것은 당신뿐이니 당신은 그의 아내임이라 그런

즉 내가 어찌 이 큰 악을 행하여 하나님께 죄를 지으리이까

그리고 그는 언제나 하나님 앞에 No가 아니라 Yes만, 아멘만 했습니다.

> 창 50:20 당신들은 나를 해하려 하였으나 하나님은 그것을 선으로 바꾸사 오늘과 같이 많은 백성의 생명을 구원하게 하시려 하셨나니

요셉은 혹독하게 불어오는 시험의 바람 앞에 인생의 모든 마디가 부러지고 허리가 꺾인다 해도 언제나 하나님 앞에서 임재의식을 가졌습니다. 이런 코람데오의 의식을 가지고 언제나 하나님께 "Yes, Yes"라고 화답했습니다. 그뿐만 아니라 아멘의 신앙을 가지고 "아멘, 아멘" 하며 반응하였습니다.

요셉뿐입니까? 사도 바울도 마찬가지입니다. 사도 바울은 아무 죄 없이 복음을 전한다는 이유만으로 감옥에 갇혔습니다. 그런데 감옥에서도 하나님의 임재의식을 가졌습니다. 그러니까 바울은 실라와 함께 옥중에서 찬송을 불렀습니다.

> 행 16:25 한밤중에 바울과 실라가 기도하고 하나님을 찬송하매 죄수들이 듣더라

왜 그랬을까요? 그는 언제나 예수 그리스도의 예스 의식을 생각

하고 아멘의 신앙을 생각했기 때문입니다. 그래서 사도 바울이 이렇게 고백했습니다.

> **고후 1:19-20** 우리 곧 나와 실루아노와 디모데로 말미암아 너희 가운데 전파된 하나님의 아들 예수 그리스도는 예 하고 아니라 함이 되지 아니하셨으니 그에게는 예만 되었느니라 하나님의 약속은 얼마든지 그리스도 안에서 예가 되니 그런즉 그로 말미암아 우리가 아멘 하여 하나님께 영광을 돌리게 되느니라

바울은 언제나 예스 의식과 아멘의 신앙을 가졌습니다. 무슨 말입니까? 그가 사명의 길을 가며 복음을 전파하는 삶을 살 때 얼마나 환란의 바람이 그의 삶을 흔들었겠습니까? 삶의 시험의 폭풍이 얼마나 그의 삶의 마디마디를 부러뜨리고 상하게 하였겠습니까? 그런데도 바울은 언제나 예스 의식을 가지고 아멘의 신앙을 가졌습니다. 우리도 그런 신앙을 가져야 합니다.

저는 이러한 요셉의 아가페적 믿음과 바울의 아멘의 신앙을 시적으로 형상화하여 '꽃잎과 바람'이라는 시를 쓰고 작곡하여 노래로 만들기도 하였습니다.

> ♪ 꽃잎은 바람에 흔들려도 바람을 사랑합니다
> 찢기고 허리가 구부러져도 바람을 사랑합니다
> 누구도 손 내밀지 않고

아무도 찾아오지 않은 적막의 시간
바람은 꽃잎을 찾아왔어요
별들의 이야기를 속삭이면서
나뭇잎 노래를 들려주고
애틋하게 애틋하게 어루만져 주었습니다
아 밤이 깊어도 아침이 밝아도
아 바람 불어도 찢기고 구부러져도
꽃잎이 모두 져버려도
바람을 사랑하기에 바람을 사랑하기에
바람이 불면 꽃잎이 떨어집니다
꽃잎은 바람을 사랑합니다

  어떤 사람들은 이 시를 읽고 연애시로 생각하기도 합니다. 물론 독자에 따라 그렇게 해석할 수 있습니다. 물론 천박한 사랑이 아니라 상대가 나를 아무리 힘들게 괴롭게 한다 할지라도 아가페적인 사랑의 정신으로 상대를 사랑하는 시로도 해석할 수 있습니다. 그러나 저는 예수님이라는 말이 들어가지 않아도 예수님의 아가페적인 사랑을 꽃잎과 바람으로 형상화하고 이미지화하여 쓴 시입니다.
  그런데 중요한 것은 우리가 하나님 앞에 갈대이고 꽃잎이고 심지라는 것입니다.

인간 내면의 나이테, 상처

데이빗 씨맨즈 박사가 쓴 《상한 감정의 치유》라는 책에서, 사람의 내면을 나무의 나이테에 비유했습니다. 나무를 잘라 보면 그 절단면에 나타난 나이테에 그 나무의 과거가 다 기록되어 있다는 것입니다. 이 나무가 몇 살 때에는 번개에 맞아서 고생했고, 몇 살 때에는 병충해 때문에 고생했고, 어떤 때에는 비가 적게 와서 고생했고. 이처럼 그 나이테에 나무의 과거의 상처들이 다 기록되어 있다는 것입니다.

사람도 마찬가지입니다. 겉으로 볼 때는 아무런 문제가 없는 것 같아도 그 내면을 펼쳐 보면 나무의 나이테처럼 이리 패이고 저리 패이고, 이렇게 상처받고 저렇게 상처받은 상한 감정들이 꼬깃꼬깃 숨겨져 있습니다. 그래서 과거의 상처를 툭 건드리기만 하면 눈물주머니가 고장 난 수도꼭지처럼 쏟아져 내립니다.

오늘 우리 가운데도 그런 상처 입은 갈대가 있습니까? 그렇다면 얼마나 바람 앞에 흔들리고 있는 갈대입니까? 얼마나 바람에 흔들리는 꽃잎이란 말입니까? 얼마나 바람에 깜박거리는 심지입니까? 우리의 갈대는 어떤 바람에 구부러지고 꺾이려 하고 있습니까? 우리의 꽃잎은 어떤 시험의 바람에 떨어지고 있습니까?

그래도 하나님께 결코 원망을 하지 말아야 합니다. 힘들다고 아우성치지 말아야 합니다. 먼저 하나님의 임재의식을 느껴야 합니다. 그리고 예스 신앙을 가져야 합니다. 아멘의 신앙을 가져야 합니다. 그럴 때 하나님께서 모든 고난을 합력하여 선을 이루어 주실 것입니다.

롬 8:28 우리가 알거니와 하나님을 사랑하는 자 곧 그의 뜻대로 부르심을 입은 자들에게는 모든 것이 합력하여 선을 이루느니라

그런 신앙을 가지면 이런 고백과 결단이 이루어집니다. "아, 요셉이 그랬던 것처럼, 바울이 그랬던 것처럼, 나는 그냥 고난의 바람을 맞으리라. 아무리 눈보라가 불어닥치고 영혼을 에는 칼바람이 불어닥친다 하더라도 나는 하나님 앞에 무조건 예스 하리라. 무조건 아멘 하리라. 무조건 하나님을 찬양하며 기쁨으로 이 길을 가리라. 감사함으로 이 사명의 길을 가리라."

♪ 비바람이 앞길을 막아도 나는 가리 주의 길을 가리
눈보라가 앞길을 가려도 나는 가리 주의 길을 가리
이 길은 영광의 길 이 길은 승리의 길
나를 구원하신 주님이 십자가 지고 가신 길
나는 가리라 주의 길을 가리라 주님 발자취 따라 나는 가리라
나는 가리라 주의 길을 가리라 주님 발자취 따라 나는 가리라

작곡가 화니 크로스비는 출생한 지 6주 만에 맹인이 되었습니다. 상한 갈대였습니다. 그러나 하나님은 그 상한 갈대로 피리를 만들어 하늘 노래를 부르게 하셨습니다. 그는 이렇게 간증했습니다. "주께서 내 시야를 어둡게 하시고 오직 주님만 볼 수 있도록 속눈을 열어 주셨습니다." 그가 작곡한 곡은 무려 1,000여 곡이 되는데 그중

에 우리가 부르는 찬송도 많이 있습니다.

'인애하신 구세주여', '돌아와 돌아와', '주의 음성을 내가 들으니', '주 예수 크신 사랑', '슬픈 마음 있는 사람' 외에도 많이 있습니다. 크로스비는 육신의 눈은 맹인이 되었지만 마음의 눈으로는 하나님을 봄으로 주의 음성을 듣고 아름다운 노래를 작곡할 수 있었던 것입니다.

그런 것처럼 하나님께서도 우리의 상한 마음과 갈대 같은 연약함을 들어서 오히려 아름다운 악기로 만들어 쓰시는 은혜를 주시기 바랍니다. 상한 갈대 같은 우리, 꺼져 가는 심지 같은 우리도 반드시 회복시켜서 놀라운 작품으로 사용하는 은혜가 임해야 합니다.

우리의 꽃잎이 다시 피어나고 향기를 발해야 합니다. 우리의 꺼져 가는 영혼의 심지, 신앙의 심지, 사명의 심지를 다시 살려 주시고 회복시켜 주시는 은혜가 임해야 합니다. 그럴 때 우리의 신앙이 더욱 더 성숙해집니다. 우리의 사명이 더 견고해지고 아름다운 사명의 꽃이 피고 열매를 더 많이 맺게 됩니다.

> ♪ 주님 예수 나의 동산 / 내 맘속에 동녘 하늘
> 아침 햇살 가득 안고 / 활짝 피는 백합 같아
> 그 안에서 이 생명도 / 피어나는 꽃 되리라
> 오 하나님 이 꽃 바쳐 / 주의 제단 밝히리니
> 은혜로운 사랑으로 / 하늘 평안 내리소서

9.
불안한 당신에게

"하나님이여 사슴이 시냇물을 찾기에 갈급함같이 내 영혼이 주를 찾기에 갈급하니이다 내 영혼이 하나님 곧 살아 계시는 하나님을 갈망하나니 내가 어느 때에 나아가서 하나님의 얼굴을 뵈올까 사람들이 종일 내게 하는 말이 네 하나님이 어디 있느뇨 하오니 내 눈물이 주야로 내 음식이 되었도다 내가 전에 성일을 지키는 무리와 동행하여 기쁨과 감사의 소리를 내며 그들을 하나님의 집으로 인도하였더니 이제 이 일을 기억하고 내 마음이 상하는도다 내 영혼아 네가 어찌하여 낙심하며 어찌하여 내 속에서 불안해하는가 너는 하나님께 소망을 두라 그가 나타나 도우심으로 말미암아 내가 여전히 찬송하리로다"(시 42:1-5).

불안이라는 큰 사과

"잠시 뒤 내 몸은 땀에 젖었고 곧이어 몸 전체가 덜덜 떨리기 시작했다. 나중에는 심장이 내 귀에서 펌프질을 해대는 것 같은 소리도 들렸다. '안 돼. 약은 안 먹을 거야.' 그렇게 생각하면 할수록 내 몸은 더 고통스러웠다. 나는 죽을 것 같은 두려움에 결국 약을 먹을 수밖에 없었다. 이것이 나의 첫 번째 공황 발작이었다."

이 내용은 대한불안의학회에서 출간한 《불안한 당신에게》라는 책에 나오는 내용입니다. 이 책은 살아가다가 까닭 없이, 혹은 시시때때로 찾아오는 불안과 공포로 고통을 겪은 사람들의 이야기를 생생히 소개해 주고 있습니다.

확실히 인간은 생래적으로 불안한 존재입니다. 그래서 칼럼니스트인 지해수 씨는, 인간은 태어날 때부터 불안이라는 큰 사과를 하나씩 가지고 태어난다고 했습니다. 그리고 죽기 전까지 천천히 그것을 다 먹고 죽는다고 합니다. 특별히 공황장애를 앓고 있는 사람은 이 큰 사과를 한꺼번에 먹어치움으로써 자신의 고귀한 삶을 스스로 단축시킨다는 것입니다.

사람이 불안하면 매사에 조급해집니다. 침착하지 못합니다. 왜냐하면 정서와 감정이 불안하기 때문입니다. 심한 경우에는 스스로 식은땀이 나고 호흡곤란이 오며 어찌할 바를 모릅니다. 이런 사람은 모든 것이 두려워서 대인관계를 비롯해서 일상생활을 하는 것도 곤란합니다. 그런데 이 불안은 공황장애를 앓고 있는 사람만 느끼는 것이 아닙니다. 잘나가는 사람도 불안을 느낍니다. 잘나가는 사람도 불안을 느낀다, 이게 말이 됩니까? 어떻게 잘나가는 사람이 불안을 느낀단 말입니까? 그러나 그게 현실입니다.

그런 의미에서 키에르케고르는 "사람은 불안이라는 열차를 타고 절망이라는 터널을 지나서 죽음이라는 종착역에 도착하는 존재"라고 말했습니다. 이처럼 사람은 생래적으로 불안한 존재로 태어났습니다. 그러면 불안이란 무엇일까요? 알랭 드 보통은 그의 저서 《여행의 기술》에서, "불안이란 사회가 정해 놓은 성공에 이르지 못할 위험에 처했으며, 그 결과 존중받지 못할지도 모른다는 걱정"이라고 했습니다. 한마디로 불안은 욕망의 하녀라는 것입니다.

인간이 불안한 이유

그러면 왜 우리가 불안한 것일까요? 프로이트는 불안의 원인을 외부적인 원인과 내부적인 원인으로 설명했습니다. 외부적으로 불안한 요소가 있으면 누구나 두렵습니다. 그러나 그 불안의 요인이 제거되면 불안도 사라집니다. 그러니까 외부적인 불안의 요인은 큰 문제가 안 됩니다. 문제는 내부적인 요인입니다. 그런데 내부적인 요인도 두 가지가 있다는 것입니다.

첫 번째는 신경증적 불안입니다. 이것은 자신 안에 있는 성적 본능이나 공격적 본능이 주된 원인이라는 것입니다. 이런 내면의 충동이 파괴적으로 방출되려고 할 때 스스로 불안하다는 것입니다.

두 번째는 도덕적 불안입니다. 사람이란 자기 양심에 꺼림칙한 행동을 하면 스스로 불안하게 된다는 것입니다. 그래서 이 불안이 계속 지속되면 마음뿐만 아니라 몸도 해치게 됩니다. 아니, 극단적인 경우에는 스스로 자신의 삶을 포기하는 경우도 있습니다.

그렇다고 해서 불안이 다 나쁜 것은 아닙니다. 좋은 불안도 있습니다. 적당한 불안 때문에 자신이 발전하고 성숙하게 되는 경우도 있습니다. 연예인병이라는 말이 있지 않습니까? 큰 공연이나 중요한 연기를 앞두고 불안 증세가 온다는 것입니다. 그러나 이 불안과 초조를 잘 극복하고 더 많은 연습과 리허설을 하면 공연을 환상적으로 마칠 수 있다고 합니다. 그래서 아무리 베테랑이라도 큰 공연이나 촬영을 앞두고는 스스로 고독의 극지의 땅으로 가서 은둔을 하면서 외롭고 고독한 밤을 보낸다는 것입니다. 우리 교회 남진 장로님이나 김예령 집사님도 그럴 것입니다.

그런 의미에서 저도 목회자병이 있는 것 같습니다. 여름밤에 소쩍새만 우는 것이 아니라 저 역시 저 자신과 성도들과 교회를 생각하면서 잠 못 이룬 밤이 참 많습니다. 특별히 중요한 집회나 대형 집회를 앞두면 잠이 오지 않습니다. 강박을 앓는 것입니다. 그러나 바로 이러한 강박과 불안이 저에게 도전정신을 주었습니다. 그 도전정신이 모든 불안, 강박을 극복하고 새로운 항로의 세계를 열어 가게 했습니다.

그래서 저는 가끔씩 의도적으로 스스로 고독한 강박의 시간을 가집니다. 저 스스로 나무 한 그루, 풀 한 포기 없는 마음의 사막, 극지의 땅으로 가서 자신과 싸우는 시간을 가집니다. 스스로 도전하고 도전에 응전하는 삶을 산다는 의미입니다. 그럴 때 저 자신도 한

단계, 한 단계 업그레이드되는 것을 봅니다.

다윗도 스스로 낙심하고 불안해하였지만, 그것을 잘 극복하는 모습을 보여주고 있습니다. 아마 시편 42편은 다윗이 압살롬에게 쫓겨다닐 때 쓴 시일 것입니다. 그리고 훗날 이 시를 고라 자손들이 부르고 다녔습니다. 다윗이 압살롬에게 쫓겨 다닐 때 얼마나 불안했겠습니까? 잘못하면 자식에게 잡혀 죽을 수도 있었습니다.

물론 그는 그 옛날 하나님 앞에 저지른 자신의 잘못과 범죄를 생각할 때도 내면적 불안이 솟구쳐 올라왔을 것입니다. 그러나 그는 하나님으로 인하여 모든 불안을 극복하고 오히려 하나님께 소원을 두고 하나님을 더 찬송하는 것을 볼 수 있습니다.

> **시 42:5** 내 영혼아 네가 어찌하여 낙심하며 어찌하여 내 속에서 불안해하는가 너는 하나님께 소망을 두라 그가 나타나 도우심으로 말미암아 내가 여전히 찬송하리로다

그러므로 우리도 다윗처럼 언제나 부정적인 불안 감정의 스위치를 잘 꺼야 합니다. 그리고 나를 발전시키는 불안의 환경을 도전의 기회로 삼아야 합니다. 그렇게 해서 하나님이 주신 크고 놀라운 평화가 우리에게 가득해야 합니다.

> ♪ 크고 놀라운 평화가 내게 있네 이 세상에는 없는 평화
> 나의 영혼과 몸 주께 드립니다 오 놀라운 나의 구주

> 오 놀라운 주 오 놀라운 주 저 천군과 천사들 경배하네
> 나 엎드려서 주 경배하리 오 놀라운 구주 예수

그러면 우리가 어떻게 불안 감정 스위치를 끌 수 있습니까? 어떻게 해야 불안의 환경을 도전의 기회로 삼을 수 있습니까?

불안 감정의 스위치를 끄고 도전의 기회로 삼는 방법

1) 의도적으로 좋은 정서와 감정을 가지려고 노력해야 합니다.

다윗도 스스로 낙심되고 불안할 때 과거의 하나님께서 베풀어 주신 은혜를 기억하였습니다. 성경에서 정확하게 설명하고 있진 않지만, 사울에게 쫓겨 다니던 때에 하나님께서 요단 땅과 헤르몬과 미살 산에서 큰 은혜를 베풀어 주신 것 같습니다. 그래서 다윗은 이렇게 기록하고 있지 않습니까?

> 시 42:6 내 하나님이여 내 영혼이 내 속에서 낙심이 되므로 내가 요단
> 땅과 헤르몬과 미살 산에서 주를 기억하나이다

그런데 과거에 하나님이 베풀어 주셨던 은혜를 무엇을 통해서 기억하는지 아십니까? 자기 앞에 있는 폭포를 바라보며 그런 은혜의 잔상을 기억하고 있습니다. 지금 다윗은 유다 광야로 쫓겨났습니다. 아마도 다윗은 엔게디나 또 다른 폭포 앞에 있는 것 같습니다.

사실 이스라엘의 폭포는 별것 없습니다. 우리나라 제주도의 천지연폭포나 설악산 비룡폭포처럼 웅장하지가 않습니다. 엔게디 골짜기에 가면 작지만 실제 폭포가 있습니다. 다윗은 그 폭포를 바라보면서 그 작은 폭포 소리가 깊은 바다를 불러오는 것을 상상했습니다. 그리고 불러온 은혜의 파도와 물결이 자신의 전 존재를 휩쓰는 상상을 합니다.

> **시 42:7** 주의 폭포 소리에 깊은 바다가 서로 부르며 주의 모든 파도와 물결이 나를 휩쓸었나이다

이렇게 다윗은 작은 자연의 폭포 앞에서 주님의 은혜의 폭포를 연상하였습니다. 그리고 그 은혜의 폭포가 불러온 파도와 물결이 자신의 영혼 안에 들어오고, 아니 자신의 전 존재를 휩쓸어 버리는 모습을 상상한 것입니다. 그러니 그 안에 얼마나 신령한 정서를 갖게 되고 은혜로운 평안의 감정을 소유했겠습니까?

옛날 청교도들도 그랬습니다. 그들은 하나님이 지으신 대자연 속에서 아름다운 산천초목과 꽃들과 흘러가는 물들을 바라보며 기도하고 시를 쓰고 설교 준비를 했습니다. 그래서 청교도적 신앙을 계승한 스펄전의 설교 속에 그런 예가 많았던 것입니다. 스펄전을 전공한 어떤 분이 "소 목사 설교에서 스펄전 설교 냄새가 난다"라는 말씀을 하신 적이 있습니다.

헨리 데이비드 소로(Henry David Thoreau)를 아십니까? 그는 《월든》

이란 책에서 이렇게 말합니다. "내일 아침에 할 산책에 잠을 설치지 못하고, 파랑새 우는 소리에 전율을 느끼지 못하거든 깨달아라. 너의 봄날이 가고 있다는 것을." 그래서 저는 '봄날이 간다'는 노래를 '봄날이 온다'로 바꾸어서 부릅니다. 우리 인생의 봄날이 가서야 되겠습니까?

그런 의미에서 오늘 우리도 정서 관리를 잘해야 합니다. 우리도 자연환경이나 좋은 음악을 통해서 좋은 정서를 가질 수 있습니다. 눈이 부시도록 푸르른 숲길을 걷거나 바람에 흔들리는 갈대밭이나 들꽃들이 만발한 들판을 걷는데 스스로 불안하고 괜히 우울할 사람이 어디 있겠습니까?

자연을 통해 마음이 정화되고 정서도 순화됩니다. 더구나 좋은 음악을 듣는데 정서가 순화되지 않을 사람이 어디 있습니까? 벌써 아침저녁으로 서늘한 바람이 불고 곧 가을이 문턱에 다가오고 있는 느낌입니다. 아무리 더운 여름도 가을을 이기지 못한다는 사실을 아시죠? 그런 생각을 하면서 이런 노래를 불러 봅시다.

♪ 산들바람이 산들 분다 달 밝은 가을밤에 산들바람 분다

♪ 바람이 서늘도 하여 뜰 앞에 나섰더니
서산 머리에 하늘은 구름을 벗어나고

이런 노래는 참 좋은 노래입니다. 마음의 정화와 정서의 순화를

위해서 하나님께서 우리에게 일반은총의 선물로 주신 노래입니다. 그러므로 이런 노래를 부르는데 누가 기분 나쁘고 불안하겠습니까? 좋은 정서와 건강한 감성을 갖게 됩니다.

그런데 우리 그리스도인이 이런 노래를 부르다 보면 이런 노래로만 끝나지 않습니다. 정말 하나님을 섬기고 하나님을 사랑하는 성도라면 반드시 우주만물을 창조하시고 계절을 만드신 하나님을 떠올리게 되어 있습니다. 그리고 우주만물과 계절을 만드신 하나님을 생각하노라면 그 산들바람과 서늘한 바람이 우리 앞에 그냥 지나갈 수가 없습니다.

반드시 그 바람은 우리의 마음을 씻기어 주고 지나가게 됩니다. 저 푸르른 풀잎과 나무들 역시 우리의 눈을 씻겨 주며, 계곡에 흐르는 시냇물은 우리의 귀를 씻겨 줍니다. 바람도 그냥 바람이 아니고 나뭇잎도 그냥 나뭇잎이 아니며 시냇물도 그냥 시냇물이 아닙니다. 다 하나님의 은혜와 사랑을 생각나게 하고 깨닫게 해줍니다.

그럴 때 자연스럽게 우리 입에서 "주여" 소리가 나오는 것입니다. 그러면서 저절로 주님의 은혜와 사랑을 찬양하는 노래가 나오게 됩니다.

"그래, 이 모든 자연은 하나님의 위대한 솜씨로 만드신 걸작이지. 그리고 내가 살아 있어서 이 자연만물을 바라보는 것이 얼마나 큰 하나님의 은혜인가. 저 푸른 풀잎들이 얼마나 눈부시게 보이는가. 가을 들녘에 피어 있는 저 들꽃들, 가까이 보니까 더 아름답잖아. 자세히 보니까 이렇게 아름다운걸. 내가 죽어 있으면 이 산들바람을 어떻게 느낄 수가 있는가. 살아 있으니까 저 맑게 흐르는 시냇물 소리도 듣고 있는 거지."

> ♪ 참 아름다워라 주님의 세계는
> 저 솔로몬의 옷보다 더 고운 백합화
> 주 찬송하는 듯 저 맑은 새소리
> 내 아버지의 지으신 그 솜씨 깊도다

"아, 그뿐인가. 내가 아무리 고난 중에 있다 하더라도 살아 있는 것이 얼마나 감사한가. 그러므로 항상 하나님의 은혜와 사랑을 생각할 수 있다는 게 얼마나 큰 은혜인가. 그러니 내가 고난 중에도 찬송을 해야지. 실패했어도 찬송을 해야지. 힘든 가운데도 전도하며 헌신을 해야지. 이 모든 것이 은혜의 힘 때문이 아닌가."

> ♪ 내가 고난 중에도 찬송할 수 있음은 은혜의 힘입니다
> 내가 실패했어도 감사할 수 있음은 은혜의 힘입니다
> 내가 힘든 가운데 헌신할 수 있음도 은혜의 힘입니다
> 내가 역경 가운데 봉사할 수 있음도 은혜의 힘입니다
> 주님의 은혜가 내 안에 들어오면 나는 날마다 기뻐집니다
> 은혜 위에 은혜가 더하여질수록 오직 주님만 바라봅니다

다윗이 작은 폭포를 바라보며 하나님의 은혜를 생각했고 하나님

의 사랑과 축복을 생각하였습니다. 그래서 하나님을 찬양하고 노래 하였습니다. 그랬을 때 마음이 얼마나 평안하고 고요했는지 모릅니다. 우리도 다윗처럼 이런 지혜를 가져야 합니다.

2) 하나님을 만나고 하나님과의 관계를 돈독히 해야 합니다.

> **롬 14:17** 하나님의 나라는 먹는 것과 마시는 것이 아니요 오직 성령 안에 있는 의와 평강과 희락이라

여기서 평화를 헬라어로 '에이레네'라고 합니다. 당시 그리스는 도시국가여서 전쟁이 끊이질 않았습니다. 전쟁이 나면 남자들이 많이 죽습니다. 그래서 제일 두려워 떠는 사람들이 젊은 아들을 둔 부모이고, 젊은 남편을 둔 여자였습니다. 그러므로 그들은 전쟁을 안 하는 것이 최고의 소원이었습니다. 온 마음으로 평화를 염원하고 갈망하고 사모했습니다.

그러다가 서로가 다시는 전쟁을 하지 않기로 종전조약을 합니다. 그것을 바로 '에이레네'라고 했습니다. 성경에서는 바로 이 에이레네를 하나님과 우리와의 관계에서 사용했습니다. 그래서 이 에이레네를 누리기 위해선 성령 안에서 의가 선행되어야 합니다. 그리고 이 의는 예수 그리스도 안에서 하나님과 우리와의 올바른 관계를 말합니다. 그러므로 하나님과 우리와의 관계에서 우리가 막히거나 뒤틀린 것이 있으면 평화를 이룰 수 없습니다. 의가 있어야 평화를 이룰

수 있습니다.

다윗도 끊임없이 자신을 억누르는 불안의 감정을 물리치기 위해 하나님께 기도로 나아갔습니다. 기도를 통해 하나님을 만났습니다. 불안한 상황이 계속될수록 생명의 하나님께 더 기도했습니다.

> 시 42:8 낮에는 여호와께서 그의 인자하심을 베푸시고 밤에는 그의 찬송이 내게 있어 생명의 하나님께 기도하리로다

다윗은 낮이건 밤이건 생명의 하나님께 기도한다고 하지 않습니까? 그랬더니 하나님과 자신의 관계가 얼마나 아름답게 회복되었는지 모릅니다. 그래서 불안하고 두려운 환경에서도 깊은 평안이 느껴지는 것입니다. 얼마나 행복한 삶을 살았는지 모릅니다.

요즘은 힐링 과잉 시대라고 하지 않습니까? 힐링 메시지와 프로그램이 넘쳐나는데도 왜 이렇게 불안 시대와 불안 사회를 이루는 것입니까? 자기계발서 시장은 오히려 청춘의 아픔으로 점철되어 있습니다. 감정 관리의 멘토를 자처하는 이들은 넘쳐나지만 정작 평화와 행복을 가져다주는 멘토는 없습니다.

그러므로 우리가 진짜 불안을 물리치고 극복하기 위해서는 하나님을 만나야 합니다. 주 예수 그리스도를 믿는 길뿐입니다. 아담과 하와가 선악과를 따 먹었을 때 스스로 두려워하고 불안해하지 않았습니까? 보는 사람이 아무도 없는데 무화과나무 잎사귀로 치마를 만들어 입고 동산 나무 사이에 숨었습니다. 그러나 그런 아담과 하

와도 하나님을 다시 만났을 때 살 길이 생겼습니다.

그러므로 어떤 상황, 어떤 고난이 닥쳐도 먼저 하나님부터 만나야 합니다. 또 어떤 걱정, 근심거리나 불안의 환경이 우리를 옥죄어 오고 압박해 온다 할지라도 먼저 하나님과의 관계부터 돈독히 해야 합니다. 그렇게 해서 우리 모두가 모든 불안을 극복하고 내쫓아버리며 항상 평안의 주인공이 되어야 합니다.

> ♪ 그대가 만일 참된 행복을 찾거든 예수님을 만나 보세요
> 그분으로 인하여 참 평화를 얻으면 나와 같이 고백할 거요
> 난 예수가 좋다오 난 예수가 좋다오
> 주를 사랑한다던 베드로 고백처럼 난 예수를 사랑한다오

3) 큰 믿음을 가지고 불안을 극복해야 합니다.

인디언 부족 중 수족속에 대한 이야기가 있습니다. 수족속은 열두 살이 되면 성인식을 하는데, 하룻밤을 마을에서 멀리 떨어진 산속에서 밤을 새우게 하였습니다. 거기는 늑대나 곰을 비롯해서 맹수들이 출몰하는 곳입니다. 그런 곳에서 불안과 공포, 두려움을 이기는 야성 훈련을 시켰던 것입니다.

추장의 아들이 성인이 되어 성인식을 해야 했습니다. 그런데 그 아들은 유달리 겁이 많았습니다. 거기다 외아들이었습니다. 그렇지만 추장이 되기 위해서는 추장의 아들 역시 다른 아이들과 똑같이 성인식을 치러야 했습니다. 밤새 혼자 맹수가 우는 소리를 들으며

벌벌 떨었습니다. 얼마나 밤이 길게 느껴졌는지…. 추장의 아들은 아버지의 이름을 불러 대며 울고 또 울었습니다.

이윽고 어둔 밤은 지나가고 새벽이 다가왔습니다. 그런데 새벽이 되어 보니까 저 멀리서 누군가가 자기 쪽으로 활을 당겨 겨누고 있는 것이 아닙니까? 추장의 아들이 눈을 비비고 그쪽을 다시 바라보니 자기 아버지가 자기 쪽을 향하여 화살을 겨누고 있었습니다. 혹시 늑대나 곰이 자기를 해치려고 하면 바로 쏘려고 그랬던 것입니다. 그 모습을 보고 아들이 후회를 했습니다. "아, 우리 아버지가 활을 들고 저렇게 지키고 있었는데, 왜 내가 이렇게 불안해 하였는가."

제 아들이 공군 학사장교 훈련을 받을 때 힘들어하고 때려치울까, 포기할까 할 때 이런 글을 써서 보냈습니다.

"아들아, 인디언의 수족속 이야기 알지? 아빠가 너와 함께할 수는 없지만 항상 마음으로 함께 하고 있어. 수족속의 추장처럼 활을 들고 밤이고 낮이고 너 있는 쪽을 향하여 겨누고 있단다. 아들아, 말 안 해도 알지?"

그런 아들이 하나님 은혜로 훈련을 마쳤을 뿐만 아니라 학사장교로 군 복무를 잘 마쳤습니다. 특별히 학사장교 시절에 사드 매뉴얼을 제 아들이 다 번역했습니다. 그리고 지금은 연대 석박사 과정 중에 있으며 미국 유학을 준비하고 있습니다. 저는 제 아들만 보면 하나님의 은혜가 얼마나 감사한지 모릅니다.

수족속의 추장과 저도 그럴거늘, 하물며 하나님이 우리와 함께하시는데 무엇이 두려우십니까? 무엇이 불안하십니까? 하나님께서 우리로 하여금 불안에 떨라고 고난의 환경을 주신 줄 아십니까? 오히려 불안의 환경이 주는 도전에 응전을 하라고 그런 상황을 주신 것입니다. 오히려 그 불안 요인 때문에 더 큰 믿음을 가지고 더 위대한 하나님의 사람이 되라고 그런 환경을 주신 것입니다. 그러므로 어떤 경우에도 두려워하지 말아야 합니다. 불안해하지 말아야 합니다. 큰 믿음을 가지고 그 모든 상황을 직면하며 극복해야 합니다.

> ♪ 두려워 말라 어린양이여 땅과 하늘에 권세 잡은 이
> 널 찾아내어 안보하시리니 죽음에서 생명에 이르리라
> 오직 믿음 오직 믿음 능치 못함 없겠네 오직 믿음
> 오직 믿음 오직 믿음 능치 못함 없겠네 오직 믿음

다윗 역시 불안하고 절망스러운 상황에서 절대로 불안에 떨지 않았습니다. 아마도 이때 다윗은 청소년 시절, 골리앗을 쓰러뜨렸던 패기와 용기 넘쳤던 시절을 생각하였을 것입니다. 이스라엘의 모든 군사들이 다 골리앗 앞에 두려워하고 있을 때 다윗은 큰 믿음을 가지고 골리앗 앞에 나갔습니다.

그때 다윗은 이렇게 담대하게 외치지 않습니까? "저런 할례도 안 받은 놈이 감히 하나님의 군대를 모욕해? 저런 싸가지 없는 십장생, 18개월 할부…. 너는 칼과 창과 단창으로 내게 나아오지만 나는 만군의 여호와의 이름으로 네게 나아가노라."

삼상 17:26 …이 할례 받지 않은 블레셋 사람이 누구이기에 살아 계시는 하나님의 군대를 모욕하겠느냐

삼상 17:45 다윗이 블레셋 사람에게 이르되 너는 칼과 창과 단창으로 내게 나아오거니와 나는 만군의 여호와의 이름 곧 네가 모욕하는 이스라엘 군대의 하나님의 이름으로 네게 나아가노라

그때 다윗이 골리앗을 향하여 돌진하며 그 거대한 골리앗을 물맷돌 한 방으로 쓰러뜨려버렸습니다. 그런데 다윗은 지금 그때 그 시절을 생각하면서 그때 자신과 함께하셨던 하나님을 바라보고 사모하고 있는 것입니다. 하나님을 그냥 바라보고 사모한 것이 아니라 그때 그 하나님을 목마른 사슴이 시냇물을 찾고 있는 것처럼 갈망하고 소망하며 또 소망했습니다.

시 42:1-2 하나님이여 사슴이 시냇물을 찾기에 갈급함같이 내 영혼이 주를 찾기에 갈급하니이다 내 영혼이 하나님 곧 살아 계시는 하나님을 갈망하나니 내가 어느 때에 나아가서 하나님의 얼굴을 뵈올까

오늘 우리 앞에도 두려움의 골리앗이 버티고 서 있을 때가 있습니다. 불안이라는 골리앗, 큰 염려와 걱정이라는 골리앗이 우리 앞에 버티고 서 있을 때가 있습니다. 이것을 우리가 어떻게 이깁니까? 큰 믿음을 가지고 이기는 것입니다. 우리가 이런 큰 믿음을 가지고 우리

앞에 있는 두려움과 불안의 골리앗을 때려 부술 수 있어야 합니다.

우리가 지금까지 살아오면서 그런 경험을 해보지 않았습니까? 아무리 불안의 골리앗, 두려움의 골리앗이 있어도 큰 믿음을 가지고 나아갔을 때 두려움과 불안을 정복하고 이겼던 경험이 있지 않습니까? 그런 경험이 있다면 우리도 다윗처럼 더 하나님을 바라보고 사모해야 합니다. 특별히 십자가에 죽으신 예수 그리스도를 바라보아야 합니다. 그럴 때 우리에게 더 큰 믿음이 생깁니다. 그리고 그런 큰 믿음을 갖게 되면 불안한 환경과 두려움의 상황을 피하지 않고 직면하게 됩니다.

"바람은 계산하는 것이 아니라 극복하는 것이다."

저는 인생이 평탄한 사람이 아닙니다. 저는 세상 말로 하면 팔자가 보통 센 사람이 아닙니다. 얼마나 저의 삶을 불안하게 하고 공포를 안겨주었던 상황이 많았는지 모릅니다. 저도 때로는 이런 환경을 피하고 싶을 때가 있었습니다. 또 얼마든지 피해 갈 길도 있었습니다. 그러나 저는 피하지 않고 직면했습니다. 직면했을 때 그 어떤 두려움과 불안의 골리앗을 이기고 극복할 수 있었습니다.

이런 것을 생각할 때마다 제 머릿속에 가장 강렬한 기억으로 남아 있는 영화의 대사가 있습니다. '최종병기 활'이라는 영화에 나오는 대사입니다.

"두려움은 직시하면 그뿐, 바람은 계산하는 것이 아니라 극복하는 것이다."

영화 끝 부분에 보면 청의 별동대장 쥬신타가 주인공 남이의 누이를 인질로 붙잡고 칼로 위협합니다. 게다가 남이는 이미 쥬신타의 화살에 맞아 피를 흘리고 있습니다. 그런데 남이는 자신의 몸에 박힌 활을 빼내어 그의 활시위에 걸고 당깁니다.

만약에 남이가 활을 잘못 쏘면, 여동생이 그 화살에 맞아 죽거나 쥬신타의 칼에 죽을지도 모르는 절체절명의 상황입니다. 더구나 바람이 세게 불어 활을 쏠 수 없는 상황이었습니다. 그래서 쥬신타는 남이에게 활을 쏠 수 없을 것이라고 장담을 합니다. 그럼에도 남이는 죽을힘을 다해 활시위를 당깁니다. 그러자 화살은 곡선으로 바람을 거슬러 동생의 목을 피하여 쥬신타의 목을 관통해 버립니다. 그 모습을 보고서 남이는 이렇게 말합니다. "두려움은 직시하면 그뿐, 바람은 계산하는 것이 아니라 극복하는 것이다."

시험이나 환난도 피하는 것이 아니라 극복하여 이기는 것입니다. 무엇으로 극복하는 것입니까? 하나님이 나와 함께하신다는 믿음으로 극복합니다. 그래서 헌신도 피하고 계산하는 것이 아니라 믿음으로 실천합니다. 바로 이런 믿음을 가졌던 다윗은 상황이나 환경 같은 것은 보지 않았습니다. 무조건 하나님을 바라보며 찬양했습니다. 그리고 하나님께 소망을 두었습니다.

> 시 42:11 내 영혼아 네가 어찌하여 낙심하며 어찌하여 내 속에서 불안해하는가 너는 하나님께 소망을 두라 나는 그가 나타나 도우심으로 말미암아 내 하나님을 여전히 찬송하리로다

그러므로 불안한 마음이 들 때, 큰 믿음으로 불안의 환경을 직면해야 합니다. 불안을 극복해야 합니다. 불안은 계산하는 것이 아닙니다. 우리의 믿음으로 극복하는 것입니다. 그러므로 우리는 큰 믿음을 가져야 합니다. 큰 믿음으로 불안을 물리쳐야 합니다. 우리 속에 있는 내적인 불안과 환경적인 불안을 다 물리쳐야 합니다.

> ♪ 이 눈에 아무 증거 아니 보여도 믿음만을 가지고서 늘 걸으며
> 이 귀에 아무 소리 아니 들려도 하나님의 약속 위에 서리라
> 걸어가세 믿음 위에 서서 나가세 나가세 의심 버리고
> 걸어가세 믿음 위에 서서 눈과 귀에 아무 증거 없어도

그래서 하나님께서는 이스라엘 백성들에게 이렇게 말씀하셨습니다.

> **사 41:10** 두려워하지 말라 내가 너와 함께 함이라 놀라지 말라 나는 네 하나님이 됨이라 내가 너를 굳세게 하리라 참으로 너를 도와 주리라 참으로 나의 의로운 오른손으로 너를 붙들리라

> **사 14:27** 만군의 여호와께서 경영하셨은즉 누가 능히 그것을 폐하며 그의 손을 펴셨은즉 누가 능히 그것을 돌이키랴

하나님이 두려워하지 말라고 하지 않습니까? 하나님이 우리의 오

른손을 붙잡아 주신다는 것입니다. 하나님이 생각하고 경영하는 것을 반드시 이루어 주신다는 것입니다. 누가 그것을 폐하며 누가 그것을 돌이킬 수 있겠습니까? 그러므로 하나님 앞에 큰 믿음을 가져야 합니다. 그렇게 하여 모든 불안을 물리치고 참 평안을 얻어야 합니다.

"하나님! 믿음이 있다고 하면서도 왜 이따금씩 저에게는 불안이 찾아오는 것입니까? 무엇 때문에 저는 여전히 불안해하면서 살아가야 하는 것입니까? 믿음이 있는 저도, 불안의 썩은 사과를 베어 먹고 있는 것은 아닌지요. 이제 그 썩은 사과를 던져 버리게 하여 주옵소서. 그리고 이제부터는 하나님의 은혜와 사랑 안에서 좋은 정서를 갖게 해 주시고 하나님과의 올바른 관계를 잘 설정하게 하여 주옵소서. 숨겨 놓은 죄를 내던져 버리고 끊지 못한 불평과 염려, 불안을 십자가 앞에 다 내던져 버리게 하옵소서.

이제 모든 것을 버리고 하나님만을 찾기를 원합니다. 하나님만을 바라보기를 원합니다. 하나님을 만나기를 원합니다. 저에게도 큰 믿음을 주옵소서. 아무리 우리 앞에 두려움의 골리앗, 불안의 골리앗, 염려의 골리앗이 버티고 있다 할지라도 하나님, 이 시간 큰 믿음을 가지고 물리치게 하옵소서."

> ♪ 슬픔 걱정 가득 차고 내 맘 괴로워도
> 갈보리 십자가 위에서 죄 짐이 풀렸네
> 놀라운 사랑의 갈보리 갈보리 갈보리
> 놀라운 사랑의 갈보리 영원한 갈보리

"오, 하나님 저에게 좋은 정서를 주십시오. 하나님과 올바른 관계를 맺게 해주십시오. 정말 골리앗 같은 거인 앞에서도 두려워하지 않게 하시고 불안해하지 않게 하옵소서. 주님 한 분만으로 만족하게 하시고 평안을 누리게 하옵소서. 하나님, 이 시간 저에게 평안을 주시옵소서. 평안을 선물로 주시옵소서."

10.
감사를 잊어버린 당신에게

"하나님을 잊어버린 너희여 이제 이를 생각하라 그렇지 아니하면 내가 너희를 찢으리니 건질 자 없으리라 감사로 제사를 드리는 자가 나를 영화롭게 하나니 그의 행위를 옳게 하는 자에게 내가 하나님의 구원을 보이리라"(시 50:22-23).

장 도미니크 보비의 감사

장 도미니크 보비라는 사람을 아십니까? 이 내용은 우리 교회 김재일 장로님이 쓰신 《멘탈 경쟁력》이라는 책에서 발췌한 내용입니다. 그는 프랑스의 세계적인 여성잡지 〈엘르〉의 편집장으로 준수한 외모와 화술로 프랑스 사교계를 풍미한 사람이었습니다.

그러던 그가 어느 날 뇌졸중으로 쓰러졌습니다. 그의 나이 43세,

얼마나 꽃다운 나이입니까? 3주 후 그는 겨우 의식을 회복하였습니다. 그러나 전신이 마비된 상태였습니다. 그러니 말을 할 수도 글을 쓸 수도 없었습니다. 겨우 왼쪽 눈꺼풀만 움직일 수 있었습니다.

얼마 후 그는 눈 깜박임 신호와 알파벳을 연결시켜 다른 사람으로 하여금 글을 받아 쓰게 하였습니다. 한 문장을 쓰는 데 하룻밤을 꼬박 새울 때도 있었습니다. 그런 식으로 대필자에게 20만 번 이상 눈을 깜빡거리며 15개월 만에 쓴 책이 《잠수종과 나비》라는 책입니다.

그러나 책 출간 8일 만에 그는 심장마비로 세상을 떴습니다. 그는 책 서문에서 이런 글귀를 썼습니다. "고이다 못해 흘러내리는 침을 삼킬 수만 있다면 세상에서 가장 행복한 사람일 것이다." 그는 책에서 계속 이야기합니다. "불평과 원망은 행복에 겨운 자의 사치스러운 신음이다." 그는 건강의 복을 감사하지 못한 채 '툴툴거리며 일어났던 많은 아침들'을 죄스럽게 느꼈습니다.

그는 전신이 마비된, 잠수종 속에 갇힌 신세가 되었습니다. 그러나 마음속으로는 훨훨 나는 나비를 상상하며 삶을 긍정하였습니다. 비탄과 원망 속에서 삶을 마감하는 것이 아니라 감사를 통해 극한의 고통을 감수하며 삶을 마무리하였습니다. 그렇게 죽어 갔던 그가 말할 수 없는 고통 속에서도 감사함으로 삶을 살았다면, 우리는 어떤 상황에서도 감사하며 살아야 하지 않겠습니까?

우리는 우리 자신들이 소유하고 있는 것을 잃어버리기 전까지는 그것이 얼마나 소중한지 모를 때가 많습니다. 그러므로 우리가 다른 것은 그만두고 우리 마음대로 몸을 움직일 수 있다는 것이 얼마나 큰 축복이고 감사할 일입니까? 돈이 많든 적든 어떤 일에 성공했든 실패했든 두 다리로 걸어 다니고 두 팔로 하고 싶은 것을 맘대로 하며 마음껏 공기를 들이마시고 숨을 쉴 수 있는 것이 얼마나 큰 축복이고 감사할 일입니까?

감사에는 신비한 능력이 있습니다. 우선 감사를 하면 마음의 분노부터 다스려지고 마음의 격동을 진정시켜 줍니다. 그래서 감사는 항상 우리 내면에서 긍정 마인드를 갖게 합니다. 어떤 상황과 환경 속에서도 최상의 마음 상태를 유지하게 합니다.

김대중 대통령이 계엄군으로부터 내란선동죄라는 죄목으로 사형 선고를 받았습니다. 그래도 김대중은 안색이 하나도 변하지 않았다고 합니다. 신기하게도 예수님께 감사하는 마음이 생기더라는 것입니다. 그때 장로인 이희호 여사가 하나님께 눈물로 아뢰었대요. "하나님, 제발 하나님의 선하신 뜻대로 인도하옵소서."

그러자 사형 선고를 받은 김대중 대통령이 이희호 여사에게 뭐라고 말한 줄 아십니까? "아니, 이 사람아. 뭣 땀시 하나님께서 남의 가정 일을 참견한단 말이여? 하나님께서 왜 남의 가정을 이래라 저래라 한단 말이여." 이 내용은 우리 교회 최진 박사님이 쓰신 책《권력자의 심리를 묻다》에 나오는 이야기입니다.

사형 선고 가운데도 감사하는 마음을 가지니까 긍정의 마인드가 생기고 최상과 최선의 마음 상태를 이루는 것입니다. 그뿐만 아니라 감사를 하면 우리 몸도 최상의 상태로 유지시켜 준다는 것입니다.

우리가 감사하면 우리 몸 안에서 다음과 같은 역사가 일어납니다.

감사할 때 일어나는 신체 변화

1) 아드레날린이 도망갑니다.

아드레날린은 우리 마음의 불평과 불만과 짜증을 가져다주고 우리 몸에 암을 가장 강력하게 발생시키는 나쁜 호르몬입니다. 그런데 감사를 하면 아드레날린이 재수가 더럽게 없다고 소리를 치며 도망을 가버린다는 것입니다. 그러므로 평생 감사의 성도가 되어서 일생에 단 한 번도 암이 우리의 몸에 심방 오지 않고 다 도망을 가는 기적이 있어야 합니다.

2) 엔돌핀이 수없이 찾아옵니다.

엔돌핀은 우리 마음에 기쁨을 가져다주고 낙천적인 정서를 가져다주는 호르몬입니다. 그리고 이것은 우리 몸 안에서 가장 강력한 항암제 역할을 합니다. 그런데 감사하면 이런 호르몬이 많이 쏟아집니다. 제가 오래전에 어느 지방에 가서 집회를 하는데, 우리가 은혜받고 감사하면 우리 몸 안에서 엔돌핀이 솟아나고 영적인 세포가 춤을 춘다고 했습니다. 그러고 나서 앞에 있는 어느 할머니 권사님에게 감사하면 무엇이 나오냐고 물어 보았습니다. 그 할머니 권사님이 뭐라고 한 줄 아십니까? "볼펜이요." 그래서 제가 물었습니다. "그러면 모나미입니까? 파카입니까?"

3) 세로토닌을 비롯한 900여 종의 면역증강제가 나옵니다.

세로토닌은 주로 희망을 주는 호르몬이라고 합니다. 희망을 주는 호르몬은 항암제뿐만 아니라 면역증강제 역할을 합니다. 그런데 감사하면 세로토닌을 비롯한 900여 종의 면역증강제가 쏟아져 나온다는 것입니다. 그런데 최근의 발표에 의하면, 우리가 감사를 할 때 다이돌핀이 나온다는 것입니다. 다이돌핀은 엔돌핀의 4,000배 이상의 효과가 있습니다. 그래서 '행복 호르몬'이라고도 합니다. 그러므로 감사를 하는 사람은 암에 걸릴 수가 없다는 것입니다. 그리고 걸린 암도 도망가 버릴 것입니다.

저는 요즘 제 체력에 대한 한계를 많이 느끼기 시작합니다. 저도 몇 년 있으면 60대가 됩니다. 그런데 마음은 30대입니다. 바쁜 스케줄을 감당하다 보면 체력의 한계를 느낍니다. 그래서 제가 건강을 관리하려고 최선을 다합니다. 운동도 하고 하여간 시간만 있으면 산에 가려고 합니다.

그런데 우리 교회 신현순 권사님이 운영하는 강남 셀피아 병원이 있습니다. 거기서 머리털 가지고 검사를 해 봤습니다. 그 검사로는 피 검사로도 모르는 것들을 알 수 있다고 합니다. 제가 다른 것은 다 괜찮은데 제 몸 안에 수은이 한계치 이상으로 쌓여 있다고 합니다. 그런데 수은이 많아지면 나중에 나이 먹어서 치매가 빨리 올 수 있다는 것입니다.

어떤 유명한 목사님이 80대 중반에 치매가 왔습니다. 치매가 걸린 지도 모르고 권사님들이 명절에 찾아뵈러 가니까 그 목사님이 권사님들 보고 이렇게 말하더라는 것입니다. "에라이, 미친 것들아. 예수를 왜 믿어? 예수 믿어 봤자 말짱 헛것이다, 이것들아." 그때 권사님들이 얼마나 충격을 받았는지 모릅니다. 그것도 별 볼 일 없는 목사가 아니라 한국교회를 대표하는 목사님이셨습니다.

제가 치매가 걸린다는 상상을 하면 얼마나 끔찍한 일입니까? "에라이, 미친 것들아, 뭘 그렇게 예수를 극성스럽게 믿냐. 느그들 전도하고 양육하고 눈물로 헌신했던 것 다 말짱 헛것이다, 이것들아." 아무리 치매 상태라 하더라도 제 입에서 그런 말이 나오면 어떻게 되겠습니까? 그래서 하나님께 기도합니다.

"하나님, 저는 치매가 걸리지 않게 하옵소서. 차라리 치매 오기 전에 저를 데려가옵소서. 설상가상으로 치매가 온다 하더라도 절대로 그런 말이 나오지 않게 하옵소서. 설사를 싸서 벽에 글씨를 쓴다 할지라도 솔리 데오 글로리아, 오직 하나님의 영광을 쓰게 하옵소서. 입만 열었다 하면 예수를 말하고 하나님을 말하게 하옵소서."

그러면서 요즘은 제가 그냥 감사만 하고 삽니다. 입에서 감사를 외치고 살아갑니다. "감사 감사 감사 감사 감사, 하나님! 미리 감사를 하오니 수은이 몸 안에서 빠져 나가게 하옵소서. 먼저 하나님께 감사를 드리겠사오니 절대로 치매 걸리지 않게 하옵소서. 치매뿐만 아니라 뇌졸중이 오지 않게 하옵소서."

저도 사람인지라 너무 바쁘게 사역하다 보니 감사를 잊어버렸나 생각해 봤습니다. 그래서 다시 감사를 찾아와서 그저 "감사 감사"를 외치고 있는 것입니다. 우리가 살다 보면 감사를 잊어버릴 때가 있습니다.

감사로 드리는 제사

그래서 시편 50편에서도 "하나님을 잊어버린 너희여 이제 이를 생각하라"고 말씀하고 있습니다.

> **시 50:22** 하나님을 잊어버린 너희여 이제 이를 생각하라…

여기서 하나님을 잊어버렸다는 말은 감사를 잊어버렸다는 말입니다. 하나님을 잊으니까 감사를 잊어버리고, 감사를 잊어버리니까 하나님을 잊어버린 것입니다. 그러니까 "이제 이를 생각하라"는 것입니다. 그것이 무엇입니까? 만약에 하나님을 잊어버리고, 감사를 잊어버리고 회개하지 않고, 돌이키지 않으면 너를 책망하여 네 죄를 네 눈 앞에 낱낱이 드러내겠다는 것입니다.

> **시 50:21** …그러나 내가 너를 책망하여 네 죄를 네 눈 앞에 낱낱이 드러내리라 하시는도다

그래서 성경은 우리에게 권면하고 있습니다. 그것은 감사로 제사로 드리는 자가 하나님을 영화롭게 한다는 것입니다. 하나님께서 그 모든 환란과 고통에서 구원해 주신다고 하지 않습니까?

시 50:23 감사로 제사를 드리는 자가 나를 영화롭게 하나니 그의 행위를 옳게 하는 자에게 내가 하나님의 구원을 보이리라

우리는 어떤 사람입니까? 정말 감사하며 살고 있습니까? 감사를 잊어버리며 살 때가 너무나 많지 않습니까? 하나님께서 나를 구원해 주셨고 나에게 은혜를 주셨으며 말로 할 수 없는 복을 주셨는데도 감사를 잊어버리며 살지는 않았습니까? 하나님의 은혜를 잊어버리고 살지는 않았습니까?

그러므로 감사를 회복해야 합니다. 빼앗긴 감사를 다시 찾아와야 합니다. 부도난 감사를 다시 복구해야 합니다. 감사로 우리 내면에 긍정적인 마인드가 세팅되고 최상의 마음 상태를 이루어야 합니다. 아니 우리의 마음뿐만 아니라 우리의 몸도 최상의 건강 상태를 이루어야 합니다. 감사로 우리의 몸 안에 있는 모든 질병과 고통을 다 물리쳐야 합니다. 그래서 감사로 하나님을 영화롭게 해야 합니다.

♪ 주님께 감사하는 우리의 마음 얼마나 아름다운지
주님께 감사하는 모든 순간 내 마음 천국일세
감사 감사 주님께 감사드려요
두 손을 높이 들고 마음을 모아 주님께 감사드려요

그뿐일까요? 감사의 기적은 우리 몸 안에서만 일어나는 것이 아니라 몸 바깥에서도 얼마든지 일어납니다. 우리가 감사하면 재앙이 오

려다가도 도망가 버립니다. 아무리 마귀가 와서 우리에게 사고를 치고 깽판을 치려다가도 우리가 감사만 하면 재수 없다고 도망을 가 버립니다.

마귀가 우리의 몸에 찾아와 부도를 내고 우리 인생을 뒤집어 엎어보려고 하다가도 감사만 하면 기분이 잡쳐서 도망을 가고 맙니다. 감사할 때 마귀는 물러가고 성령님이 오셔서 우리를 도와주시고 천사들이 우리에게 와서 수종을 드는 것이 아니겠습니까? 그래서 우리의 삶속에 기적이 나타나고 형통의 역사들이 계속됩니다. 불치병이 고침 받고 꼬였던 문제들이 해결되며 모든 재앙이 물러갑니다.

그런 의미에서 감사는 신령한 부적과도 같습니다. 요즘도 불신자들은 집에다가 부적을 붙여 놓습니다. 어떤 사람들은 아예 부적을 몸에다가 간직하며 다니기도 합니다. 그러나 그런 것을 가지고 다녀도 아무 효과가 없습니다. 왜냐하면 요즘 귀신들은 하도 현대적이어서 부적을 몰라보기 때문입니다. 어떤 사람에 의하면 옛날 도깨비들은 부적이 무엇인지 알아보기라도 했는데 요즘 귀신들은 무식해서 부적이 무슨 그림인지 감상만 하고 있다는 것입니다.

그러나 신령한 감사의 부적을 모르는 귀신은 없습니다. 그러므로 우리가 감사만 하면 마귀들은 무조건 기겁하면서 도망을 가든지 기분이 나빠서 도망을 가고 맙니다. "주여, 감사합니다. 주여, 감사합니다." 이렇게 하면 마귀가 "야, 재수 없다. 에이, 기분 나빠. 예수쟁이 부적이다, 믿음의 부적이다, 신령한 부적이다" 하고 도망을 가고 맙니다. 그러니 우리의 삶속에 어떻게 마귀가 틈타고 귀신이 역사하겠습니까? 언제나 승리요 축복이요 형통뿐입니다. 그러므로 언제나 감사해야 합니다. 언제나 감사로 기적을 이루고 형통의 주인공이 되어야 합니다.

그러면 우리가 어떻게 감사를 해야 할까요?

어떻게 감사할 것인가

1) 자원제를 드리는 마음으로 감사를 해야 합니다.

구약을 보면 크게 두 가지 제사가 있습니다. 하나는 의무적인 제사요, 또 하나는 자원제입니다. 의무제는 하나님께 죄와 관련되어서 의무적으로 드리는 제사를 말합니다. 예컨대 속죄제나 속건제 또는 절기 때 누구나 하나님 앞에 드리는 제사와 같은 것들을 의무제라고 합니다. 그러나 자원제는 스스로 마음에 우러나와서 자발적으로 드리는 제사를 말합니다. 그저 하나님 앞에 감사해서, 헌신하고 싶은 마음이 들어서 자원하는 마음으로 드리는 제사를 자원제, 혹은 감사제라고 합니다.

그런데 일반 감사제보다도 특별하게 드리는 감사제가 있습니다. 아주 특별한 상황이나 감사의 제목이 있을 때 드리는 제사입니다. 가령, 먼 길을 여행하고 왔다든지, 특별히 죽을 고비를 하나님의 은혜로 넘겼을 때 드리는 제사입니다. 이러한 감사의 자원제를 '코르반

토다'라고 하는데, 성경은 이러한 감사제를 '낙헌제'로 번역한 곳이 많이 있습니다. 왜냐하면 정말 극도의 기쁨을 이길 수 없거나 하나님이 주신 기쁨을 주체할 수가 없어서 감사함으로 드리는 제사였기 때문입니다.

지금 내가 처한 상황이 어떠한지가 중요하지 않습니다. 죽을 고비에 처했든지, 어떠한 사망의 경각에 처해 있든지 간에 그래도 하나님이 기쁨을 주시고 마음에 억누를 수 없는 감사가 솟구쳐 오를 때 드리는 제사를 낙헌제라고 합니다. 그래서 다윗은 사울에게 쫓겨 다닐 때, 십 황무지에서 낙헌제를 드렸지 않습니까? 십 황무지에서 다윗은 사울의 3,000명 군대에 포위 당하여 죽을 상황에 처했습니다. 그럼에도 불구하고 그는 낙헌제를 드렸습니다.

하나님께서 자원하는 마음을 주시니까, 하나님의 은혜가 너무 감사하고 하나님이 주시는 그 기쁨이 도저히 주체가 안 되는 것입니다. 그래서 너무나 감사하는 마음으로 낙헌제를 드린 것입니다. 그랬을 때 다윗에게 어떤 역사가 나타났습니까? 낙헌제를 드리고 있는데 사울의 진영 쪽으로 말발굽 소리가 들렸습니다. '따그닥 따그닥 히이잉~ 따그닥 따그닥 히이잉~' 바로 사울에게 전령이 말을 타고 오는 것입니다.

"폐하, 폐하, 큰일 났습니다. 급히 군대를 돌려 기브아로 돌아가셔야 합니다. 갑자기 블레셋 아새끼들이 우리 땅을 침략하여 이스라엘의 수도 기브아까지 진격을 해오고 있습니다. 이러다가는 왕의 궁궐까지 점령을 당하고 말 것입니다. 그러니 어서 빨리 기브아로 가셔야 합니다."

그러자 한쪽에서 정신 나간 아부꾼 대신들이 이렇게 말했을지도 모릅니다. "아닙니다. 폐하, 다윗이 지금 목전에 있는데 빨리 쳐들어가서 저놈을 잡아야 합니다." 그러자 전령이 다시 사울에게 엎드려서 말을 합니다. "아니 되옵니다, 폐하! 다윗을 아무리 잡는다 한들 기브아 성이 무너지고 불타면 무슨 소용이 있겠습니까? 먼저 나라를 지키고 종묘사직을 지키셔야 하옵니다. 그런 연후에 다윗을 포박할 수 있사오니 부디 성심을 굳건히 하옵소서. 그러하오니 어서 말머리를 돌려 기브아로 행하시옵소서. 폐하~"

그러니까 사울이 말머리를 돌려 군사를 이끌고 기브아 성으로 갔습니다. 다윗은 그때 하나님의 기적으로 역전 드라마의 주인공이 되고 패자부활전의 주인공이 되었습니다. 반전 드라마의 영웅이 된 것입니다. 아마 그때 다윗은 이런 노래를 불렀을 것입니다.

♪ 나의 힘이 되신 여호와여 내가 주님을 사랑합니다
　주는 나의 반석이시며 나의 요새시라
　주는 나를 건지시는 나의 주 나의 하나님
　나의 피할 바위시요 나의 방패시라
　나의 하나님 나의 하나님 구원의 뿔이시요 나의 산성이라
　나의 하나님 나의 하나님 그는 나의 여호와 나의 구세주
　나의 하나님 나의 하나님 그는 나의 여호와 나의 구세주

그뿐입니까? 다윗은 훗날 언약궤를 메고 올 때, 너무 감사하지 않

습니까? 오벧에돔의 집에 모셔졌던 언약궤를 다윗 성으로 모셔오는 순간, 너무너무 감사하고 기뻤습니다. 그래서 여섯 걸음을 행하자마자 바로 거기서도 감사제를 드렸습니다. 그러다가 마침내 하나님의 언약궤를 다윗 성 앞으로 모셔 왔을 때, 그는 하나님이 주시는 기쁨과 감사를 도저히 참을 수 없어서, 그 감사와 기쁨을 주체할 수가 없어서 속옷이 벗겨지도록 춤을 췄습니다. 그것 역시 몸으로 드리는 낙헌제였습니다.

그뿐입니까? 그는 날마다 하나님의 법궤 앞에 가서 이렇게 고백합니다. "하나님, 내가 무엇이관대 저를 이스라엘의 왕으로 삼아 주셨습니까? 그리고 내가 무엇이관대 이렇게 언약궤를 모실 수 있는 영광을 주셨단 말입니까? 이것은 저의 최고의 영광이고, 행복이고 축복입니다."

그러다가 어느 날 다윗이 너무 감동이 되어 하나님의 집을 지어 드리겠다고 고백을 합니다. 하나님이 집을 지어달라고 한 것도 아닌데 스스로 창의적 감동을 받아서 하나님의 집을 지어 드리겠다고 고백한 것입니다. 이것이 바로 창의적 감사입니다. 이것 역시 하나님께 낙헌제를 드리는 행위였습니다.

그래서 하나님께서 다윗의 자원제, 낙헌제를 받으시고 이렇게 말씀하셨습니다.

"다윗아, 내가 성전 건축을 기뻐한다는 말을 어느 누구에게도 말한 적이 없었는데 너는 어떻게 내 마음을 알았단 말이냐? 나는 너에게 이 사실을 한 번도 말한 적이 없는데 너는 어떻게 나의 깊은 심정을 알았단 말이냐? 네가 나의 기뻐하는 바를 알아차리고 성전을 짓겠다고 하니 내 마음이 너무나 기쁘구나. 내 마음이 너무나 행복하구나. 그러므로 내가 너에게 마음껏 복을 줄 터이니 너는 내가 주는 축복을 맘껏 누리고 살거라. 앞으로 너의 나라와 왕위가 영원히 견고하게 하리라."

오늘날로 말하면 "내가 너희 가문이 영광의 가문이 되고 자손대대로 망하지 않고 복을 받게 하리라"는 말입니다. 그러자 다윗이 그 언약을 받은 후 너무나 감격해서 하나님 앞에 울먹거리며 이렇게 고백했을 것입니다.

"하나님, 내가 누군데 이렇게 복을 주십니까? 내 집이 무엇이관대 이렇게 복을 주신단 말입니까? 주님 앞에 마른 막대기요, 타다 남은 재가 아닙니까? 그런데 웬 은혜, 웬 사랑으로 이렇게 큰 은혜를 베풀어 주신단 말입니까? 주님, 제가 주님 앞에 무엇이기에 이토록 큰 축복을 주신단 말입니까…."

♪ 내가 주님 앞에 무엇입니까 / 마른 막대기가 아닙니까
　내가 주님 앞에 쓸모없었던 / 타다 남은 재가 아닙니까
　나를 도우소서 일으키소서 / 나와 동행하사 힘 주시고
　내 영혼 기쁨을 얻게 하시어 / 주님을 기쁘게 하옵소서

우리도 이런 감사를 해야 합니다. 감사를 하되, 이런 자원제를 드려야 합니다. 낙헌제적 감사를 해야 합니다. 누가 시켜서가 아니라

자원하여 창의적 감사를 드려야 합니다.

2) 억지로라도 감사를 합니다.

우리 마음이 성령충만해서 항상 자원하는 감사를 하면 얼마나 좋겠습니까? 그러나 우리도 사람인지라 자원하는 감사가 안 나올 때가 있습니다. 감사는커녕 불평, 원망부터 나올 때가 있습니다. 이때 우리는 억지로라도 감사를 해야 합니다. 마음에는 없지만 일단 입으로 감사를 하는 것이 좋습니다.

그래서 옛날 선배 목사님들은 자원하는 감사가 안 나오면 꾸어서라도 감사를 하라고 했습니다. 아무리 불평이 나오고 원망이 나와도 일단 입으로라도 감사를 하라는 것입니다. 억지로라도 감사를 하라는 것입니다. 꾸어서라도 감사를 하라는 것입니다. "주여, 감사합니다. 아이씨, 감사합니다. 아이구, 감사합니다. 아휴, 감사합니다."

3) 선불 감사를 하는 것이 좋습니다.

> 신 16:15 네 하나님 여호와께서 택하신 곳에서 너는 이레 동안 네 하나님 여호와 앞에서 절기를 지키고 네 하나님 여호와께서 네 모든 소출과 네 손으로 행한 모든 일에 복 주실 것이니 너는 온전히 즐거워할지니라

하나님께서 복을 주셨기 때문에 기뻐하고 감사할 것이 아니라 앞

으로 복을 주실 것을 인하여 먼저 감사하라는 것입니다. 아직은 복을 받은 상태가 아니라 할지라도, 현재는 큰 복을 받지 않았을지라도, 앞으로 반드시 복을 받을 것을 믿고 선불로 감사를 드리라는 말입니다.

선불 감사를 하려면 어떻게 해야 합니까? '감사'가 영어로 뭡니까? 'thank'입니다. 'thank'란 말이 어디서 나온 지 아십니까? 'think'에서 나왔습니다. 그러니까 감사는 생각을 해야 한다는 것입니다. 우리가 곰곰이 생각해 보면 감사할 일이 너무 많습니다. 그러니까 선불 감사를 하게 되는 것입니다. 지나온 모든 일들을 생각해도 감사한 것입니다.

제가 목회를 하면서 보면, 복 받을 사람들은 먼저 하나님께 감사부터 합니다. 그런데 복 못 받을 사람들을 보면, 먼저 불평하고 원망부터 합니다. 서양 속담에 "행복은 감사의 문으로 들어오고 불평의 문으로 나간다"는 말이 있습니다. 그러므로 우리는 어려울 때일수록 하나님께 먼저 감사부터 해야 합니다. 상황이 힘들고 형편이 어려울수록 복 주실 것을 믿고 오히려 하나님께 선불 감사를 드려야 합니다. 그럴 때 하나님의 기적이 임하고 더 위대한 축복이 임할 것입니다.

오늘 우리는 어떤 사람입니까? 감사를 하고 사는 사람입니까, 아니면 감사를 잊어버리고 사는 사람입니까? 그래서 우리에게는 맥추감사주일이 있고 추수감사주일이 있는 것입니다. 우리는 하나님의 은혜를 잊고 자원제를 드리는 것을 잊을 때가 있습니다. 그래서 깨닫는 것이 은혜입니다. 우리가 추수감사주일을 통해서 다시 감사를 깨닫는 것입니다. 지난주에도 감사하고 헌신했는데 또 감사주일이 돌아와서 또 감사해야 하느냐 하고 생각할 수도 있습니다. 이런 사람은 옛날에 가난한 집 제사 돌아오듯 감사하는 사람입니다. 그러나 정말 하나님 은혜가 감사하고 감사한 사람은 또 감사를 하게 되는 것입니다. 감사의 옥합을 깨뜨리는 것입니다.

외아들을 잃은 어머니의 네 가지 감사

혼자 사는 어떤 분이 스물두 살 난 외아들을 잃었습니다. 딸도 없고 그 아들 하나뿐이었는데 갑자기 사고로 죽었습니다. 얼마나 큰 슬픔입니까? 그런데 이분은 절망하거나 하나님을 원망하기는커녕 오히려 네 가지 의미에서 하나님 앞에 감사를 했습니다. 그 내용이 매우 감동적이기에 소개합니다.

첫째, 하나님께서 남편도 없이 외로운 자신에게 아들을 주셔서 22년 동안 함께 살게 해주신 것을 감사합니다.

둘째, 아들을 잃음으로 해서 이제야 비로소 독생자를 주신 하나님의 사랑을 깨닫게 해주시니 감사합니다.

셋째, 내가 데리고 있는 것도 좋지만, 더 좋은 곳인 천국에 있게 해주신 것을 감사합니다.

넷째, 내 것인 줄 알고 살았는데, 하나님의 것임을 알게 해주셔서 감사합니다.

스물두 살 난 외아들을 잃은 어머니에게서 이렇게 많은 감사의 제목이 나왔습니다. 우리의 감사 생활을 점검해야 합니다. 우리가 드리는 감사의 헌신이 정말로 귀하고 값지게 쓰일 것입니다. 하나님께서 우리에게 넘치고 넘치는 복을 더 주실 것입니다. 마음의 기쁨과 복을 주실 것입니다. 육신의 건강의 복도 주실 것입니다. 우리의 삶이 형통하고 승승장구하는 기적의 축복을 주실 것입니다.

11.
주님을 울리고 싶은 당신에게

"예수께서 예루살렘으로 가실 때에 사마리아와 갈릴리 사이로 지나가시다가 한 마을에 들어가시니 나병 환자 열 명이 예수를 만나 멀리 서서 소리를 높여 이르되 예수 선생님이여 우리를 불쌍히 여기소서 하거늘 보시고 이르시되 가서 제사장들에게 너희 몸을 보이라 하셨더니 그들이 가다가 깨끗함을 받은지라 그중의 한 사람이 자기가 나은 것을 보고 큰 소리로 하나님께 영광을 돌리며 돌아와 예수의 발 아래에 엎드리어 감사하니 그는 사마리아 사람이라 예수께서 대답하여 이르시되 열 사람이 다 깨끗함을 받지 아니하였느냐 그 아홉은 어디 있느냐"(눅 17:11-17).

애드워드 스펜서의 슬픈 희생

1860년 9월 8일 오후 2시쯤 일리노이주 미시건 호수에서 증기선끼리 심하게 충돌하는 사건이 일어났습니다. 미시건 호수가 얼마나 큰 줄 아십니까? 바다나 다름없는 호수입니다. 그런데 두 배가 서로 부딪쳐 버렸습니다. 이 사고로 승객 279명을 태운 배가 박살나 버렸습니다. 그래서 구명정에 오른 소수의 사람 외에 대부분의 승객과 승무원은 다 사망하였습니다.

그런데 그날 밤, 근처 대학 기숙사에서 자고 있던 노스웨스턴 대학의 학생 애드워드 스펜서는 물에 빠져 죽어 가는 사람들의 비명 소리를 듣고 호수로 달려갔습니다. 그리고 6시간 동안 헤엄을 치면서 구조 활동을 벌여 17명이나 되는 승객을 구출했습니다. 위험을 무릎쓰고 한 명씩 구조했던 그의 몸은 한계점에 다다랐습니다. 그래서 파손된 배의 날카로운 잔해로 몸에 상처를 입고는 마침내 그는 피투성이가 된 채 쓰러지고 말았습니다. 병원에서 정신을 차리고 깨어난 후 그의 영웅적 행동은 미국 전역에 대서특필로 다뤄졌습니다.

그의 모교 노스웨스턴 대학은 체육관에서 그에게 상패를 수여하고 도서관에다 영구적으로 기록해서 그의 선행을 기념하고 있습니다. 하지만 그의 감동적인 이야기 속에는 두 개의 슬픈 각주가 달리게 되었습니다. 첫째는 그가 너무 심한 부상을 당하여 평생을 휠체어를 의지하며 살아야 했다는 것입니다. 둘째는 그로부터 구출 받은 17명 중 훗날 그를 찾아와서 고맙다는 인사를 한 사람이 한 명도 없었다는 것입니다.

세상에 어쩌면 그럴 수가 있습니까? 평생을 휠체어에 의지하며 살 정도로 수영을 해서 17명이나 구출해 줬다면 그 17명 모두가 백

골난망하는 마음으로 그에게 찾아와 감사하는 마음을 표현해야 하지 않을까요? 그만큼 17명 모두는 감사를 잊어버리고 살았던 사람들입니다.

한센병 환자의 비애

누가복음 17장에서도 비슷한 일을 소개하고 있습니다. 옛날에는 한센병 환자를 문둥병 환자라고 불렀습니다. 그런데 이 한센병은 요즘이야 의학이 발달해서 100퍼센트 고칠 수 있지만, 당시로는 전혀 고치지 못하는 질병이었습니다. 그런데 예수님이 열 명의 한센병 환자들을 아주 깨끗하게 고쳐 주셨습니다. 예수님이 예루살렘으로 가실 때에, 사마리아와 갈릴리 사이로 지나가셨습니다. 그때 거기서 한센병 병자 열 명이 예수님께 나아오는 것입니다.

> **눅 17:12-13** 한 마을에 들어가시니 나병 환자 열 명이 예수를 만나 멀리 서서 소리를 높여 이르되 예수 선생님이여 우리를 불쌍히 여기소서 하거늘

그들은 예수님께 가까이 나오지도 못하고, 그저 멀리 서서 외쳤습니다. 왜 그랬을까요? 당시 그들은 가장 부정한 사람들이라고 여겨졌기 때문입니다. 가까이 오면 전염이 되고 부정 탄다고 여겨졌기 때문에, 그들은 절대로 다른 사람 곁에 가까이 올 수 없었습니다.

왜냐하면 당시엔 '하늘로부터 저주를 받은 병'이라고 여겨졌기 때

문입니다. 물론 요즘은 그렇게 생각해서는 안 됩니다. 오히려 그분들을 귀히 여기고 존중해 드려야 합니다. 그러나 2천 년 전, 예수님 당시 이스라엘 사람들에게 한센병은 그야말로 '저주받은 병'으로 여겨졌습니다. 당시에는 한센병이 치료되는 일은 거의 없었습니다. 아예 치료 방법이 없었으므로 손을 쓰지도 않았습니다.

그러므로 당시 한센병은 '죽음의 시작'이나 다름없었습니다. 한 번 걸렸다면, 그때부터 거의 죽은 사람이 되어 남은 생애를 살아야 했기 때문입니다. 그래서 이스라엘 사람들은 '이 한센병이야말로 악마가 가져다준 것이다. 하나님 앞에 저주를 받아서, 하나님 은총 밖으로 쫓겨난 것이다'라고 생각한 것입니다.

그뿐만 아니라 '그 영혼이 병들어서, 완전히 저주를 받았기에, 내적인 영혼의 병이 겉으로 표출된 것이다'라고 생각했습니다. 따라서 당시 사람들이 한센병 환자를 볼 때는 불쌍히 여기기보다 오히려 더럽게 여겨야 했습니다. 그래서 일단 한센병에 걸리면 아무리 사랑하는 남편이나 아내나 자녀라도 같이 살 수가 없었습니다.

구약의 율법에 의하면, 반드시 한센병 환자는 격리되어 진 밖으로 쫓겨나야 했던 것입니다. 그래서 진 밖에서 한센병 환자들끼리 모여서 살 수 밖에 없었습니다. 그리고 당시 미쉬나에 의하면, 아무리 피를 나눈 친족이라 할지라도, 한센병 환자와 이야기하기 위해서는 적어도 네 규빗 떨어져야만 했습니다. 1규빗이 45~55센티미터이니, 네 규빗이면 1.8~2미터입니다.

왜냐하면 혹시 넘어지더라도, 한센병 환자에게 닿지 않기 위해서입니다. 그리고 한센병 환자를 만나더라도, 바람을 등지고 만나야 했습니다. 왜냐하면 당시엔 한센병이 전염이 되는 것으로 여겨졌기 때문입니다. 그래서 만일 바람이 한센병 환자 쪽에서 불어오는 경우에는 100규빗, 즉 45~50미터나 떨어져 있어야 했습니다. 만약 이 율법을 어기면 한센병 환자는 돌에 맞을 수밖에 없었습니다.

이렇게 이 사람들은 하나님의 공동체로부터 전적으로 단절되어 있었습니다. 그러니 하나님의 성전에도 들어가지 못합니다. 아니, 가정에서 쫓겨난 후로는 절대로 다시 가정으로 돌아갈 수도 없었습니다. 그래서 어쩔 수 없이 들판이나 은밀한 동굴 속에서 방황하며 살아야 했습니다.

이따금씩 동네 사람들이 그들을 불쌍히 여기며 음식을 가져다주더라도 가까이 가서 주지 못합니다. 굴속으로 던져 주어야 했습니다. 완전히 가족으로부터도 버려진 삶을 살아야 했던 것입니다. 하나님과의 관계도 단절되고, 사람들도 만날 수 없었습니다. 그들은 가족 공동체로부터도 완전히 소외된 사람들이었습니다. '벤허'라는 영화를 보면 그런 장면이 나오지 않습니까? 그래서 그들은 동굴에서 살며 밖으로 나오지도 못했습니다. 만약 길거리에 나오면, 건강한 사람들은 그들에게 돌을 던져야 했습니다. 그래서 당시에는 돌에 맞아 죽은 한센병 환자도 있었습니다. 얼마나 불쌍한 일입니까?

한센병 환자들의 애달픈 詩

그런데 이것은 우리나라에서도 마찬가지입니다. 제가 어린 시절만 해도, 한센병 환자가 동구 밖에라도 나타나면 동네 사람들이 돌을 던졌습니다. 그리고 아이들은 무조건 도망가라고 했습니다. 한센병 환자가 애들을 잡아먹는다고 생각했기 때문입니다. 옛날에는 어린 아이들의 심장을 빼먹고 간을 빼먹으면 한센병이 낫는다는 속설이 있었습니다.

그래서 한센병 환자들은 다리 밑 같은 데에서 몇 명이 모여서 살았습니다. 그런데 나중에는 그런 사람을 강제로 잡아다가 한곳에 모았습니다. 저희 고향에도 그런 사람을 잡아다가 감금시켜 놓은 수용시설이 남원산성에 있었습니다.

특별히 우리나라에서 가장 큰 한센병 환자 집단 수용소가 소록도에 있습니다. 제가 언젠가 소록도에 가본 적이 있습니다. 그 소록도는 일제 강점기부터 있었습니다. 소록도는 조그마한 아름다운 섬입니다. 그런데 일제 강점기부터 모든 한센병 환자들을 잡아다가 거기에 수용했습니다.

그런데 거기에 한 번 들어가면 영원히 나올 수가 없습니다. 한센병 환자 중에는 낫는 사람도 있을 것 아닙니까? 그렇더라도 거기에 한 번 들어가면 나아도 나오지 못합니다. 그러니 그곳에 강제로 수용되어 사는 사람들은 고향에 가고 싶어도 가지 못했습니다. 정든 부모님과 형제를 만나고 싶어도 만나지 못했습니다. 거기에서 살다가 거기에서 죽었습니다. 그러니까 다 나았지만 고향으로 돌아갈 수가 없어 고향을 생각하고 부모 형제를 생각하며 외롭게 시를 썼습니다. 그런 그들의 노래와 시들이 보존되어 있습니다.

〈보리피리〉 – 한하운

보리피리 불며 봄 언덕 고향 그리워 피-ㄹ닐니리.
보리피리 불며 꽃 청산 어린 때 그리워 피-ㄹ닐니리
보리피리 불며 인환의 거리 인간사 그리워 피-ㄹ닐니리
보리피리 불며 방랑의 기산하 눈물의 언덕을 지나 피-ㄹ닐니리

그래서 제가 소록도를 다녀와서 이런 시를 쓴 적이 있어요.

〈소록도에서〉

어머니, 나의 삶은 무엇입니까?
보리피리를 불며 고향 생각에 눈물 / 어머니 생각에 또 눈물
그 눈물이 흘러 남해 바다를 / 더욱 짜디짜게 만들고 있습니다

이젠 팔이 없어 편지도 못 쓰고
발이 없어 가지도 못할 뿐 아니라
문드러져 버린 흉한 얼굴로 / 어머니마저 뵐 자신이 없어집니다

그러나 어젯밤 꿈속에서
어머니 무덤 앞에 피어 있는
연분홍 진달래꽃을 보았습니다

발 없는 발로 달려가 / 팔 없는 팔로 진달래를 꺾어
그리운 어머니께 드렸지요

어머니, 나의 삶은 무엇입니까
내 나이도 나를 외면하고 있는데…
그래도 발 없는 발로 무릎을 꿇고
팔 없는 팔로 두 손을 모아
제단 앞에서 감사의 눈물을 흘리는 저는 누구입니까?

단종대의 비극

그런데 그때는, 한센병이 전염될 뿐만 아니라 유전까지 된다고 생각했습니다. 그래서 일본놈들이 거기에 있는 모든 남자들을 다 단종해 버렸습니다. 쉽게 말하면 '거세'를 해버린 것입니다. 거기서도 남녀가 눈이 맞으면, 결혼을 해서 자식 낳고 살 것 아닙니까?

그런데 결혼해서 자식을 낳으면 무조건 한센병 걸린 자식이 태어난다고 생각해서 남자들은 무조건 단종을 시켜 버렸습니다. 그러니 자식이라도 낳고 가정생활이라도 하다가 소록도로 끌려간 사람은 좀 낫겠지만 장가도 못가고 10대, 20대에 한센병에 걸려 끌려온 남자들은 얼마나 애환이 들끓었겠습니까?

이미 소록도에 와서 병이 나았거나 또 앞으로 병이 나을 수도 있는 사람들이 장가도 한 번 가 보지 못하고 단종을 당했으니 말입니다. 쇠침대와 돌침대에 남자들을 강제로 매어 놓고 단종을 시켰습니다. 남자로 태어나서 자기 씨 한 번 뿌려 보지 못하고 단종을 당해야 했던 상황을 상상해 보면 얼마나 처절합니까? 그래서 이동 씨라는 분이 스물다섯 살의 나이에 단종을 당하면서 애달프게 쓴 시가 있습니다. 바로 '단종대'라는 시입니다.

〈단종대〉 - 이동

그 옛날 나의 사춘기에 꿈꾸던 / 사랑의 꿈은 깨어지고
여기 나의 25세 젊음을 / 파멸해 가는 수술대 위에서
내 청춘을 통곡하며 누워 있노라
장래 손자를 보겠다던 어머니의 모습 / 내 수술대 위에서 가물거린다
정관을 차단하는 차가운 메스가 / 내 국부에 닿을 때
모래알처럼 번성하라던 / 하나님의 섭리를 역행하는 메스를 보고
지하의 히포크라테스는 / 오늘도 통곡한다

얼마나 가슴이 미어지고 애달프게 하는 시입니까? 한센병이 이렇게 무서운 질병이었습니다. 한센병에 걸리면 먼저 사람의 피부가 화장한 것처럼 희어지기 시작합니다. 그렇게 희어진 다음 그 부위가 반짝반짝 하면서 잠시 빛이 납니다. 그러다가 나중에는 눈썹이 빠지고 머리카락이 빠집니다. 그 다음에는 눈에서 진물이 나고 손톱도 빠집니다. 그리고 코가 문드러져 없어지기 시작하고 이도 빠집니다.

그리고 손가락이 빠지고 손마디도 빠집니다. 그러다가 마침내 전신의 마디마디가 다 썩어 문드러져 버립니다. 그리고 온몸이 썩어들어갑니다.

그런데 이상한 것은 그런 과정에서도 끝까지 아픈 것을 모른다는 것입니다. 어느 부분도 아프지가 않습니다. 손마디가 다 끊어져 가는데도 아픈 줄을 모릅니다. 살이 썩어 냄새가 나는데도 아픈 줄을 모른다는 말입니다. 그렇게 온몸이 썩어 들어가다가 사람이 죽게 되는 것입니다.

과거 우리나라는 그나마 한 달에 한 번 혈육을 만나는 시간이 있었습니다. 서로 떨어져서 눈으로 보고 몇 마디 나누다가 곧 헤어지곤 했습니다. 소록도에 있었던 그 장소를 '탄식의 장소'라 해서 '수탄장'(愁嘆場)이라 합니다. 얼마나 한 맺히고 가슴 아픈 만남이었을지 한번 상상해보세요.

그러나 유대인들은 죽을 때까지 저런 만남조차 주어지지 않았으니 그 비탄함이 얼마나 컸을까요? 그런데 이런 몹쓸 병에 걸린 사람들이 어느 날 갑자기 그 병에서 고침을 받는다면 얼마나 기쁘겠습니까? 얼마나 황홀하겠습니까? '벤허'라는 영화를 보면 그런 장면이 나오지 않습니까? 한순간에 한센병이 고침을 받는 감격적인 장면 말입니다. 주님의 은혜로 치유의 기적이 일어나면 얼마나 감격스럽겠습니까? "주여! 우리에게도 그런 기적이 임하게 하옵소서. 우리의 마음이 한센병에 들었습니다. 그래서 감사를 잊고 살았습니다. 주여! 우리 마음, 우리 몸을 치유하여 주옵소서. 황홀한 은혜를 주옵소서."

♪ 황홀한 주의 은혜 이 죄인을 고치셨네
　십자가 부여안고 주의 사랑 채운 마음
　나의 왕 나의 임금 나의 사랑 드립니다
　하나님 손길 떠나 버림 받은 이 죄인이
　하나님 은혜 없인 살 수도 없습니다
　죄악과 욕심으로 병들었던 이 내 몸
　황홀한 주의 은혜 이 죄인을 고치셨네

열 명의 한센병 환자를 치유하신 예수님

바로 오늘 그런 사건이 누가복음 17장에 소개되고 있습니다. 누가복음 17장에 나오는 열 명의 한센병 환자들도 집에서 쫓겨나서 격리된 생활을 하고 있었습니다. 그러던 중에 예수님에 대한 소문을 듣고 예수님께 나왔습니다. 그런데 바람이 예수님 쪽으로 부니까 가까이 가지 못하고 멀리 서서 예수님께 부르짖는 것입니다.

"예수님, 우리에게 은혜를 베풀어 주십시오. 우리에게 자비를 베풀어 주십시오. 우리는 너무 비참한 삶을 살고 있습니다. 우리의 삶은 너무나 처참합니다. 우리는 고향으로 돌아가지 못할 뿐만 아니라, 가족들에게도 돌아가지 못합니다. 가족들을 만날 수도 없습니다.

우리의 몰골이 얼마나 비참합니까? 너무 멀리 있기에 잘 안 보이십니까? 우리의 몰골은 이렇게 형편없습니다. 그러나 지금 예수님께서 우리에게 은혜를 베풀어 주시면 됩니다. 아무리 형편이 비참하고 상황이 비루하다 할지라도 우리 예수님께서 우리에게 자비만 베풀어 주시면 됩니다. 은혜만 베풀어 주시면 됩니다. 그러니 제발 우리를 불쌍히 여겨 주옵소서."

> ♪ 주여 나의 병든 몸을 지금 고쳐 주소서
> 모든 병을 고쳐 주마 주 약속하셨네
> 내가 지금 굳게 믿고 주님 앞에 구하오니
> 주여 크신 권능으로 곧 고쳐 주소서

그러자 예수님께서 그들에게 얼른 가서 제사장들에게 너희의 몸을 보이라고 말씀하십니다.

> 눅 17:14 보시고 이르시되 가서 제사장들에게 너희 몸을 보이라 하셨더니 그들이 가다가 깨끗함을 받은지라

왜 예수님께서 그들에게 제사장에게 가서 그들의 몸을 보이라고 하셨습니까? 왜냐하면 구약 시대에는 불완전한 자나 부정한 자는 성전에 들어갈 수 없었기 때문입니다. 하나님의 성전에는 완전한 하나님이 계시기에 부정하고 불완전한 자는 들어갈 수 없었습니다. 그래서 성전에 못 들어가는 사람들은 하나님 나라의 공동체, 혹은 하나님의 언약 공동체로부터 이탈되고 제외되었습니다. 특별히 당시 한센병은 가장 부정하다고 여겨졌기에 더더욱 성전에 들어갈 수 없었습니다.

그러나 만약 그들이 하나님의 은혜로 고침을 받고 제사장에게 치유가 되었다는 진단만 받으면 하나님의 성전에 들어갈 수 있습니다. 그 진단법이 레위기 14장에 소개되어 있습니다(레 14:1-9). 그래서 제사장의 확인을 받으면 그들은 정식으로 하나님의 성전에 가서 언약 공동체의 축복을 누리고 하나님의 나라를 누릴 수 있게 됩니다.

그런데 지금 예수님께서 그 한센병 환자들에게 빨리 가서 그들의 몸을 제사장에게 보이라고 하십니다. 그렇게 해서 성전에 가서 하나님 나라의 축복을 누리라는 것입니다. 그러자 그들이 예수님의 명령을 따라 예루살렘에 있는 성전을 향해 달려갔습니다. 그런데 가는 도중에 자기들의 몸이 깨끗해진 것을 발견한 것입니다.

한순간에 문드러졌던 코가 다시 생기고 떨어져 나갔던 살점이 다시 돋아났으며 얼굴이 하나님의 손에서 재창조되었습니다. 그래서 얼마나 이목구비가 뚜렷하고 잘생긴 얼굴로 거듭났는지 모릅니다. 세상에 이런 기적이 어디 있습니까? 이런 신기한 은혜가 어디 있습니까?

> 눅 17:14 … 그들이 가다가 깨끗함을 받은지라

여기서 깨끗함을 받았다는 말은, 부정한 한센병으로부터 완전히 정결하게 되었다는 말입니다. 흐물거리던 피부만 원상태로 돌아온 것이 아니라 이목구비가 깨끗해졌다는 말입니다. 만일 그들 중에 눈이 빠진 자가 있었다면 눈도 새로워졌을 것이고, 코가 떨어진 사람이 있었다면 코도 새롭게 되었을 것입니다. 그리고 손가락이 떨어진 사람이 있었다면 손가락도 다시 재생되었을 것입니다.

이런 기적과 은혜가 어디 있단 말입니까? 하나님의 은혜가 임하면 이렇게 됩니다. 우리 예수님이 그들을 불쌍히 여기기만 하면 이렇게 됩니다. 예수님께서 그들에게 자비만 베풀어 주시면 이렇게 된단 말입니다. 그런 것처럼 오늘 우리에게도 은혜만 임하면 됩니다. 하나님의 자비만 임하면 됩니다. 하나님의 연민의 축복이 임하면 됩니다.

삶이 힘드십니까? 병으로 고생하십니까? 물질 때문에 힘드십니까? 가정이 힘드십니까? 그럴수록 우리 주님께 구해야 합니다. 나의 인생길에 주님께서 은혜를 베풀어 주시면 됩니다. 나의 삶의 현장에 부디 주님께서 은혜를 베풀어 달라고 기도해야 합니다.

> ♪ 자비하신 예수여 내가 사람 가운데
> 의지할 이 없으니 슬픈 자가 됩니다
> 마음 심히 어두니 밝게 하여 주소서
> 나를 보호하시고 항상 인도하소서
> 죄를 지은 까닭에 나의 맘이 곤하니
> 용서하여 주시고 쉬게 하여 주소서
> 천국 가고 싶으나 나의 공로 없으니
> 예수 공로 힘입어 천국 가게 하소서

주님을 울게 한 사마리아인의 감사

그런데 여기에서 진짜 중요한 문제가 생겼습니다. 그 열 명 중에서, 단 한 명만 주님께 돌아온 것입니다. 한 사람만 주님께 돌아와서 큰 소리로 영광을 돌렸습니다. 그는 달려와서 예수님 발 앞에 엎드려 감사하며 영광을 돌렸습니다. 그런데 그는 남왕국 사람이 아니라 북왕국 이스라엘의 사마리아 사람이었습니다.

> **눅 17:15-16** 그중의 한 사람이 자기가 나은 것을 보고 큰 소리로 하나님께 영광을 돌리며 돌아와 예수의 발아래에 엎드리어 감사하니 그는 사마리아 사람이라

열 명이 고침을 받았지만 사마리아 사람 한 사람만 예수님께 달려 왔습니다. 그러자 예수님이 "열 사람이 다 깨끗함을 받지 않았느냐? 왜 너만 왔느냐? 나머지 아홉은 어디 있느냐?"라고 물어 보십니다. 다시 말하면 "나머지는 다 어디 가고, 이방인이나 다름없는 사마리아 사람인 너만 왔느냐?" 하시는 것입니다.

> **눅 17:17** 예수께서 대답하여 이르시되 열 사람이 다 깨끗함을 받지 아니하였느냐 그 아홉은 어디 있느냐

그러면 나머지 아홉 명은 어디로 갔을까요? 몇 가지로 추측해 볼 수 있습니다. 첫째는 그 길로 제사장에게 갔다는 것입니다. 둘째는

가족들만 생각하고선 그들에게 달려갔을 것입니다. 그런가 하면 어떤 사람은 '고맙긴 하지만 가족부터 만나고 격식을 갖추어서 다음에 예수님도 찾아뵙자!'고 생각했을 수도 있습니다.

그러나 예수님이 진정으로 기뻐했던 것이 무엇입니까? 한 사람의 사마리아인이 껑충껑충 뛰면서 그 모습 그대로 찾아오는 것이었습니다. 그에게는 찾아가야 할 가족이 없었을까요? 아닙니다. 그러면 왜 사마리아인이 그렇게 주님부터 찾아왔을까요? 그만큼 감격과 감사가 컸기 때문입니다. 그래서 그는 예수님께 엉엉 울며 달려와서 눈물로 얘기하는 것입니다.

"예수님, 감사합니다. 보시다시피 제가 이렇게 깨끗해졌습니다. 세상에 주님 말씀대로 순종하고 갔더니, 가던 중에 한센병이 다 나아 버렸습니다. 세상에 이럴 수가 있습니까? 어떻게 이런 기적이 일어날 수 있단 말입니까? 주님, 감사합니다. 뭐라고 감사의 보답을 드려야 할까요? 이제 저는 주님만 따르며 살겠습니다. 주님의 은혜를 죽는 그날까지 잊지 않고 주님만 섬기며 살겠습니다."

♪ 이제 내가 예수만을 의지하리라 진정 놓지 않으리
　오 주님께서 나를 살리셨네 전혀 알지 못했던 은혜일세
　오 주님께서 나를 살리셨네 십자가의 피로 구원하셨네
　오 주님께서 나를 살리셨네 전혀 알지 못했던 은혜일세

아, 그는 얼마나 감사했겠습니까? 주님의 은혜로 이 사마리아 한센병 환자는 인생이 180도로 바뀌게 되었습니다. 그에게 한센병에서 고침 받은 것보다, 가족들을 만나는 것보다 더 우선되고 큰 축복은 아니 그의 인생에 있어서 가장 위대한 축복은 주님을 만난 것이었습니다.

그러니 어찌 그가 평생 주님을 잊을 수 있겠습니까? 이제 그는 꿈에도 그리던 고향, 가족의 품으로 갈 수 있습니다. 그토록 그리던 자녀들 그리고 사랑하는 부모님과 아내의 품으로 돌아갈 수 있게 된 것입니다. 그러니 얼마나 감사하고 감격스러웠겠습니까? "여보, 내가 왔소. 아들아, 딸아, 아빠가 왔다. 나사렛 예수님이란 분을 만나 이렇게 깨끗하게 고침을 받고 왔단다. 얼마나 감사하냐? 아! 하나님, 감사합니다. 오! 예수님, 감사합니다."

> ♪ 한량없는 은혜 갚을 길 없는 은혜
> 내 삶을 에워싸는 하나님의 은혜
> 나 주저함 없이 주님께 온 것은
> 나를 치료하신 은혜 때문이에요

이때 주님이 얼마나 기뻐하신 줄 아십니까? 주님이 너무 감격해하셨습니다. 아니, 주님이 마음속으로 우셨을 것입니다. 주님이 얼마나 감격하셨으면 이렇게 말씀을 하셨겠습니까?

눅 17:17 예수께서 대답하여 이르시되 열 사람이 다 깨끗함을 받지 아

니하였느냐 그 아홉은 어디 있느냐

"사랑하는 아들아, 그 아홉은 어디 가고 너만 왔단 말이냐. 그 아홉 명의 한센병 환자들도 깨끗함을 받았다고 기뻐하며 춤을 추었을 텐데…. 그들은 다 어디로 가고 너만 나를 찾아왔단 말이냐. 나머지 아홉 명은 도대체 감사가 무엇인지도 모르고 어떻게 감사를 해야 할지도 몰랐을 텐데, 어찌하여 너는 이렇게 감사를 깨달았을 수 있었단 말이냐. 네가 내 마음을 울리는구나. 너야말로 내 마음 안에 눈물의 강을 흐르게 하고 있구나."

아마 예수님은 틀림없이 여기서 눈물을 흘리셨을 것입니다. 너무 감격하여 마음으로 울고 또 우셨을 것입니다. 예수님도 이 땅에 육신으로 오셨기 때문에 이런 감정 표현은 우리와 다를 바가 없었을 것입니다. 우리 몸은 도저히 주체할 수 없는 기쁨과 감격이 가득할 때 도리어 반대되는 부정적 신체 반응이 나오게 되어 있습니다. 그것이 바로 눈물입니다.

그래서 너무나 기쁘고 즐거운 순간 우리는 눈물을 흘리고야 맙니다. 그러니 이 사람은 집에 가서도 주님의 은혜를 잊지 않았을 것입니다. 그는 집에 가서 가족들과 함께 살 때도 주님의 사랑을 잊지 않았을 것입니다. 항상 감사하며 살았을 것입니다. 아침에 일어날 때도 주님을 생각하고, 가족들과 외출할 때도 주님의 은혜를 생각하고 또 생각했을 것입니다. 아니, 깊은 밤중에도 문득문득 주님을 떠올리며 감사했을 것입니다.

예수님은 그가 집에 가서도 예수님을 잊지 않고 감사할 것을 미리 아셨을 겁니다. 그래서 예수님은 너무 감격해서 우셨을 것입니다. 이 사마리아 한센병 환자가 주님을 감격시키고 울게 했다면 우리도 주님을 울게 해야 하지 않겠습니까? 주님이 슬퍼서 우는 것이 아닙니다. 주님이 우리를 바라보시고 우리의 모습이 너무나 기특하고 너무 감동을 받으셔서 눈물을 흘리고 울게 하자는 것입니다.

주님의 마음을 감동시켜 울릴 수 있는 비결이 무엇인지 아십니까? 그것은 우리가 주님의 은혜를 잊지 않고 감사하는 것입니다. 그냥 감사하는 것이 아니라 특별한 감사를 하는 것입니다. 남보다 더 많이 감사하고 남보다 더 특별하게 주님을 감동시키는 감사를 드리는 것입니다.

그렇게 해서 주님이 우리를 바라보고 우시며 눈물을 흘린다면 우리 인생은 끝나는 것입니다. 우리 인생은 걱정할 것이 없습니다. 두려워할 것이 없습니다. 그때부터 우리 인생을 주님이 책임져 주시고 보증해 주시며 역사해 주시기 때문입니다.

우리도 사마리아 한센병 환자처럼 주님을 울리고 싶지 않습니까? 남보다 더 특별한 감사를 해보세요. 남보다 더 뛰어난 감사를 해보세요. 우리의 감사가 미흡하고 부족했다고 느껴지시면 이 말씀을 들은 이후에 우리의 감사를 다시 표현해 보세요. 우리의 진정한 옥합을 깨뜨려 보세요. 우리의 감사의 고백과 헌신을 받으시고 주님께서 너무 즐거워 우실 것입니다. 주님께서 너무 기뻐서 춤을 추실 것입니다. 우리 모두 이런 특별한 감사의 주인공들이 되어야 할 것입니다.

12.
삶이 허무한 당신에게

"다윗의 아들 예루살렘 왕 전도자의 말씀이라 전도자가 이르되 헛되고 헛되며 헛되고 헛되니 모든 것이 헛되도다 해 아래에서 수고하는 모든 수고가 사람에게 무엇이 유익한가 한 세대는 가고 한 세대는 오되 땅은 영원히 있도다"(전 1:1-4).

소세양과 황진이의 애틋한 사랑

양곡 소세양 선생에 대해서 들어 본 적이 있습니까? 소세양 선생님은 저희 진주 소가의 문중 선조이십니다. 중종 때 이조판서, 호조판서, 병조판서를 지내고 나중에는 좌찬성 대제학을 지내신 분이셨습니다. 참으로 문무에 능하신 분이었습니다.

그런데 저는 이분이 황진이와 깊은 연이 있었다는 것은 얼마 전에 알았습니다. 국립국어원 원장인 소강춘 교수가 제 조카뻘 되는 분인데 믿음이 훌륭한 장로님입니다. 이분이 저에게 선교 문제로 찾아오셔서 이야기를 하던 중 소세양 선생님과 황진이와의 관계를 말씀해 주시는 것입니다.

조선 시대에 황진이라는 명기가 있었습니다. 그런데 이 황진이는 시와 문장에 달인이었습니다. 그녀의 시문이 당대 어지간한 유생들과는 비교도 할 수 없었고 웬만한 문장가도 따라갈 수 없을 정도였습니다. 그러므로 황진이와 잠시 대화라도 하려면 반드시 시와 문장, 예술적 감성이 극치에 달해야 했습니다.

물론 당시 기생이라고 하면 천박하고 부정적인 존재로 생각되지만, 그래도 황진이는 그런 기생과는 아주 다른 여자였습니다. 그래서 소세양 선생님도 송도에 있는 황진이에 대한 소문을 듣고 한번 찾아갔습니다. 자신의 시문과 작문을 평가해 보려고 간 것입니다. 그런데 황진이가 소세양 선생님 시문에 바로 감동을 받았습니다.

그래서 한 달 동안 동거를 했다고 합니다. 그러다가 마침내 헤어져야 했는데, 그때가 지금 같은 늦가을이었다고 합니다. 늦가을 마지막 날 밤, 하얀 달빛 아래서 황진이가 가야금을 뜯으며 '소세양 판서님과 이별에 즈음하여'라는 제목으로 시를 한 수 읊었습니다.

달빛 아래 오동잎 모두 지고 / 서리 맞은 들국화 노랗게 피었구나
누각은 높아 하늘에 닿고 / 오가는 술잔은 취하여도 끝이 없네
흐르는 물은 거문고와 같이 차고 / 매화는 피리에 서려 향기로워라

> 내일 아침 님 보내고 나면 / 사무치는 정 물결처럼 끝이 없으리

황진이가 가야금을 뜯으며 즉흥적으로 이 시를 읊었습니다. 그리고 황진이는 눈물을 흘리며 소세양 선생님을 보냈다고 합니다. 한마디로 소세양 선생님은 황진이를 울게 만들었던 분입니다. 그러니 그 후로도 황진이는 소세양 선생님을 잊지 못하고 연모의 시를 지어서 보냈다는 것이 아닙니까? '야사하'라는 명시 중의 명시입니다.

> 소슬한 달밤 무슨 생각을 하오신지
> 뒤척이는 잠자리는 꿈인 듯 생시인 듯
> 님이시여 때로는 제가 드린 말도 적어 보시는지
> 이승에서 맺은 연분 믿어도 좋을는지요
> 멀리 계신 님 생각, 끝없어도 모자란 듯
> 하루하루 저를 그리워하시나요
> 바쁜 중에도 돌이켜 생각함이란 괴로움일까, 즐거움일까
> 참새처럼 지저귀어도 제게 향하신 정은 여전하신지요
> 그대를 생각하다 보면 모든 게 궁금하네요

황진이가 얼마나 소세양 선생님을 동경하고 연모했으면 이런 연시를 지어서 보냈겠습니까? 솔직히 저는 황진이를 별로 생각해 본 적이 없었는데, 우리 문중의 어르신에게 이런 편지를 보냈다고 하니까 황진이를 다시 생각해 봤습니다. 그런데 이 시를 들으면서 어떤

노래 가사가 생각나지 않습니까?

이 시가 얼마나 유명했으면 이 시를 소재로 삼아서 양인자 선생님이 현대적인 언어와 감각으로 새롭게 작사를 하고 그의 남편 김희갑 선생님이 작곡을 하여 '알고 싶어요'라는 곡을 만들었습니다. 이런 것을 표절이라고 하지 않습니다. 옛 것을 소재로 삼아서 현대적으로 재구성한 것이니까요. 그리고 보면 양인자 선생님도 대단한 분입니다. 이런 내용을 1986년에 알고 새롭게 현대 버전으로 작사를 했으니 말입니다.

그리고 그 노래를 그 유명한 국민 디바 이선희 선생님이 불렀습니다. 이 노래는 여자들의 사랑의 서정적 감성을 아주 세심하고 깊이 있게 표현하였는데, 이선희 선생님이 누구도 따라 부를 수 없도록 정말 애절하고 애틋하게 불러 주었습니다. 이 이야기는 유종국 씨에 의해 알려지게 되었습니다.

사실 제가 이선희 선생님의 노래를 좋아하지만, 'J에게', '아 옛날이여' '갈바람' '추억의 책장을 넘기면' '그중에 그대를 만나' 이 정도를 부르는 것이지, 솔직히 목회자가 '알고 싶어요' 이런 노래를 흥얼거리기는 좀 뭐하지 않습니까? 적어도 경계선을 지키고 살아야 하기 때문입니다. 그래서 이 노래를 듣기는 했지만 제 입으로 한 번도 부른 적이 없습니다. 그런데 이 노래의 배경을 알고 나니 저에게 이 노래가 그냥 노래가 아닙니다. 더구나 예수님을 생각하며 하나님께 드린다고 생각하며 불러보니까 은혜가 되기 시작하는 것입니다.

♪ 달 밝은 밤에 그대는(주님은) / 누구를 생각하세요

　잠이 들면 그대는(주님은) / 무슨 꿈 꾸시나요

　깊은 밤에 홀로 깨어 / 눈물 흘린 적 없나요

　때로는 일기장에 / 내 얘기도 쓰시나요

　날 만나 행복했나요 / 나의 사랑을 믿나요

　그대(주님) 생각 하다 보면 / 모든 게 궁금해요

　2절 가사에는 이런 구절이 있습니다. "♪참새처럼 떠들어도 여전히 귀여운가요" 저는 이 구절을 "♪참새처럼 기도해도 여전히 귀여운가요" 이렇게 바꾸어 부릅니다. 우리가 예수님을 향해서 그리고 하나님께 드리는 노래라고 생각하면서 부르면 은혜가 되겠다는 생각을 했습니다. 아무튼 황진이는 소세양 선생을 정말 존경하고 그리워한 것 같습니다.

　그래서 당시 송도뿐만 아니라 한양 땅에 소세양과 황진이가 주고받은 시에 대해서 엄청나게 회자가 되었다고 합니다. 아무튼 당시 상황에서 본다면 양곡 선생은 참 대단한 남자였습니다. 아마 인물도 저처럼 출중했을 것입니다. 문무를 다 겸비한 분이고 말입니다. 더구나 대제학까지 지내신 데다가 황진이로 하여금 눈물까지 흘리도록 만들었으니 수많은 유생과 재상들에게 부러움을 사고도 남았을 것입니다.

　그러므로 당시로서는 아주 폼나고 행복한 삶을 사신 것입니다. 제가 왜 이런 말씀을 드리는지 아십니까? 인생이 계속 이렇게 되면 얼

마나 좋겠어요? 그러나 그런 양곡 선생님도 나이 먹어 늙었을 것입니다. 천하에 문무를 다 갖춘 분도 나이가 먹으면서 얼굴이 쭈글쭈글해지고 허리가 휘어졌을 것입니다. 그래서 병이 들어 시름시름 앓다가 돌아가셨을 것입니다. 이것이 인생입니다.

그러니 그가 인생의 노년을 맞이하여 죽음을 앞두고 어떻게 고백했겠습니까? "아, 너무나 행복했다. 내 인생은 너무나 보람이 있고 가치가 있고 의미가 있었다"라고 고백하며 행복하게 돌아가셨을까요? 천만입니다. 그런 분일수록 인생의 허무함을 느꼈을 것입니다. 인생이 너무나 빠르고 허무하고 속절없다는 것을 느끼고도 남았을 것입니다.

저희 소가는 희귀성이기 때문에, 희귀성인 문중의 선조가 이처럼 시문에 탁월했다는 것을 알고 저는 정말 자랑스럽게 여겼습니다. "아, 우리 희성의 문중에도 이런 어른이 있었구나." 그러나 그때 무슨 복음이 있었습니까? 예수 믿고 구원받는다는 진리가 있었습니까? 결국 영적인 면에서 보면 예수님을 알지 못하고 복음을 듣지 못한 채 그렇게 돌아가신 것입니다.

그러니 보나마나 그분 역시 마음속으로 이렇게 고백하였을 것입니다. "아, 인생이 너무 허무하다. 인생이 너무 속절없다. 아, 돈도 명예도 권력도 쾌락도 다 지나가는구나. 아, 인생은 주막집이요, 하숙생과 같구나." 그러면서 허무한 인생을 한탄하며 돌아가셨을 것이 아닙니까?

하숙생 같은 인생

우리 인생은 하숙생과 같은 것입니다. 하숙생이 거하는 방이 좋든 나쁘든, 크든 작든, 결국 하숙생은 언젠가는 그 하숙집을 떠나야 됩니다. 저는 어릴 때부터 '하숙생'이라는 노래를 잘 알았습니다. 최희준 씨가 불렀던 하숙생을 라디오로 많이 들었기 때문입니다. 그래서 제가 초등학교 때 콩쿨에 나가서 다리를 떨면서 이 노래를 불렀습니다.

> ♪ 인생은 나그네 길 어디서 왔다가 어디로 가는가
> 구름이 흘러가듯 떠돌다 가는 길에
> 정일랑 두지 말자 미련일랑 두지 말자
> 인생은 나그네 길 구름이 흘러가듯 정처 없이 흘러서 간다

비단 소세양 선생님뿐이겠습니까? 황진이도 마찬가지였을 것입니다. 아무리 그녀가 미와 시문을 다 갖추고 가야금까지 잘 뜯는 병창이었다 할지라도 그녀도 나이 먹어 늙었습니다. '화무십일홍'(花無十日紅)이라는 말이 있지 않습니까? 꽃이 아무리 예뻐도 그 예쁨이 10일 이상을 가지 못한다는 것입니다. 황진이가 제아무리 미모가 뛰어나도 60대, 70대가 되면 쪼글쪼글한 할머니가 되었을 것 아닙니까? 그런 할머니를 누가 좋다고 찾아가겠습니까?

그래서 그녀도 마지막 죽음을 맞이할 때 인생의 허무를 느끼며 죽었습니다. "아, 허무한 인생아, 삶이 참으로 헛되고 헛되도다. 그러니 내가 죽으면 나의 몸에 비단옷을 입히지 말고 내 몸을 관속에 넣

지도 말고 그냥 길가에 묻어 주세요. 후대 여자들이 나를 보고 거울을 삼도록 말입니다."

얼마나 허무한 삶이었습니까? 제가 황진이 영화를 보다가 그녀의 인생이 너무나 불쌍해서 눈물이 나와 더 이상 보지 못한 적이 있습니다. 그만큼 우리 인생은 아무리 부귀영화를 다 누려도 헛되고 허무한 것입니다. 그래서 솔로몬도 모든 것이 다 헛되다고 했습니다.

> 전 1:2 전도자가 이르되 헛되고 헛되며 헛되고 헛되니 모든 것이 헛되도다

솔로몬 왕이 누구입니까? 절대명예와 절대권력, 절대쾌락을 누렸던 왕이 아닙니까? 그는 호화로운 궁궐에서 각국의 미녀를 천 명이나 부인으로 두었습니다. 그는 연일연야 매일 연회를 즐겼습니다. 특별히 그는 땅의 무수한 즐거움 중에서도 최상의 즐거움을 다 누렸습니다. 풍악 부대가 나와서 장단을 맞추고, 그 장단에 명월이와 춘심이는 춤을 추고 삼월이는 술을 따르고 화월이와 명월이는 거문고를 타고….

한마디로 주지육림 속에서 그는 한세상을 원 없이 살았습니다. 그러나 그렇게 살았던 솔로몬에게 만족이 없었습니다. 진정한 평안과 기쁨이 없었습니다. 얼마나 공허하고 허무한줄 아십니까? 그래서 그는 이렇게 고백하고 있습니다.

전 2:1 나는 내 마음에 이르기를 자, 내가 시험 삼아 너를 즐겁게 하리니 너는 낙을 누리라 하였으나 보라 이것도 헛되도다

아무리 인생의 즐거움을 누려 보아도 모든 것이 다 헛되고 헛될 뿐이었습니다. 그 모든 것은 피곤하고 인생을 귀찮게 하고 곤고하게 하는 일이었습니다. "피곤하다, 헛되다, 곤고하다…." 바로 이것이 솔로몬의 인생 허무가였습니다. 그래서 옛날 이성봉 목사님이나 이명직 목사님은 이런 노래를 지어 불렀지 않습니까?

♪ 세상만사 살피니 참 헛되구나 부귀공명 장수는 무엇하리요
  고대광실 높은 집 문전옥답도 우리 한 번 죽으면 일장의 춘몽

♪ 꿈결 같은 이 세상을 산다면 늘 살까
  인생의 향락 좋대도 바람을 잡누나
  험한 세상 고난 풍파 일장춘몽이 아닌가
  슬프도다 인생들아 어디로 달려가느냐

그러면 왜 인생이 허무하다고 했습니까?

인생이 허무한 이유

1) 세상이 너무 빠르기 때문입니다.

인생이 왜 이렇게 빨리 지나가는 것입니까? 아무리 아름다운 여자도 시집가서 김장을 30~40번만 담궈 먹으면 할머니가 되어 버립니다. 아무리 건강한 남자도 장가가서 농사 30~40번만 지어 먹으면 할아버지가 되는 것입니다. 그러기에 에단이란 시인은 시편 89편에서 이렇게 고백합니다.

> **시 89:47** 나의 때가 얼마나 짧은지 기억하소서 주께서 모든 사람을 어찌 그리 허무하게 창조하셨는지요

우리의 인생이 너무나 짧다는 것입니다. 그래서 욥은 자기 인생이 베틀의 북보다 더 빠르다고 했습니다.

> **욥 7:6** 나의 날은 베틀의 북보다 빠르니 희망 없이 보내는구나

베틀의 북을 아십니까? 그 베틀의 북은 얼마나 빠르던가요? 그만큼 우리 인생은 빨리 지나간다는 것입니다. 히스기야는 인생의 빠름을 이렇게 고백했습니다.

> **사 38:12** 나의 거처는 목자의 장막을 걷음같이 나를 떠나 옮겨졌고 직공이 베를 걷어 말음같이 내가 내 생명을 말았도다 주께서 나를 틀에서 끊으시리니 조석간에 나를 끝내시리라

우리 인생이 마치 직공이 베를 둘둘 걷어 말아 버리면 끝나는 것과 같다는 것입니다. 하나님이 우리를 그렇게 걷어 말아 버리면 끝나는 것입니다. 한번은 강릉을 다녀왔는데 대관령에 하얀 눈이 쌓여 있었습니다. 국가대표 유도 선수를 하고 김영삼 대통령 수행부장을 하신 유송근 장로님과 사진을 찍었는데 장로님은 코트에 목도리까지 둘렀습니다. 60세가 넘으니까 추위에 벌벌 떠시는 것입니다. 참 세월이 빠르다는 것을 느낍니다.

2) 세상을 위한 인생의 모든 수고가 허무하다는 것입니다.

> 전 1:3 해 아래에서 수고하는 모든 수고가 사람에게 무엇이 유익한가

> 전 2:11 그 후에 내가 생각해 본즉 내 손으로 한 모든 일과 내가 수고한 모든 것이 다 헛되어 바람을 잡는 것이며 해 아래에서 무익한 것이로다

솔로몬이 지내고 보니까 지난날의 모든 수고가 헛되고 바람을 잡는 일이었다는 것입니다. 먼지만 일으키며 사는 일이었다는 것입니다. 다시 생각해 보니까 너무나 무의미하고 허무하고 헛된 일이었다는 것입니다. 어떤 인생이든 하나님과 상관없이 노력한 모든 수고는 인생 말년에 다 헛된 것이라고 고백하지 않을 수 없습니다. 아무리 높은 성을 쌓고 웅장하고 높은 집을 짓고 그 많은 재물과 명예와 권력을 소유해도 그것은 다 허무한 것들입니다.

저는 어린 시절을 시골 촌구석에서 살았기 때문에 땅따먹기나 표딱지 따먹기 놀이를 하고 놀았습니다. 표딱지 따먹기 놀이는 어린 시절의 잊을 수 없는 추억 중의 하나입니다. 마을마다 엿을 팔고 다니는 엿장수가 문제였습니다. 엿장수가 엿이나 팔고 다닐 일이지 무슨 표딱지를 가지고와서 표딱지를 판다는 말입니까?

그 표딱지를 갖고 싶어서 마루 밑과 도랑, 그리고 뒷동산과 앞동산을 다 뒤져서 고물을 모아가지고 가면, 동그랗게 생긴 표딱지를 수십 장을 살 수 있었습니다. 그리고 그것을 가지고 친구들과 표딱지 따먹기를 시작합니다.

처음에는 순서를 정하기 위해 가위, 바위, 보를 먼저 하는데 얼마나 신경을 써야 하는지 모릅니다. 서울에 오니까 '가위, 바위, 보'라고 하던데 우리 시골에서는 '장께세요'라고 했습니다. 그렇게 해서 순서를 정하면 표딱지를 수두룩하게 올려놓고 순서대로 손바닥으로 쳐서 거꾸로 뒤집혀지면 자기 것이 되는 것입니다.

그렇게 해서 넘어뜨리려고 손을 구부리기도 하고, 호호 하고 불기도 하고, 때로는 침을 뱉기도 하였습니다. 손바닥으로 칠 때도 얌전하게 치는 것이 아니라 손을 돌리기도 하고, 그래도 안 넘어가면 욕을 하기도 했습니다. 그것을 따먹으려고 얼마나 손바닥으로 내리쳤는지 고사리 같은 손이 벌겋게 달아올라 탱탱 부었습니다.

그런데 그렇게 열심히 하다가 표딱지 가진 것을 다 잃어버리면 분통이 나서 씩씩거리면서 그날 저녁에는 잠도 안 와서 밤을 지새워야 했습니다. 때로는 손으로 치자마자 다 뒤집어지고 넘어져 표딱지를 까스명수 박스로 한 박스를 딸 정도로 기분 좋은 날도 있었습니다.

그럴 때면 얼마나 기분이 좋은지 대마초를 피운 것처럼, 히로뽕을 맞은 것처럼 황홀하고 가슴이 둥둥 떠서 행복한 마음에 입이 찢어집니다. 그날 밤은 너무 기분이 좋아서 또 잠이 오지 않을 것 같았습니다.

그러나 그런 기쁨도 한순간이었습니다. 해가 뉘엿뉘엿 서산마루에 떨어지고 석양 노을이 붉게 짙어 오르면 아버지가 고함치며 부르는 소리에 집으로 가야 합니다. 그러면 그렇게 많이 땄던 표딱지도 아버지에게 다 빼앗깁니다. "이 썩을 놈아, 공부는 안 하고 표딱지 놀이만 하냐!" 하시면서 소죽 끓이는 아궁이에 다 던져서 태워 버렸습니다.

그러니 그것을 아무리 많이 딴들 무슨 소용이 있겠습니까? 아무리 손이 붓고 터지도록 표딱지를 뒤집어엎어서 많이 따먹었던들 저녁이 되면 그것이 무슨 소용이 있겠습니까? 그 표딱지가 아궁이의 불길 속으로 들어가 버리고 아버지에게 죽도록 회초리만 맞는다면 무슨 의미가 있겠습니까? 아쉬워서 저녁 내내 우는 것입니다.

바로 이것이 우리 인생의 모습이 아닐까요? 그 많은 현금과 수표들, 세상의 많은 부와 성공과 명예, 그것이 죽음 앞에서 얼마나 큰 의미를 갖겠습니까? 그 모든 것들이 주님의 심판대 앞에서 어떤 의미를 갖겠습니까? 주님 앞에 준엄한 책망의 대상이 될까요? 아니면 칭찬의 대상이 되겠습니까? 아무리 많은 것을 이 땅에서 이루어 놓았다 할지라도 하나님이 우리를 부르신다면 우리는 손을 툭툭 털고 옷을 툭툭 털며 이 세상을 떠나야 합니다. 그러니 우리 인생이 얼마나 허무합니까?

3) 이런 인생에게 참 만족과 평안이 없으니 허무하다는 것입니다.

> 전 1:8 모든 만물이 피곤하다는 것을 사람이 말로 다 말할 수는 없나니 눈은 보아도 족함이 없고 귀는 들어도 가득 차지 아니하도다

> 전 2:1 나는 내 마음에 이르기를 자, 내가 시험 삼아 너를 즐겁게 하리니 너는 낙을 누리라 하였으나 보라 이것도 헛되도다

솔로몬이 이 땅에 살면서 자신이 욕망하는 것을 다 소유해 보았습니다. 그리고 그것을 진저리나도록 즐겨 보았습니다. 그는 눈이 원하는 것을 금하지 않았습니다. 마음이 원하는 모든 것을 해 봤습니다. 그는 인생을 100퍼센트 즐기며 살았습니다. 한마디로 그는 한 남자로 태어나 한 세상을 원 없이 보고 싶은 것, 하고 싶은 것, 누리고 싶은 것을 마음대로 했습니다.

그런데도 솔로몬은 참 만족이 없었습니다. 평안이 없었습니다. 행복하지 못했습니다. 이것은 솔로몬뿐만 아니라 우리의 고백이기도 합니다. 우리는 어떻습니까? 우리의 삶이 너무 허무하다고 느껴지지 않습니까? 진짜 우리의 삶은 너무 공허하고 허무합니다. 이렇게 허무함을 느끼게 하는 여러 가지 이유가 있지만, 가장 큰 이유는 인간의

종교성, 영적인 갈망 때문에 그렇습니다.

인간은 하나님의 형상대로 지음 받았기 때문에 누구나 종교성이 있습니다. 영혼을 사모하고 하나님을 갈망하는 본능이 있습니다. 영혼의 고향을 찾는 종교적인 향수, 즉 영혼의 노스탤지어가 있습니다. 그래서 아무리 가정이 행복하고 부부간에 행복한 사람도 언젠가는 삶의 공허함을 느낍니다. 아무리 취미생활, 여가생활을 잘한다 하더라도 반드시 삶은 허무하게 되어 있습니다. 주말마다 가족끼리 스키장을 가면 얼마나 좋겠습니까? 또 산악가들끼리 등산을 다녀오고 낚시를 하고, 엽총을 가지고 다니면서 사냥을 다니면 인생이 얼마나 재밌겠습니까?

그러나 그렇게 살아도 반드시 인생은 허무하게 되어 있습니다. 삶이 공허하게 되어 있습니다. 왜 그런 줄 아십니까? 영혼의 진정한 욕구를 충족시키지 못해서 그렇습니다. 그래서 파스칼은 우리 깊은 내면에는 세상의 그 무엇으로도 채울 수 없는 빈 공간이 있다고 했습니다.

그런데 그 빈 공간은 오직 하나님만이 채울 수 있다는 것입니다. 그러므로 파스칼의 말대로 우리가 마음 깊은 곳에 하나님을 모시지 않으면 우리의 삶이 허무하게 되어 있습니다. 이런 삶의 허무를 느껴 본 적이 없습니까? 인생이 너무 빠르고 삶이 너무 헛되며 허무하다고 느껴 보지 않았습니까?

허무한 인생을 향한 솔로몬의 권고

그렇다면 우리는 어떻게 해야 할까요? 솔로몬은 이렇게 권고하고 있습니다.

> 전 12:13 일의 결국을 다 들었으니 하나님을 경외하고 그의 명령들을 지킬지어다 이것이 모든 사람의 본분이니라

하나님을 경외하고 그의 명령을 지키라는 것입니다. 이것을 신약적으로 해석하면 예수님을 믿는 것입니다. 왜냐하면 하나님께서 우리를 너무나 사랑하셔서 이 땅에 독생자 예수 그리스도를 보내셨기 때문입니다. 그리고 십자가에 죽게 하셨습니다. 그러므로 이 사실을 믿고 하나님의 아들 예수 그리스도를 우리 구주로 모시는 것이 하나님의 뜻이고 명령입니다.

그러니까 우리가 예수님을 믿는 것은 하나님의 명령을 지키는 것일 뿐만 아니라 삶의 허무를 극복하는 것이기도 합니다. 인생이 허무한 당신이여, 진짜 예수님을 믿어야 합니다. 예수 그리스도를 구주로 영접하고 주님과 함께 살아야 합니다. 그러면 우리 인생에 참 만족과 평안을 맛보게 될 것입니다. 아니, 영원한 영생을 얻게 될 것입니다. 그러니 반드시 예수님을 믿어야 합니다.

♪ 예수 믿으세요 예수 믿으세요
  예수 믿으세요 어서 예수 믿으세요

당신은 지금 어디로 가나요 발걸음 무겁게
이 세상 어디 쉴 곳 있나요 머물 곳 있나요
예수 안에는 안식이 있어요 평안이 넘쳐요
십자가 보혈 믿는 자마다 구원을 받아요
주를 믿는 자 그는 행복해요 영원한 생명 얻으니
하나님 나라 그의 것이라 어서 예수 믿으세요

또한 하나님을 경외하는 것은, 예수님을 믿는 것뿐만 아니라 하나님을 사랑하고 받은 사명에 충실하며 살아가는 것입니다. 그래서 요한1서 2장 17절에 이런 말씀이 있지 않습니까?

> 요일 2:17 이 세상도, 그 정욕도 지나가되 오직 하나님의 뜻을 행하는 자는 영원히 거하느니라

이 세상도 정욕도 다 지나간다고 하지 않습니까? 그러나 하나님의 뜻을 행하는 사람은 영원히 거한다는 것입니다. 이런 사람이 어떻게 삶의 허무와 공허를 느끼겠습니까? 저는 어린 시절에 전혀 기독교와 상관없이 자랐습니다. 예수님을 전혀 몰랐습니다. 그러다가 문학소녀를 만나러 교회에 한 번 갔다가 예수님을 만나 버렸습니다.

저는 예수님을 만난 후 그렇게 행복할 수가 없었습니다. 저에겐들 성공에 대한 야망, 입신양명의 꿈이 없었겠습니까? 저도 누구보다

높은 청운의 이상이 있었을 뿐 아니라 남자의 야성도 있고 패기가 있었던 사람입니다. 누구보다 승부 근성이 많았던 사람입니다. 그런데 예수님을 만나고 너무 행복했습니다. 하나님의 부르심을 받고 집에서 쫓겨나면서까지 신학교에 갔습니다.

신학교에 들어가서 밥 굶기를 밥 먹듯이 했습니다. 그래서 하늘이 노랗게 보이다 쓰러지기가 일쑤였습니다. 하지만 집에서 쫓겨나서 신학교를 다닌 것을 단 한 번도 후회한 적이 없습니다. 그리고 지금까지 목회하면서 한 번도 목회자의 길을 걸어온 것을 후회해 본 적이 없습니다. 아무리 고난이 닥쳐도 행복했고 어떠한 역경의 환경 속에서도 감사하며 살았습니다.

일간지 기자들이 인터뷰 할 때 저에게 가끔 이런 질문을 합니다. "목사님이 목사가 안 되었다면 어떤 일을 했을까요?" 제가 한참을 생각해 봅니다. 저는 그런 생각을 해본 적이 없어서 한참 생각하다가 "사업을 했을까요? 혹시 정치를 했을까요? 연예계로 나가지는 않았겠지요?"

사실, 예수님을 믿지 않고 하나님과 상관없는 영역에서 아무리 사업에 성공한들 무슨 행복이 있겠습니까? 아무리 정치를 하고 수많은 부와 명예와 성공을 한 손에 움켜잡았다 한들 무슨 행복이 있고 평안이 있었겠습니까? 그러니 제가 예수 믿기를 너무 잘했지요. 하나님의 일을 하기 너무 잘했지요. 저는 삶의 허무함과 허전함을 전혀 느끼지 못합니다. 피곤하고 분주하기는 해도 순간순간이 얼마나 행복한지 모릅니다.

그러므로 우리 모두 꼭 예수 믿어야 합니다. 그리고 신앙생활을 잘 해야 합니다. 우리의 삶이 완전히 달라질 것입니다. 전혀 새로운 삶을 살게 될 것입니다. 우리의 삶의 현장이 천국으로 바뀔 것입니다.

♪ 1. 내 영혼이 은총 입어 중한 죄짐 벗고 보니
   슬픔 많은 이 세상도 천국으로 화하도다
 3. 높은 산이 거친 들이 초막이나 궁궐이나
   내 주 예수 모신 곳이 그 어디나 하늘나라
 후렴) 할렐루야 찬양하세 내 모든 죄 사함 받고
   주 예수와 동행하니 그 어디나 하늘나라

이미 예수님을 믿는 성도들은 하나님을 더 사랑해야 합니다. 그리고 받은 사명대로 충성하며 살아야 합니다. 그럴 때 우리의 삶이 풍요해집니다. 삶이 부요해집니다. 만족하고 행복한 삶을 살게 됩니다. 허무한 인생에서 벗어나 참 만족과 참 평안과 참 행복한 삶으로 변화됩니다.

13.
예향만리를 회복하라

"그러나 무엇이든지 내게 유익하던 것을 내가 그리스도를 위하여 다 해로 여길 뿐더러 또한 모든 것을 해로 여김은 내 주 그리스도 예수를 아는 지식이 가장 고상하기 때문이라 내가 그를 위하여 모든 것을 잃어버리고 배설물로 여김은 그리스도를 얻고 그 안에서 발견되려 함이니 내가 가진 의는 율법에서 난 것이 아니요 오직 그리스도를 믿음으로 말미암은 것이니 곧 믿음으로 하나님께로부터 난 의라"(빌 3:7-9).

쓰레기통에 버려진 사향과 웅담

분당 구미동에서 목회를 할 때였습니다. 그때는 새벽기도를 하고 밤 11시, 12시까지 전도하러 다니거나 심방하러 다녔습니다. 그러다 보니까 아무 병도 없는데 간장의 GOT 수치가 200이 훨씬 넘어 있었습니다. 그러자 블라디보스토크 영사관에서 영사로 근무를 하다가 귀국하신 집사님이 저에게 러시아에서 구한 진귀한 약재라고 하며 사향과 웅담을 가져왔습니다.

그때는 그런 약재 반입이 가능했습니다. 사향이 얼마나 귀한 약재인 줄 아십니까? 옛날 왕비나 고관대작만 소유할 수 있었던 약재입니다. 혹시라도 왕이 침소에서 숨이 막히려고 할 때 왕비나 후궁이 사향 주머니를 왕의 코에다 대기만 해도 왕이 바로 깨어났다는 것입니다. 그 정도로 귀한 약재입니다.

그래서 저는 그것을 냉장고에 잘 보관해 두었습니다. 그런데 우리 집에 청소를 하러 온 배애숙 권사님과 김양님 권사님이 냉장고에서 그것을 발견하시고는 이것이 뭔가 하며 냄새를 맡아 보니 냄새가 너무 이상한 것입니다. 그래서 부패하고 상한 것인 줄 알고 바깥 쓰레기통에 버렸습니다.

나중에 알고 아무리 쓰레기통을 찾고 또 찾아도 이미 청소차가 지나간 후였습니다. 얼마나 안타까운 일입니까? 물론 저에게도 잘못은 있습니다. 냉장고에 둘 때 고급스러운 봉지에 잘 넣어서 "이것은 수천만 원짜리 고가의 약재이니 절대로 치우지 말 것!" 이런 글이라도 적어 놓았어야 했는데 그렇게 하지 못한 저도 책임이 있습니다.

우리 권사님들 역시 사향과 웅담의 가치를 모르니까 그랬던 것입니다. 그러나 가슴은 쓰리면서도 사향을 준 집사님에게는 제가 이렇게 말한 것이 아닙니까? "집사님, 집사님이 주신 사향과 웅담을 먹고 이렇게 회복되었습니다." 그러면서 만날 때마다 얼마나 축복기도를 해주었는지 모릅니다. 그때마다 제가 깨달은 사실이 있습니다.

'아, 가치가 이렇게 중요하구나. 가치를 모르면 이런 실수를 할 수도 있겠구나.'

공자를 일깨운 난의 향기

제가 김영삼 대통령 수행부장을 지내신 우리 교회 유송근 장로님의 안내를 받아 안금환 이사장님이 운영하시는 용인 난 문화재단에 가 볼 기회가 있었습니다. 저는 우리나라의 대통령을 비롯해서 많은 분들에게 축하 난을 많이 받았습니다. 그러나 저는 난 화분에 달려 있는 대통령이나 국회의장 등의 존함을 귀하게 여겼지 난을 그렇게 귀하게 여기진 않았습니다.

난은 예로부터 깊은 골짜기에서 홀로 고고하게 향기를 품고 있는 꽃이라 하여, 고고한 선비의 마음과 같다고 하였습니다. 그래서 난의 향을 군자향이라고도 하였습니다. 그렇게 본다면 저는 지금까지 난의 향기에 한 번도 심취한 적이 없기에 선비의 삶을 살아오지 못했나 하는 생각을 해봤습니다.

난향은 자기를 알아주는 사람에게 만 리까지 전해 준다고 해서 '난향만리'(蘭香萬里)라고 하는 말까지 있습니다. 더구나 난은 미덕이 고고하다는 것입니다. 그래서 옛 선비들은 사군자 중에서도 난을 독보적인 자리에 앉히려 했다고 합니다.

옛날 공자가 자신의 학문과 덕이 고상하여 여러 나라 왕과 제후들에게 자신을 중용해 달라고 하였습니다. 자신을 중용하면 무치가 아닌 문치에 의해 부강하고 전쟁이 없는 태평성대한 나라를 이룰 것이라고 자부하였습니다. 그러나 공자를 중용하여 주는 왕이 없었습니다.

그때 공자가 은곡이라는 계곡을 걸어가는데 바람결에 풍겨오는 맑고 그윽한 향기가 코에 진동했습니다. 그 향기를 따라가 보니까 소나무 밑에 난 한 포기가 고고하게 꽃을 피우고 있는 것입니다. 난이 자신의 향을 뽐내거나 자랑하는 모습이 아니라 자기를 드러내지 않고 겸손한 미덕으로 꽃을 피우고 있는 모습을 본 것입니다. 그래서 공자가 깨달았습니다.

'아, 이 난초는 아무에게도 자신의 향기가 좋다고 뽐내지 않지만 자신의 향기를 통하여 이 깊은 계곡에까지 사람을 끌어들이는구나. 나의 학문이 높다고 아무리 자랑을 해도 누가 알아주는 사람이 없으면 이렇게 헛되구나. 그러니 한시라도 빨리 낙향하여 모자라는 학문을 더욱 익히면 나의 인향이 천리만리까지 퍼지지 않겠는가.'

그래서 공자는 그 즉시로 고향인 노나라로 서둘러 돌아가서 학문에 정진했다고 합니다. 그리고 학문을 닦으면서 항상 난을 옆에 두었다는 것입니다. 난을 바라보고 난의 향기를 맡으면서 학문을 더 깊이 닦아 자신을 통하여 인향이 만 리까지 가도록 '학이지지'(學而知之)의 길을 갔다고 합니다.

난은 주인의 발자국 소리를 들으며 자란다

이때부터 난은 사람들의 반려식물이 되었다고 합니다. 요즘 개나

고양이를 반려동물로 키우지 않습니까? 그런데 유일하게 식물 가운데는 난이 반려식물이 된다는 것입니다. 그러니 난은 아무렇게나 키우면 안 됩니다. 정말 자녀를 키우듯이 사랑과 관심을 주어야 한다는 것입니다. 아니, 애인을 다루듯이 난을 다뤄야 난이 잘 자라고 꽃이 핀다고 합니다.

그래서 난은 주인의 인기척과 발자국 소리를 듣고 자란다고 하지 않습니까? 그만큼 난은 주인의 사랑과 관심, 격려와 축복을 받고 자란다는 것입니다. 주인이 멀리 해외 출타를 하여 오래 집을 비우면 난도 생장을 그대로 멈춰 자라지 않는다고 합니다.

옛날 중국에서 사랑하는 부부가 난을 캐러 갔습니다. 그리고 귀한 난을 캤습니다. 그런데 그 나라에 전쟁이 나서 남자는 전쟁터에 징용을 갔다가 그만 죽고 말았습니다. 그러자 여인은 난을 남편처럼 여기며 온갖 사랑과 애정을 쏟았습니다. 난을 볼 때마다 남편을 생각하고 남편이 그리울 때면 난을 바라봤습니다.

그러다가 여인은 상사병에 걸려 죽었습니다. 이제 난만 남았습니다. 그런데 여인이 죽은 후에 난은 향기가 그윽한 꽃을 피워 냈습니다. 그리고 꽃을 피운 후에 그 난도 주인을 따라 죽었다고 합니다. 그래서 동네 사람들이 그 난에게 '송매'라는 이름을 지어 주었다고 합니다.

지금도 주인이 죽으면 난도 함께 죽는다는 속설이 있습니다. 난은 주인의 사랑과 관심을 받아야 살 수 있기 때문입니다. 그런 의미에서 난은 사랑의 상징이기도 합니다. 그래서 사랑하는 사람에게 가장 귀한 난을 바친다고 하지 않습니까? 저도 난 문화재단에서 제법 귀한 난을 선물로 받아왔는데, 저는 그 난을 저의 믿음의 어머니이자 장모님이신 정금성 권사님께 드렸습니다.

서양난과 동양난의 차이

그런데 우리가 받는 대부분의 난은 서양난입니다. 교회 강단에 있는 난도 서양난입니다. 동양난과 서양난을 어떻게 구별하는지 아십니까? 일반적으로 서양난은 아열대성기후에서 잘 자라는 식물이고, 동양난은 삼한사온에서 잘 자라는 식물이라고 합니다. 그런데 더 큰 구별점이 있습니다.

서양난은 식물학자들이 계속 교배를 시켜 종을 바꿉니다. 그러니까 꽃이 크고 화려하고 동적입니다. 그러나 향이 없습니다. 반대로 동양난은 절대로 교배시키지 않습니다. 주인이 사랑과 애정과 관심을 쏟아부음으로써 난이 스스로 변하게 합니다. 그래서 주인이 얼마만큼의 사랑과 애정을 베풀었느냐에 따라서 잎사귀의 색깔이 달라지고 꽃이 달라진다고 합니다. 처음에는 이파리가 녹색이지만 주인이 정성껏 돌봐 주면 다양한 무늬로 바뀐다는 것입니다. 그리고 주인의 끊임없는 사랑과 격려에 따라서 꽃모양도 변종을 한다는 것입니다.

그런 의미에서 서양난보다 동양난이 가치가 있고 기품이 있습니다. 서양난은 대충 물을 줘도 잘 자랍니다. 그리고 식물학자들이 개량을 했기 때문에 화려하긴 하지만 고고함과 기품이 떨어집니다. 그러나 동양난은 자연미가 가득합니다. 잎사귀 속에 꽃망울을 몰래 숨겨 두었다가 주인의 사랑을 물씬 받으면 기기묘묘한 모습의 꽃을 피워 냅니다. 그리고 온 방 안에 그윽한 향기를 뿜어 냅니다.

그러니까 이 난의 소중함과 가치를 아는 사람은 거의 중독 수준에 빠지게 됩니다. 돈이나 명예는 두 번째입니다. 그저 물 주고 온도를 맞춰 주며 적당한 햇빛과 바람을 불게 해 주는 것을 낙으로 삼습니다. 그리고 아침저녁으로 애인 다루듯이 잎사귀를 닦아 주고 쓸어 줍니다. 어떤 사람은 하루 종일 난을 바라보고, 아니 잠도 안 자고 저녁 내내 난을 쳐다보고 격려하며 축복을 한다는 것입니다.

> ♪ 예쁜 난아 귀한 난아 언제나 고고한 빛
> 쓸쓸한 가을날이나 눈보라치는 날에도
> 예쁜 난아 귀한 난아 언제나 고고한 자태

우리 교회 김봉준 장로님이 난에 푹 빠져 난 재배를 하고 있는데, 난을 잘 키우면 정말 난의 푸른 잎사귀가 누리끼리한 색으로 바뀐다는 것입니다. 이런 난은 화분 하나에 2억 5천, 3억이나 된다고 합니다. 정말 보기 드물지만, 안금환 이사장님 말에 의하면, 개도 수십억짜리가 있는 것처럼 태황이라고 하는 난 중에는 30억, 40억짜리도 있다고 합니다.

제가 용인 난 문화재단에 가서 몇 억짜리 난을 보았습니다. 제가 얼른 보니까 누리끼리한 모습이 병든 난 같았습니다. 그러나 아니라는 것입니다. 이 난을 5년, 10년 이상 애정을 주고 사랑을 주고 격려하고 축복해 주었더니 난이 변이를 해서 수억을 호가하는 난이 되었다는 것입니다.

이런 고가의 난은 태황을 비롯해서 보름달, 단원소, 천원소, 천수, 등대, 문무령 같은 난이라고 합니다. 이런 고가의 난으로 변이시키기 위해서는 주인이 인내심을 갖고 늘 난을 쳐다보고 난에게 애정을 주며 온갖 격려와 축복을 한다고 합니다. 진짜 자녀처럼, 애인처럼 난에게 사랑과 관심을 주면 난의 잎사귀가 변하고 꽃 모양도 변한다는 것입니다.

이렇게 키운 난을 팔기도 하지만 가장 사랑하고 존경하는 사람에게 드린다고 합니다. 가장 기쁠 때, 아니면 가장 슬플 때 존경하는 분에게 자신의 마음을 난에 담아 드린다는 것입니다. 그리고 그 난이 꽃을 피우면 난을 준 사람을 생각하게 합니다. 그러니까 난은 사람과 사람을 연결시켜 주는 것입니다.

용인시 난 박물관을 꿈꾸며

안금환 이사장님도 평생 동안 난을 위해서 사셨다고 합니다. 돈이고 명예는 두 번째였고, 인생에 있어서 첫째도 난이고 둘째도 난이고 셋째도 난이었습니다. 결혼도 자기처럼 난을 사랑하고 난을 이해해 줄 수 있는 여자와 결혼할 정도였습니다. 그 정도로 난을 사랑하는 분입니다.

그런데 혹시 수억짜리 난을 샀는데 잘못 관리하다가 죽어 버리면 자동차 수억짜리가 날아가 버린 것과 똑같지 않겠습니까? 그러나 걱정할 필요가 없다고 합니다. 주인이 난에게 진심으로 애정을 주고 사랑과 관심을 주면 그 난이 죽더라도 반드시 새끼를 치고 죽는다는 것입니다.

그러니까 이 난은 신비한 식물이고, 풀잎 한 포기 한 포기 안에 생명의 신비를 담고 있습니다. 아니, 우주의 구성원처럼 존재한다는 것입니다. 그래서 난에 빠져 있는 난 애호가들은 자기들이 난을 알고 난과의 사랑에 빠져 있다는 자부심이 가득합니다. 그리고 스스로 품격을 높이며 자부심을 가지고 살아갑니다.

이런 사람들 때문에 요즘 난문화가 발달하고 있다고 합니다. 요즘은 생명을 경시하고 정신문화가 피폐해지는 경향이 강하지 않습니까? 그런데 난을 키우고 난을 사랑하면 생명을 존중하며 인성이 발달하고 정신건강에 도움이 된다고 합니다. 그리고 인내심이 함양될 뿐만 아니라 난처럼 자신을 드러내지 않고 은은한 겸손의 지혜를 갖게 된다는 것입니다.

그렇게 보면 저 같은 사람은 인생의 품격도 모르고 삶의 질도 모르는 사람입니다. 아직 난 키우는 재미를 못 느끼고 살았으니까 말입니다. 그러나 중요한 것은, 제가 난을 알면서부터는 제 사무실에 있는 난들을 볼 때 난이 다시 보이기 시작했다는 것입니다. 제 방에도 동양난 중에 좋은 것을 갖다 놨는데 제가 볼 때마다 이렇게 축복합니다.

"야, 예쁜 난아, 귀한 난아, 사랑하는 난아, 내가 너를 진심으로 축복한다. 제발 너도 내 격려와 축복을 받고 더도 말고 덜도 말고

40억 짜리 난으로 변신해 주려무나."

그리고 제가 난 화분을 바람이 통하는 창문에 두고 난을 J로 생각하며 노래를 부르기도 했습니다.

> ♪ J 스치는 바람에 J 그대 모습 보이면
> 난 오늘도 조용히 그댈 그리워하네

우리 교회 베드로 동상 주변에서 수십 종의 희귀하고 가치 있는 난을 전시한 적이 있습니다. 그렇다고 절대로 난을 팔지는 않았습니다. 안금환 이사장님이 자식처럼 애인처럼 가꾸어온 1,500점의 난과 화분을 용인시에 다 기증을 했습니다. 돈으로 따지면 엄청난 것입니다. 대신 조건이 있는데 용인시에서 난 박물관을 지어 주는 것입니다.

그러면 에버랜드 못지않게 전국에서 난을 좋아하는 분들이 많이 찾아와서 성황을 이룰 것이라고 합니다. 아니, 박물관을 지으면 중국과 일본의 난 애호가들까지도 찾아온다는 것입니다. 이 제안을 백군기 용인시장님이 흔쾌히 수락하셔서 용인에 난 박물관을 만들려고 합니다. 아주 기발한 아이디어라고 생각합니다.

그런데 이 난뿐만 아니라 사람들은 저마다 다른 어떤 것에 가치를 두고 살아갑니다. 돈에 가치를 두든지, 명예에 가치를 두든지, 쾌락에 가치를 둡니다. 어떤 사람은 차에 가치를 둡니다. 제 아들은 차에 목숨을 겁니다. 아들이 공군 장교로 근무를 할 때인데, 아버지 마음에는 잠 한 숨이라도 더 잤으면 좋겠는데 이 녀석이 세차를 한다고 2~3시간 동안 차를 닦고 있는 것입니다.

그래서 "아빠가 세차비 줄 테니까 맡기고 차라리 그 시간에 잠이나 한 숨 더 자라"고 했습니다. 그랬더니 오히려 저에게 막 화를 내는 것입니다. "아빠, 나는 차를 깨끗하게 닦고 관리하는 것이 최고의 행복이고 스트레스를 푸는 것이에요. 그런데 이것도 못 하게 하면 저 정말 군 생활하며 스트레스 받는 거 어디 풀 데도 없어요. 그러니까 그냥 두세요."

사도 바울의 절대가치, 예수 그리스도!

그만큼 사람들은 저마다 자신이 사랑하고 아끼며 가치를 두고 살아가는 것들이 있습니다. 그러면 우리의 삶의 가치는 무엇입니까? 우리가 추구하는 삶의 향기가 무엇입니까? 돈입니까? 명예입니까? 권력입니까? 아니면 다른 그 어떤 것입니까? 사도 바울은 자신의 진정한 가치가 무엇인가를 고백하고 있습니다.

사도 바울이 어떤 사람이었습니까? 그는 누구보다도 유대인으로 태어난 것이 자신의 가장 큰 자랑이었습니다. 더구나 베냐민 지파의 자손으로 태어난 것을 매우 자랑스럽게 생각했습니다. 그는 태어나자마자 8일 만에 할례를 받고 바리새인으로 살아갔습니다. 율법으로는 흠과 티가 없는 사람으로 살아간 것에 대해서 최고의 자부심을 느끼고 삶의 품격으로 생각했습니다.

> 빌 3:5 나는 팔일 만에 할례를 받고 이스라엘 족속이요 베냐민 지파요 히브리인 중의 히브리인이요 율법으로는 바리새인이요

그래서 그는 뭣도 모르고 교회를 얼마나 박해하고 예수 믿는 사람을 핍박했는지 모릅니다. 성령 충만한 스데반을 돌로 쳐서 죽였습니다. 그리고 그것도 모자라 예수를 열심히 믿는 사람을 다 끌어다가 잡아 죽이려고 다메섹으로 가고 있었습니다. 그런데 다메섹으로 가던 도중에 예수님을 만난 것입니다. 그래서 그날부터 그는 예수님을 만나 완전히 삶이 바뀌었습니다. 이제는 예수님이 없이는 못 살고 오직 예수님만을 위해서 살아갑니다. 한마디로 그의 삶의 절대가치와 희망은 오직 예수님이었습니다.

그러한 사실을 사도 바울은 빌립보서 3장에서 고백하고 있습니다. 그 신앙고백의 내용이 무엇입니까? 지금까지 유익하고 자랑스럽게 생각했던 것은 다 그리스도를 위하여 해로운 것으로 여겼다는 것입니다. 그 이유는 예수 그리스도를 아는 지식이 가장 고상하기 때문이라는 것입니다.

> 빌 3:7-8 그러나 무엇이든지 내게 유익하던 것을 내가 그리스도를 위하여 다 해로 여길 뿐더러 또한 모든 것을 해로 여김은 내 주 그리스도 예수를 아는 지식이 가장 고상하기 때문이라

그러니까 예수 그리스도를 알고 나서부터는 그전에 자랑스럽고

뿌듯하게 생각했던 것을 다 해로운 것으로 여겼다는 것입니다. 왜냐하면 행여나 예수 그리스도를 알고 가까워지는 데 방해가 될까 싶어서였습니다. 그리고 예수 믿기 전에 아무리 고상하고 귀하게 여기던 것이라 할지라도 예수 그리스도 앞에는 아무것도 아니라는 것입니다.

그래서 지금까지 자랑하고 가치 있게 여겼던 모든 것들을 해로운 것으로 여기고 배설물처럼 여겼습니다. 왜 그런 줄 아십니까? 예수 그리스도를 아는 지식이 가장 고상했을 뿐만 아니라 그리스도를 얻고 그 안에서 발견되려 함이라고 했습니다.

> **빌 3:8-9** …내가 그를 위하여 모든 것을 잃어버리고 배설물로 여김은 그리스도를 얻고 그 안에서 발견되려 함이니

사도 바울이 그렇게 가치 있게 여기고 자랑스럽게 여겼던 것을 아낌없이 포기하고 배설물처럼 여겼던 것은, 그리스도를 아는 것이 고상했고 그 고상한 그리스도 예수를 더 많이 얻기 위함이라고 했습니다. 그리스도가 고상하기 때문에 그 고상한 그리스도를 더 많이 차지하고 그리스도의 생명과 은혜를 더 많이 얻기 위함이라는 것입니다. 이 얼마나 놀라운 고백입니까?

내가 지금까지 좋아하고 사랑하며 고귀하게 여겼던 것들을 버리면 버릴수록 내 안에 그리스도의 은혜가 가득 차게 된다는 것입니다. 그토록 자랑했던 것들을 해로운 것으로 여기면 여길수록 자신이 예수 그리스도의 보화와 보물을 더 많이 얻고 소유하게 된다는

것입니다.

그뿐인가요? 그리스도 안에서 자신이 더 많이 발견되려 함이라고 했습니다. "그리스도를 얻고 그 안에서 발견되려 함이니…." 다시 말하면 주님께 주목을 받고 더 잘 보이려고 그랬다는 말입니다. 교회 생활을 하면서 사람들에게 잘 보이려고 할 때가 있지 않습니까? 심방을 가면 어린아이가 저에게 잘 보이려고 얼마나 기도를 잘하고 찬송을 잘하는 줄 아십니까?

특별히 우리 교회 선교원 출신 아이들이 더 그렇습니다. 그런 애들을 보면 무릎도 꿇고 얼마나 다소곳한 자세로 기도하는지 모릅니다. 그 어린아이는 목사님에게 주목을 받고 싶어 합니다. 그 나이에는 그럴 수밖에 없습니다. 선교원에서 교육을 잘 시켜 놓았기 때문입니다.

마찬가지로 사도 바울도 예수님께 주목을 받고 싶었습니다. 한마디로 말하면, 주님께 잘 보이고 주님께 칭찬을 받으려고 자신의 모든 것을 희생했습니다. 세상에서 얻었던 부와 명예, 권세, 물질을 다 주님 앞에 포기한 것입니다. 사도 바울에게는 주 예수보다 귀한 것이 없기 때문입니다. 이것은 난을 사랑하는 난 애호가들과는 차원이 다릅니다.

난 애호가들이 난에 중독이 된 것이라면, 사도 바울은 주님께 홀릭, 곧 중독된 것입니다. 거룩한 예수 마니아가 된 것입니다. 그래서 사도 바울 안에는 어떠한 존재도 예수님의 자리를 차지할 수 없었습니다. 오직 예수님으로 만족했고 오직 예수님으로 행복한 삶을 살았습니다. 왜냐하면 예수님이 그의 절대가치요 삶의 희망과 전부였기 때문입니다.

오늘 우리는 어떠한 사람입니까? 우리의 삶의 진정한 향기는 무엇입니까? 절대가치는 무엇입니까? 바울처럼 예수 그리스도가 전부이십니까? 절대가치이십니까? 예수 그리스도가 우리의 희망이요 전부요 향기 그 자체가 되십니까? 바울의 고백이 우리의 고백이 되어야 합니다.

> ♪ 빛이 없어도 환하게 다가오시는 주 예수 나의 사랑이여
> 음성이 없어도 똑똑히 들려주시는 주 예수 나의 사랑이여
> 주님이 계심으로 나도 있고 주님의 노래가
> 머물므로 나는 부를 수 있어요
> 주여 꽃처럼 향기 나는 나의 생활이 아니어도
> 나는 주님이 좋을 수밖에 없어요 주 예수 나의 사랑이여

푯대를 향하여 달려가는 삶

그때부터 사도 바울은 오직 예수 그리스도를 푯대로 삼았습니다. 예수 그리스도라고 하는 푯대를 향하여 달려가고 달려갔습니다. 그것이 바로 예수 그리스도 안에서 경주하는 삶이요, 하늘의 상을 얻기 위해 달려가는 삶이었습니다.

> 빌 3:13-14 형제들아 나는 아직 내가 잡은 줄로 여기지 아니하고 오직 한 일 즉 뒤에 있는 것은 잊어버리고 앞에 있는 것을 잡으려고 푯대를

향하여 그리스도 예수 안에서 하나님이 위에서 부르신 부름의 상을 위하여 달려가노라

얼마나 위대한 삶입니까? 사도 바울은 진짜 예수에 홀릭이 되고 미친 삶을 살아갔습니다. 한마디로 예수 마니아 중의 마니아가 된 것입니다. 사도 바울이 예루살렘에 갔을 때 유대인들 앞에 서게 되었습니다. 그때 자신을 변명하지 않고 자신이 어떻게 예수님을 만나고 예수님이 어떤 분이신가를 간증한 것입니다.

그런 사도 바울이 가이샤라에서 아그립바 왕과 베스도 총독에게 재판을 받게 되었습니다. 그때에 사도 바울은 자신이 무죄하다고 변명을 해야 하지 않습니까? 그러나 그는 변명을 하는 것이 아니라 오히려 그들에게 예수 믿으라고, 그리고 당신들도 나처럼 행복하게 살라고 외쳤습니다.

행 26:29 바울이 이르되 말이 적으나 많으나 당신뿐만 아니라 오늘 내 말을 듣는 모든 사람도 다 이렇게 결박된 것 외에는 나와 같이 되기를 하나님께 원하나이다 하니라

지금 재판석에는 로마 총독과 아그립바 왕이 앉아 있습니다. 그리고 바울 뒤에서 수많은 청중들이 이 재판을 지켜보고 있습니다. 바울은 죄수복을 입고, 손과 발이 쇠사슬에 묶여 있습니다. 그런데 사도 바울은 묶인 손을 올렸다 내렸다 하고, 좌우로 흔들며, 예수 그리

스도에 대해 이야기하는 것입니다.

"베스도 총독이여! 아그립바 왕이여! 당신은 정말 저처럼 행복한가요? 이 세상에 나처럼 행복한 사람이 있을까요? 저는 제가 쇠사슬에 결박된 것 빼고는 예수 그리스도로 인해 너무나 행복합니다. 여러분도 다 저처럼 예수 믿고 구원받고 행복한 사람이 되기를 바랍니다. 이 자리에 있는 모든 사람이 다 그렇게 되기를 바랍니다."

과연 그는 예향만리의 삶을 살았습니다. 얼마나 아름다운 모습입니까? 그래서 전설에 의하면 바울은 순교할 때도 주 예수의 이름을 끝없이 불렀다고 하지 않습니까? 단두대에서 목이 잘릴 때에도 주 예수를 불렀다는 것입니다. 심지어는 잘린 바울의 목이 세 번을 튀면서도 "주 예수, 주 예수, 주 예수"를 고백했다고 합니다. "주 예수, 주 예수…당신을 사랑합니다." 바울이 지금 이 시대를 살고 있다면 죽기 전에 이 노래를 부르고 죽었을 것입니다.

♪ 주 예수보다 더 귀한 것은 없네 이 세상 부귀와 바꿀 수 없네
영 죽은 내 대신 돌아가신 그 놀라운 사랑 잊지 못해
세상 즐거움 다 버리고 세상 자랑 다 버렸네
주 예수보다 더 귀한 것은 없네 예수밖에는 없네

예향만리의 행복한 삶

저도 예수님을 만나기 전에는 세상의 입신양명이 저의 꿈이고 야망이었습니다. 그런데 하나님께서 어느 날 저를 찾아오셔서 주의 종

으로 부르셨습니다. 저는 주체할 수 없고 감히 항거할 수 없는 소명 앞에 어찌할 바를 몰랐습니다. 그러나 저는 그 소명에 순종하여 여기까지 왔습니다. 저 역시 그날부터 진정한 삶의 가치가 오직 예수가 되었습니다. 제 삶의 향기도 예수였습니다.

그래서 저는 예수님을 안 이후로 바둑이나 장기를 둔 적이 없습니다. 문학 소년이었던 제가 시집도 다 끊어 버리고 그처럼 좋아했던 소설책도 다 던져 버렸습니다. 그처럼 좋아했던 음악, 노래도 다 절교했습니다. 저의 청년 시절은 오직 예수뿐이었습니다. 불타는 젊음을 주님 앞에 드렸고, 모든 주권도 모든 사랑도 주님 앞에 드렸습니다. 중년이 되어서야 다시 시를 기웃거리기 시작하고 노래와 음악도 기웃거리기 시작한 것입니다.

솔직히 저도 어떨 때는 정 권사님이 부럽습니다. 정 권사님이 무슨 시를 압니까? 노래를 압니까? 문학을 알고 예술을 압니까? 교회 생태계를 얼마나 압니까? 시대 트렌드를 얼마나 잘 압니까? 시대 정서와 흐름을 얼마나 잘 압니까? 오로지 예수요 오로지 성경이요 오로지 기도요 찬송입니다. 오직 예수로 만족하고 예수님과 소통하며 예수님과 교제하는 삶을 살아갑니다.

정 권사님보다는 못하지만 저도 행복한 삶을 사는 사람입니다. 제가 시대의 아픔을 알고 교회 생태계를 위하여 분주하게 활동하며 고민하고 염려하는 부분도 있지만, 제 인생의 절대가치와 희망과 고고한 향기가 되시는 예수님 때문에 행복합니다. 아니, 얼마나 기쁨과 평강과 희락이 넘치는지 모릅니다.

그러니까 제 안에서 예수님의 그윽한 향기가 은은하게 풍겨납니다. 샤론의 꽃 되신 예수님께서 제 안의 향기로 머물러 계십니다. 소망으로 머물러 있고 평강과 희락으로 머물러 계십니다. 이 향기는 향수를 뿌리고 귀한 화장품을 발라서 그런 것이 아닙니다. 제 안에 참된 희락과 평강과 향기가 내 안에 감미로운 행복으로 머물러 있기 때문입니다.

진짜 예수님이 제 안에 향기로 머물고 기쁨과 평강으로 머무시면 우리 안에서는 자연스럽게 그윽한 예수의 향기가 발산됩니다. 예수님이 제 안에 진정한 샤론의 꽃으로 피어나시고 그 꽃에서 향내음을 발해 주신다면 우리는 항상 어디를 가든지 삶의 한복판에서 주님의 향기를 풍겨 내고 발산할 수가 있습니다.

아니, 난의 향기가 만 리까지 가고 인(人)의 향기가 만 리를 간다면 우리 안에 있는 예수님의 향기는 만 리에 만 리까지 풍기게 해야 합니다. 다시 말해서 우리가 예향만리의 역사를 회복해야 한단 말입니다. 그래서 사도 바울이 이렇게 고백했습니다.

> 고후 2:15 우리는 구원받는 자들에게나 망하는 자들에게나 하나님 앞에서 그리스도의 향기니

그렇다면 우리는 우리의 삶 속에서 예수 그리스도의 향기를 얼마나 풍겨 내고 있습니까? 우리의 삶 속에서 예수 그리스도를 절대가치로 모시고 있습니까? 오늘날 한국교회 성도들과 지도자들이 그렇

게 살고 있습니까? 그렇게 산다면 왜 한국교회가 다투고 싸우고 분열하기를 거듭한단 말입니까? 왜 한국교회는 지금도 혼돈과 공허 속에 존재하고 있습니까?

그러므로 예수님께서 우리의 절대가치가 되셔서 우리 안에서 고고하고 존귀한 샤론의 꽃으로 피어날 수 있어야 합니다. 사도 바울의 고백처럼 예수 그리스도를 위하여 우리의 자랑과 세상의 가치를 다 포기할 수 있어야 합니다. 그러면서 예수님을 더 사모하고 갈망해야 합니다.

그래야 우리는 예향만리의 삶을 회복할 수 있습니다. 그리고 예향만리의 삶을 통하여 다시 교회를 살리고 시대와 사회를 살릴 수 있습니다. 그러기 위해서 우리 모두는 바울처럼 예수님을 절대가치로 모셔야 합니다. 그런 사람은 내가 아무리 있어도 주님이 없으면 나는 없는 사람입니다. 그리고 아무리 내가 없어도 주님이 계시면 내가 있는 사람입니다. 다시 말하면 주님이 나의 모든 향기가 되시고 희망이 되시고 전부가 되신다는 말입니다.

♪ 나는 없어도 주님이 곁에 계시면 나는 언제나 있습니다
　나는 있어도 주님이 곁에 없으면 나는 언제나 없습니다
　주님이 계시므로 나도 있고
　주님의 노래가 머물므로 나는 부를 수 있어요
　주여 꽃처럼 향기 나는 나의 생활이 아니어도
　나는 주님이 좋을 수밖에 없어요 주 예수 나의 사랑이여

"하나님, 늘 버린다 하면서도 버리지를 못했습니다. 늘 주님을 앞세운다 하였지만 늘 제가 앞섰습니다. 주님을 자랑하며 주님을 절대가치로 모신다 하였지만 항상 나를 앞세우고 나를 자랑하였습니다. 그러니 제 삶 속에서 악취만 풍길 수밖에요. 이제 주님을 위해서 버릴 것은 버리게 하옵소서. 그리고 주님만을 얻게 하여 주옵소서. 주님의 향기, 주님의 그 고고한 향기, 주 안에 있는 생명의 보화를 얻게 하시고 그 모든 것이 제 안에서 예향이 되게 하옵소서. 그리고 그 예향을 만리까지 전하는 예향만리의 사람이 되게 하옵소서."

14.
우리 다시 꽃으로 만나요

"에브라임의 술취한 자들의 교만한 면류관은 화 있을진저 술에 빠진 자의 성 곧 영화로운 관 같이 기름진 골짜기 꼭대기에 세운 성이여 쇠잔해 가는 꽃 같으니 화 있을진저 보라 주께 있는 강하고 힘 있는 자가 쏟아지는 우박 같이, 파괴하는 광풍 같이, 큰 물이 넘침 같이 손으로 그 면류관을 땅에 던지리니 에브라임의 술취한 자들의 교만한 면류관이 발에 밟힐 것이라 그 기름진 골짜기 꼭대기에 있는 그의 영화가 쇠잔해 가는 꽃이 여름 전에 처음 익은 무화과와 같으리니 보는 자가 그것을 보고 얼른 따서 먹으리로다 그 날에 만군의 여호와께서 자기 백성의 남은 자에게 영화로운 면류관이 되시며 아름다운 화관이 되실 것이라"(사 28:1-5).

김춘수의 꽃과 나의 꽃

김춘수의 '꽃'이라는 시를 아십니까?

내가 그의 이름을 불러주기 전에는
그는 다만 / 하나의 몸짓에 지나지 않았다
내가 그의 이름을 불러주었을 때
그는 나에게로 와서 / 꽃이 되었다
내가 그의 이름을 불러준 것처럼
나의 이 빛깔과 향기에 알맞은 / 누가 나의 이름을 불러다오
그에게로 가서 나도 / 그의 꽃이 되고 싶다
우리들은 모두 / 무엇이 되고 싶다
너는 나에게 나는 너에게
잊혀지지 않는 하나의 눈짓이 되고 싶다.

참 아름다운 시입니다. 여기서 말하는 꽃은 감각적 실체, 혹은 식물학적 실체의 꽃을 의미하는 것이 아닙니다. 개념과 관념으로서의 꽃을 말하고 있습니다. 그런데 하나의 몸짓에 불과했던 꽃을 꽃이라고 명명해줄 때 진정한 꽃이 된 것입니다.

그러다가 시인은 꽃에 비유되는 자신의 존재를 언급하고 있습니다. 더 나아가 시인은 꽃을 우리의 존재라고 표현하고 있습니다. 그러니까 꽃은 인간이 호명하고 꽃이라고 불러주는 순간, 꽃과 나는 관계를 맺게 되고 동시에 내가 꽃이 된다는 것입니다. 그리고 또 우리 모두가 꽃이 된다는 것입니다. 그래서 저도 '꽃'이라는 시를 한 번 써 보았습니다. 시선사의 '한국대표서정시 100인선'에 선정된 시집 《꽃으로 만나 갈대로 헤어지다》에 수록되어 있는 시입니다.

이제 곧 봄이 오려나 봐 / 너는 웃고 있는데
난 이별의 말을 생각하고 있었던 거야
겨울나무도 아무 말이 없어 / 숲 속 나무의자에 앉아
우리가 함께 지나온 시간들을 회상하는데 / 바람이 분다
꽃이 나만 홀로 남겨놓고 / 산을 내려가네
나는 산에 있고 / 꽃은 마을로 간다.

언젠가 제가 교회 뒷산에 가니까 연분홍 진달래가 꽃몽우리를 맺고 있었습니다. 양지 바른 곳에 있는 진달래가 한 송이, 두 송이 너무 아름답게 피기 시작하는 것입니다. 제가 그 꽃을 보면서 이 시를 썼습니다.

이제 곧 봄이 오려나 봐 / 너는 웃고 있는데
난 이별의 말을 생각하고 있었던 거야

여기서 말하는 꽃은 김춘수의 꽃과는 반대되는 꽃입니다. 김춘수의 꽃이 시적 화자와 연결이 되고 관계를 맺는 꽃이라면, 이 시의 시적 화자는 꽃과 분리되어 잠시이지만 스스로 고독과 고립을 숙명으로 여기고 있습니다. 스스로 꽃과 분리되어 망각의 시공간 속으로 은둔하고 싶어 하는 자아입니다.

코로나의 공포감과 우울함 사이에서 고뇌하는 시적 화자는 잠시 어떤 위로와 관계 맺음보다는 오히려 외로움을 선택하고 있습니다. 어느 곳으로도 피할 수 없고, 누구도 믿을 수 없는 폐허와 같은 세상 속에서 혼자 남기를 원하고 있습니다.

사실 이 모습은 꼭 시적 화자의 모습이기 전에 현대인의 모습을 묘사했다고 할 수 있습니다. 그런 의미에서 시인은 개인의 서정성만 읊조리는 것이 아니라 시대를 품고 함께 아파하는 제사장적 역할을 하는 것입니다. 이런 마음을 시적 화자는 이렇게 표현하고 있습니다.

겨울나무도 아무 말이 없어 / 숲 속 나무의자에 앉아
우리가 함께 지나온 시간들을 회상하는데 / 바람이 분다

여기서 시적 화자는 코로나 사태로 인하여 갈대처럼 헤어져 있어야만 하는 우울한 감성과 고독, 정서의 격리를 이미지화하고 있는 것입니다. 그런데 시가 여기서만 끝나면 시가 아닙니다. 여기서 시는 반전이 있어야 합니다. 꽃이 나만 홀로 남겨놓고 산에서 내려가 버리는 것입니다. 그래서 얼핏 보면 꽃과 나는 완전히 분리되어 나는 산에 있고 꽃은 마을로 가는 것처럼 보입니다.

꽃이 나만 홀로 남겨놓고 / 산을 내려가네
나는 산에 있고 / 꽃은 마을로 간다

시적 화자는 갈대로 헤어진 현대인의 대표자가 되어 혼자 앉아서 고독과 고립, 그리고 이별의 외로움을 되씹고 있습니다. 그때 꽃이 마을로 내려갑니다. 꽃이 마을로 내려가면 어떻게 되겠습니까? 사람들에게 봄이 확실하게 오는 것이 아닙니까?

코로나 때문에 갈대처럼 헤어져 고립되고 황폐한 삶을 살아가고 있는 사람들 사이로 화사한 꽃들이 내려갑니다. 그 결과 사람들이 서로 꽃으로 만나서 그들 스스로가 꽃이 됩니다. 그러니까 시적 화자도 어쩔 수 없이 꽃과 합일이 되어 마을로 내려가서 꽃으로 만나고 꽃과 같은 세상을 이루게 되는 것입니다.

이처럼 시는 그냥 서정으로만 끝나는 것이 아니라 예언자적 요소가 있어야 합니다. 이 시에는 여백이 있고 절제와 암묵이 있기는 하지만, 그러나 분명한 희망의 메시지를 은닉해 놓았습니다. 지금 사람들은 추운 겨울에 화려한 왕관을 쓰고 찾아온 코로나19 때문에 어쩔 수 없이 갈대처럼 헤어져 고독을 숙명으로 생각하며 살아가고 있습니다.

그런데 오히려 꽃이 마을로 내려가니까 시적 화자 역시 꽃을 따라가게 됩니다. 그리고 다시 마을에서 꽃으로 만나는 아름다운 사회를 이루고 있는 것입니다. 그 기나긴 아픔의 겨울이 지나고, 코로나19도 다 쫓아내 버린 후 사람들과 함께 꽃이 만개하는 화해의 봄, 희망의 봄, 미래의 봄을 함께 맞고 있는 것입니다.

봄날은 온다

시는 함축과 여백, 은닉이 있지만 은닉 속에 이미지가 있고 위대한 반전이 있습니다. 어떤 사람은 코로나 때문에 짜증나고 분노하고 우울한 세상 속에서 한가하게 꽃 이야기나 하고 있다고 생각할 수도 있습니다. 그러나 저는 꽃 이야기를 하고 있는 것이 아닙니다. 분노하고 짜증나고 우울한 사람들에게 시를 통해서 제사장적 위로를 건네주고 있는 것입니다. 그리고 코로나 이후에 우리가 서로 꽃이 되어 꽃으로 만나는 희망의 메시지를 선포하고 있는 것입니다.

이것이 진정한 시인이고 목사의 역할입니다. 지금처럼 따분하고 우울한 감성이 온 세상을 드리우고 있는 때에 목사마저도 맨날 우울한 이야기만 하면 되겠습니까? 이럴 때 밝은 감성과 희망의 메시지를 외쳐야 합니다. 그래서 또 이렇게 노래를 부릅니다.

♪ 꽃이 피면 같이 웃고 꽃이 져도 같이 울던
알뜰한 그 사랑에 봄날은 온다

이 노래는 원래 백설희가 부른 노래인데, 가수 이선희가 독일 간호사들과 광부들을 위로하기 위해서 리메이크해서 불렀습니다. 이 노래에는 인생의 회한도 있지만, 동시에 마음을 힐링하게 하는 위로와 위무의 감성도 있습니다. 제가 성대 수술 전에 이 노래를 듣고 많이 울었습니다. 그만큼 제 마음을 위로하고 힐링을 해 주었던 노래입니다.

이사야 28장을 보면 북왕국 이스라엘에 대한 멸망을 선포하고 있습니다. 당시 북왕국 이스라엘은 최고의 국방력과 경제력을 자랑했습니다. 그런데 그들은 하나님을 떠나 온갖 술 취함과 사치와 방종에 빠져 살았습니다. 그리고 다른 신을 섬기며 살았습니다.

> **사 28:1** 에브라임의 술 취한 자들의 교만한 면류관은 화 있을진저 술에 빠진 자의 성 곧 영화로운 관 같이 기름진 골짜기 꼭대기에 세운 성이여 쇠잔해 가는 꽃 같으니 화 있을진저

여기서 에브라임은 북왕국 이스라엘을 대표하는 지파였습니다. 그런데 에브라임이 온갖 화려한 면류관을 썼는데 술에 취해 있고 방탕해 있다고 하지 않습니까? 그래서 그 영화로운 관은 쇠잔해 가는 꽃과 같이 시들어간다는 것입니다. 그러다가 에브라임의 면류관은 땅에 떨어지게 되고 사람들의 발에 밟히게 될 것이라는 것입니다.

> **사 28:3** 에브라임의 술 취한 자들의 교만한 면류관이 발에 밟힐 것이라

이 말은 역사적으로 북왕국 이스라엘이 앗수르로부터 멸망당할 것을 말씀하고 있는 것입니다. 이때 이사야는 그들에게 회개의 메시

지를 전하였지만 그들은 듣지를 않았습니다. 한 나라든 한 교회든 한 개인이든 하나님께서 회개의 메시지를 주실 때 겸손하게 받는 사람은 참 복이 있는 사람입니다. 그래서 다윗은 나단 선지자의 말을 듣고 곧바로 회개하였지 않습니까?

오늘날 우리는 어떻습니까? 코로나가 왜 우리나라를 이렇게 힘들게 하고 우리 사회를 마비되게 하였을까요? 코로나가 왜 유럽에 가서 기승을 부리고 세계 최대 강국인 미국까지 저렇게 마비시키고 있을까요? 코로나는 세계의 대재앙입니다. 이 재앙 앞에 우리는 어떤 마음을 갖고 어떤 자세를 가져야 할까요?

이 코로나야말로 우리나라뿐만 아니라 전 세계에 주신 하나님의 경고의 메시지요, 대재앙의 메시지입니다. 그러므로 우리는 하나님의 경고와 재앙 앞에 먼저 회개부터 해야 합니다. 요즘 대부분의 세계 모든 나라는 하나님을 등지고 살아가고 있습니다. 하나님을 대적하려고 하고 있습니다. 틈만 나면 인권의 바벨탑을 세우려고 하고 있습니다.

인권이라는 것은 좋은 것입니다. 사람이 태어나서 사람답게 살아야지요. 그러나 하나님의 창조섭리와 성경의 절대 진리를 어겨가면서까지 인권을 강조하면 안 됩니다. 사람의 취향에 따라 동성애를 하도록 내버려두면 되는 것이지 왜 동성애를 합법화하는 악법을 만들려고 합니까? 동성애 하고 싶은 사람은 하면 되는 것이지, 우리 기독교인들이 교회 안에서 우리 자녀들에게 동성애를 하지 말라고 가르치고 설교하는 것을 왜 법으로 금지하려고 합니까? 하고 싶은 사람도 하는 게 자유이고, 하지 말라고 가르치고 설교하는 것도 자유 아닙니까?

그런데 지금 세계 많은 나라가 네오마르크시즘에 기초한 반기독교 악법을 제정하려고 하고 있습니다. 이럴 때 우리는 우리 자신을 돌아봐야 합니다. 국가도 우리의 모습을 돌아봐야 하고, 우리 개인도 나 자신의 모습을 돌아봐야 합니다. 그러면서 회개하고 잘못된 것을 돌이켜야 합니다.

뉴욕의 타임스퀘어에서 현대판 세례 요한이라고 불리는 필립 블레어 목사가 뉴욕의 회개를 촉구하며 외치는 유튜브 영상이 큰 감동을 주고 있습니다. 그는 "뉴욕이여, 회개하십시오. 당신들의 죄악으로 하나님의 진노의 잔이 가득 찼습니다. 어서 회개하고 주님께 돌아오십시오. 그분의 얼굴을 구하십시오"라고 외치면서 코로나의 위기 속에서 잠들어 있는 현대인들의 영성을 깨우고 있습니다.

우리가 방에서 격리당한 채 수동적으로 있는 것만이 능사가 아닙니다. 하나님께 우리의 잘못을 돌이키고 회개하며 겸손한 삶을 살겠다고 능동적이고 창조적인 결단을 해야 합니다. 그리고 성경적 세계관과 가치관을 갖고 반기독교적인 악법을 막아야 합니다. 무엇보다 나라를 위해 기도해야 할 때입니다.

♪ 어느 민족 누구게나 결단할 때 있나니
　 참과 거짓 싸울 때에 어느 편에 설 건가
　 주가 주신 새 목표가 우리 앞에 보이니
　 빛과 어둠 사이에서 선택하며 살리라

화관이 되어 주시는 하나님

아무튼 북왕국 이스라엘은 끝까지 교만의 면류관을 쓰고 있다가 자기들보다 더 강한 앗수르에 멸망을 하고 만 것입니다. 어리석고 안타까운 일이지요. 그러나 이스라엘이 이렇게 멸망하는 것으로만 끝나면 어떻게 되겠습니까? 5절을 보면 위대한 반전의 메시지가 있습니다. 그 반전의 메시지가 바로 위대한 복음이고 축복의 복음이었습니다.

> **사 28:5** 그 날에 만군의 여호와께서 자기 백성의 남은 자에게 영화로운 면류관이 되시며 아름다운 화관이 되실 것이라

하나님께서 자기 백성들에게 영화로운 면류관이 되시고 아름다운 화관이 되실 것이라고 말씀하고 있습니다. 그들이 그토록 처참하게 망하고 그들이 썼던 교만의 면류관이 다 땅에 떨어지고 짓밟혔다 하더라도 하나님께서 그들에게 아름다운 화관을 씌워 주신다는 것입니다. 이제는 사람이 만든 면류관이 아니라 하나님이 만드신 면류관을 자기 백성에게 씌워 주신다는 것입니다.

그 면류관은 영화로운 면류관이요 아름다운 화관이라고 말씀하고 있습니다. 아니, 여호와 하나님 자신이 영화로운 면류관이 되고 아름다운 화관이 되어 주신다는 것입니다. 그래서 그들이 하나님의 은혜 안에서 꽃으로 만나고 꽃과 같은 세상을 다시 이루게 될 것이라는 것입니다. 모든 사람들이 다 아름다운 꽃이 되고 화관을 쓰고

있으니 꽃과 같은 세상이 이루어지지 않겠습니까? 얼마나 귀한 축복입니까?

저는 이러한 축복이 어서 빨리 우리나라와 한국교회에 임하기를 기도합니다. 어서 빨리 코로나 왕관이 땅에 밟혀버리고 하나님이 씌워 주시는 아름다운 화관을 쓰고 우리 모두가 하나님께 나와 경배드리는 날이 속히 왔으면 좋겠습니다. 하나님께서 은혜를 베푸셔서 우리 모두가 꽃이 되고 꽃이 되어 만나, 아니 우리 모두가 아름다운 화관을 쓰고 교회당에 모여 눈물로 하나님을 경배하며 찬양했으면 좋겠습니다. 하나님께서 속히 이런 날을 주시기를 원합니다.

그러면 이런 은혜가 우리에게 어떻게 임할 수 있을까요? 저는 예수 그리스도가 우리를 위하여 저주스러운 가시 면류관을 써 주셨기 때문이라고 믿습니다. 예수님은 십자가에 죽으실 때 저주스러운 가시 면류관을 쓰고 죽으셨습니다. 로마 군병들이 가시 면류관을 만들어서 예수님의 머리에 씌워준 것입니다. 그럴 때 예수님의 이마가 가시에 찔려서 피가 줄줄 흘러 내렸습니다.

> 요 19:2-3 군인들이 가시나무로 관을 엮어 그의 머리에 씌우고 자색 옷을 입히고 앞에 가서 이르되 유대인의 왕이여 평안할지어다 하며 손으로 때리더라

이 얼마나 치욕스러운 장면입니까? 예수님이 당하신 수치와 모욕을 생각하면 누구나 고개를 숙이게 되어 있습니다. 교만을 버리고

겸손하게 되어 있습니다. 세상 허영과 헛된 것들은 버리게 되어 있습니다.

> ♪ 주 달려 죽은 십자가 우리가 생각할 때에
> 세상에 속한 욕심을 헛된 줄 알고 버리네

　예수님께서 이런 치욕과 저주를 당하셨기 때문에 우리가 구원을 얻을 뿐만 아니라 나음을 입고 평화를 얻게 된 것입니다. 아니, 예수님께서 저주의 가시 면류관을 쓰시고 우리에게 아름다운 화관을 씌워 주신 것입니다. 이걸 생각하면 얼마나 감사합니까? 우리가 코로나의 위기를 당할 때 예수님의 고난을 묵상했으면 좋겠습니다. 예수님의 고난을 묵상하되, 예수님께서 머리에 가시관을 쓰신 그 모습을 좀 묵상했으면 좋겠습니다. 그리고 예수님께서 가시 면류관을 쓰신 대신 우리에게 거룩한 화관을 씌워 주시고 서로 꽃으로 만나는 그런 축복을 상상했으면 좋겠습니다. 아니, 오히려 우리가 영광스러운 생명의 면류관을 주님께 올려 드리는 일을 상상해 보았으면 좋겠습니다. "주님, 이제는 우리가 당신께 영광스런 화관을 씌워드리겠습니다. 우리가 그런 예배를 드리게 하옵소서."
　성경에도 그런 장면을 소개하고 있지 않습니까?

> **계 4:10-11(상)** 이십사 장로들이 보좌에 앉으신 이 앞에 엎드려 세세토록 살아 계시는 이에게 경배하고 자기의 관을 보좌 앞에 드리며 이

르되 우리 주 하나님이여 영광과 존귀와 권능을 받으시는 것이 합당 하오니…

24장로들이 보좌에 앉으신 어린양 예수 그리스도께 자신들의 관을 올려 드리지 않습니까? 얼마나 아름답고 장엄한 모습입니까? 그러므로 우리도 우리 위하여 가시 면류관을 쓰시고 고난당하신 예수님께 생명의 면류관을 올려 드려야 합니다.

> ♪ 생명의 주여 면류관 받으시옵소서
> 날 위해 쓰신 가시관 나 기억합니다
> 저 겟세마네 기도를 늘 기억하게 하시고
> 그 십자가의 은혜로 날 인도하소서

램넌트, 남은 자 사상

그런데 하나님께서 이런 은혜를 어떤 사람들에게 주신다는 것입니까? 그날에 자기 남은 자에게 그런 은혜를 주신다는 것입니다.

> **사 28:5** 그 날에 만군의 여호와께서 자기 백성의 남은 자에게 영화로운 면류관이 되시며 아름다운 화관이 되실 것이라

이사야서에는 램넌트, 곧 남은 자 사상이 있습니다. 이 남은 자 사상은 이사야 6장에 잘 표현되어 있습니다.

사 6:13 …밤나무와 상수리나무가 베임을 당하여도 그 그루터기는 남아 있는 것 같이 거룩한 씨가 이 땅의 그루터기니라 하시더라

이 말씀이 무슨 의미입니까? 백성들이 죄를 지어서 다 망하고 잘려나가도 하나님의 거룩한 씨는 반드시 보존하게 하신다는 말씀입니다. 나무가 모두 베임을 당했다고 할지라도 그 그루터기는 남아있는 것처럼, 거룩한 씨와 종자는 반드시 남겨놓으시겠다는 것입니다.

이것이 바로 '남은 자 신앙' 곧 '램넌트(the remnant) 사상'이라고 하는 것입니다. 어렸을 적에 밤나무나 살구나무를 자르고 베는 것을 보면 나무를 베어냈을 때도 그 뿌리가 살아 있다면 그루터기에서 이듬해에 다시 새순이 돋아납니다. 혹시나 그 새순을 잘라버린다 할지라도 또 이듬해가 되면 그 새순이 나무를 살리지 않습니까?

이처럼 이스라엘이 아무리 죄를 짓고, 그 죄 때문에 망하고 심판을 당하여, 다시는 소망이 없는 것처럼 보일지라도, 그래도 하나님은 역사의 그루터기와 거룩한 축복의 씨를 남겨놓으시겠다는 것입니다. 그리고 그 그루터기에서 다시 나온 새순에 의해서 이스라엘의 역사를 이어나가며 계승해 나가게 하시겠다는 것입니다.

따라서 그 거룩한 씨와 거룩한 그루터기는 어떤 일이 있어도 멸망하지 않는다는 것입니다. 무슨 일이 있어도 그 거룩한 씨와 그루터기에 의해서 이스라엘의 역사와 메시아가 태어나는 구원 역사는 절대로 중지될 수 없고 사라지지 않는다는 것입니다. 그래서 이사야 선지자는 남은 자를 이렇게 또 표현하고 있습니다.

사 17:6 그러나 그 안에 주울 것이 남으리니 감람나무를 흔들 때에 가장 높은 가지 꼭대기에 과일 두세 개가 남음 같겠고 무성한 나무의 가장 먼 가지에 네다섯 개가 남음 같으리라 이스라엘의 하나님 여호와의 말씀이니라

이게 무슨 말입니까? 옛날 시골에 보면 큰 감나무나 모과나무가 있지 않습니까? 가을이 되면 감을 따고 모과를 다 땁니다. 그런데 높은 나뭇가지 꼭대기에 있는 과일은 딸 수가 없습니다. 그래서 나무에 올라가서 흔들기도 하고, 돌을 던지기도 하고, 장대로 낫을 달아서 가지를 꺾기도 했습니다. 그러나 정말 사람이 딸 수 없는 높은 가지에 감이나 모과가 몇 개가 남지 않습니까?

그런 것처럼 하나님은 이스라엘에 남은 자를 남겨놓으시겠다는 것입니다. 그리고 하나님은 이 남은 자를 통하여 당신의 구속의 역사를 절대로 끊지 않고 이어가게 하신다는 것입니다. 그리고 이 사람이 바로 하나님의 구속 역사와 축복 역사를 위한 하나의 주인공이 된다는 것입니다.

그러면 어떤 자가 남은 자입니까? 무슨 일이 있더라도 끝까지 변절되지 않고 하나님만 섬기는 자입니다. 어떤 유혹에도 다른 신을 섬기지 않고 세상에 빠지지 않으며 오로지 마음을 다하고 성품을 다하고 힘을 다해 하나님을 섬기는 사람입니다. 그 어떠한 환란과 재앙과 역경이 닥쳐와도 오직 하나님만을 의지하며 끝까지 하나님을 경배하는 사람입니다. 그리고 끝까지 경건하게 살고 말씀에 순종

하는 사람입니다.

바로 이런 사람으로 하여금 하나님께서 당대의 꽃이 되게 하며, 아름다운 화관을 씌워주신다는 것입니다. 그리고 그들로 하여금 꽃과 같은 세상을 이루며 당신의 아름다운 뜻을 이루어가게 하신다는 것입니다. 그러니까 남은 자는 주인공입니다. 우리 교회 나오시는 남진 장로님도 수많은 영화에 출연하셔서 주연 배우를 많이 하셨는데 주인공은 절대로 영화가 끝나기 전에는 죽지 않습니다.

서부 영화를 봐도 예쁜 여자가 악당들에게 포박을 당하여 옷이 찢어지고 험한 일을 당하려고 하다가도 갑자기 정의의 보안관이 나타나서 악당들을 총으로 쏴서 다 죽여 버립니다. 정의의 보안관은 총을 아무렇게나 쏴도 다 죽습니다. 그런데 주인공은 총에 맞아도 안 죽습니다. 말에서 떨어져도 안 죽습니다. 그런데 엑스트라는 아무렇게나 총을 쏴도 다 맞아 죽어 버립니다.

그러므로 우리는 오늘 이 시대 남은 자의 주인공이 되어야 합니다. 그러기 위해서 주님 예수를 동산으로 삼으시고 그 동산에서 아름다운 꽃으로 피어나야 합니다. 그리고 그 꽃송이를 꺾어 주님의 제단에 바쳐야 합니다. 아니 그 꽃으로 화관을 만들어 주님의 머리에 씌워 드려야 합니다.

> ♪ 주님 예수 나의 동산 내 맘속에 동녘 하늘
> 아침 햇살 가득 안고 활짝 피는 백합 같아
> 그 안에서 이 생명도 피어나는 꽃 되리라

오 하나님 이 꽃 바쳐 주의 제단 밝히리니
은혜로운 사랑으로 하늘 평안 내리소서

오늘날 코로나19 때문에 사회 전 분야가 정지되고 셧다운(shutdown) 되어 버렸습니다. 아마 가장 피해를 보고 있는 곳이 여행사, 공연장, 종교단체일 것입니다. 예전에는 우리가 얼마나 많이 모여서 예배를 드렸습니까? 그러나 지금은 그런 일상 예배를 드릴 수가 없습니다. 그럼에도 불구하고 이런 상황에서도 끝까지 믿음을 잃지 않고 주님을 섬기는 사람은 이 시대의 남은 자입니다. 교회를 나오든 가정에서 온라인 예배를 드리든, 끝까지 주님을 섬기는 믿음을 잃지 않고 더 경건하게 살아가는 사람들입니다. 이런 상황에서도 더 주님을 앙망하며 예배를 사모하고 주의 전을 사모하는 사람들입니다.

그뿐만 아니라, 예수 그리스도의 남은 고난에 더 동참하며 치욕의 십자가를 짊어지고 영문 밖으로 나가는 사람들입니다. 자신이 맡은 사명을 잘 감당하고 헌신의 기회를 놓치지 않는 사람들, 또한 끝까지 주님께 헌신하며 사명의 길을 걸어가는 사람들입니다. 아니, 마지막까지 예배에 목숨을 거는 사람들, 바로 이런 사람들이 이 시대의 거룩한 그루터기요 남은 자라고 할 수 있습니다.

바로 이런 사람이 드리는 예배는 하나님께 제물이 되고 향기로운 예물이 되어서 하나님께서 지역사회와 우리나라를 축복하시는 것입니다. 이것을 안다면 국민들이나 지역사회 주민들이 우리에게 이렇게 부탁을 해야 합니다.

"여러분, 우리는 예배에 못 가지만 여러분들이라도 예배 잘 드려서 어서 빨리 코로나 물러나게 해 주세요. 여러분이 우리를 위해서 기도해 주세요. 우리나라와 민족을 위해서 정말 간절히 기도해 주세요. 그래서 어서 빨리 코로나가 이 땅에서 물러가도록 간절히 기도해 주시기 바랍니다."

다리오 왕이 유다 백성들에게 이렇게 부탁하지 않았습니까? 소와 양을 번제물로 주면서 "제발 유다의 제사장들은 나와 왕자들을 위해서 기도해주기를 부탁하오." 세상에 믿지 않는 이방 나라의 왕이 유다의 제사장들에게 이런 부탁을 했던 것입니다. 그러나 우리 주변에는 우리가 예배드리는 것을 공격하고 혐오스럽게 생각하는 사람이 많이 있습니다. 왜 공연장이나 이태원 클럽 같은 곳은 가만히 두다가 감염의 진원이 되어버리게 하고 예배만 못 드리게 하는지 모르겠습니다.

그러나 그 역시도 우리가 부족해서 그런 소리를 듣고 그런 공격을 받는다고 생각합니다. 한국교회 역시 주일예배가 아닌 여행이나 평일 소그룹 모임 등을 통해서 국지적인 감염 사태가 일어나고 있는 상황을 보면서 얼마나 안타까운지 모릅니다. 이처럼 코로나가 장기화되어 가는 상황에서 우리는 더욱더 그리스도의 고난을 묵상하고 절제하고 정결한 삶을 살아야 합니다. 우리의 신앙이 너무 세속적으로 전락된 것은 아닌지 회개해야 합니다.

그러나 그렇지 않고 진정으로 하나님을 섬기고 신령과 진정으로 예배를 드리며 사명의 십자가, 치욕의 십자가를 지고 영문 밖으로

나가는 삶을 살았다면 코로나의 핍박과 공격은 우리의 영광이 될 수도 있습니다. 우리의 상급이 될 수도 있습니다. 그리고 한국교회는 우리 사회의 빛과 소금이요, 거룩한 저항인자와 항체 역할을 할 수 있습니다.

그러므로 코로나의 위기 속에서 진정한 남은 자가 되기 위해서 주님의 고난을 묵상해야 합니다. 특별히 머리에 가시 면류관을 쓰신 주님을 바라보아야 합니다. "아, 내가 나를 위하여 가시 면류관을 쓰신 주님께 어떻게 하면 거룩한 화관을 씌워드릴 수 있을까, 아 내가 나를 위하여 가시 면류관을 쓰신 주님께 어떻게 하면 생명의 면류관을 씌워드릴 수 있을까." 그것이 나의 심장에서 솟구치는 눈물이 될 수도 있고, 또 우리 눈물의 결정체인 작은 헌신이 될 수도 있을 것입니다.

> ♪ 생명의 주여 면류관 받으시옵소서
> 날 위해 쓰신 가시관 나 기억합니다
> 저 겟세마네 기도를 늘 기억하게 하시고
> 그 십자가의 은혜로 날 인도하소서

물론 코로나가 완전히 종식되기 전까지는 정부가 요구하는 7대 수칙을 철저하게 지키면서 예배를 드려야 합니다. 절대로 긴장의 끈을 놓아서는 안 됩니다. 그러나 정부의 7대 방역수칙을 잘 지키면서도, 죽음과 저주의 권세를 박살내시고 부활하신 주님의 승리를 묵상하며 주님께 영혼의 화관, 영광스러운 영적 면류관을 주님께 씌워드리는 예배를 드려야 합니다.

그러다가 사회적 합의가 이뤄지고 자유롭게 예배가 드려지는 그 날, 우리가 진짜 꽃으로 만나는 것입니다. 아니, 생활 방역으로 풀리더라도 방역수칙을 잘 지키면서 꽃으로 만났으면 좋겠습니다. 거룩한 화관을 쓰고 만났으면 좋겠습니다. 우리의 신랑으로 오시고 영적으로 임재하신 주님께 영혼의 꽃다발을 드리고 거룩한 화관을 씌워드리면 좋겠습니다. 그랬을 때 오히려 우리가 주님께 영혼의 면류관을 씌워드리는 감격스러운 예배를 드리게 되는 것입니다.

부활하신 주님의 능력으로, 저주스런 코로나의 왕관이 벗겨지고 영광스런 하나님의 면류관으로 위로받는 예배가 되어야 합니다. 그래서 우리 모두가 꽃 같은 교회를 세우고 꽃 같은 세상을 만들어 갑시다. 사막같이 황무해 버린 교회에 새로운 꽃밭을 일구고 세상에도 다시 아름다운 꽃씨를 뿌려 나갑시다. 이 일은 믿음의 사람만이 할 수 있습니다. 남은 자만이 할 수 있습니다. 주님의 화관을 머리에 쓴 주인공만이 할 수 있습니다.

15.
영혼의 장막을 뉴 포맷하라

"만군의 여호와여 주의 장막이 어찌 그리 사랑스러운지요 내 영혼이 여호와의 궁정을 사모하여 쇠약함이여 내 마음과 육체가 살아 계시는 하나님께 부르짖나이다 나의 왕, 나의 하나님, 만군의 여호와여 주의 제단에서 참새도 제 집을 얻고 제비도 새끼 둘 보금자리를 얻었나이다 주의 집에 사는 자들은 복이 있나니 그들이 항상 주를 찬송하리이다 (셀라) 주께 힘을 얻고 그 마음에 시온의 대로가 있는 자는 복이 있나이다"(시 84:1-5).

21세기형 뉴 포맷 미스터트롯

대한민국을 떠들썩하게 했던 '미스터트롯'이라는 방송이 있습니다. 미스터트롯은 93년 방송 역사상 연예 프로그램 중 최고의 시청률을 올린 새로운 포맷의 방송이었습니다. 오죽하면 코로나 위기 상황 속에서도 미스터트롯을 보는 재미로 세상을 산다는 말이 나돌 정도였겠습니까? 이 프로그램에 우리 교회 남진 장로님께서 최고의 마스터로 출연을 하셔서 더 빛나는 방송이 되었습니다.

사실 우리는 트로트를 너무 많이 들어왔고 익숙해 있었습니다. 그러나 너무 익숙하다 보니까 아무리 유명한 가수들이 노래를 불러도 너무 전형적이고 옛날 추억이라는 느낌만 갖게 하였습니다. 그런데 TV조선은 자칫 추억의 시절만을 느끼게 하거나 올드 포맷으로 전형화될 뻔했던 트로트를 전혀 다른 형태의 트롯, 즉 21세기형 새로운 포맷의 트로트를 구상한 것입니다. 한마디로 트로트의 올드 패션을 뉴 패션으로 대변신시켜 보자는 것이었습니다.

그러나 이러한 프로그램을 준비하는 게 만만치가 않았습니다. 어찌 보면 가장 불확실하고 막연한 목표였기 때문입니다. 그렇지만 지상파 방송도 아닌 종편 방송이 가장 불확실하고 막연한 목표를 가장 확실하고 분명한 목표로 바꾸어 버렸습니다. 이 프로그램을 준비하기 위해서 50여 명의 전문 초인력이 투입되었다고 합니다. 50여 명이 프로그램을 설계하는 데만 해도 3개월이 걸렸고, 참가자를 면접하는 데만 해도 3개월이 걸렸다는 것입니다.

그리고 지원자가 총 12,000명이었는데 그중에서 101명을 선발했다고 하지 않습니까? 선발 기준은, 노래도 잘해야 하지만 눈물겨운 사연과 감동의 스토리가 있는 사람이어야 했다고 합니다. 그리고 이 101명을 집단 합숙시키며 전혀 새로운 형태의 노래를 부르도록 훈련을 시켰다고 합니다. 옛날 선배들이 불렀던 노래에 새로운 감성과 스토리를 입혔다는 것입니다. 이렇게 노래를 연습시키고 훈련시키는 동안 또 다른 한쪽에서는 조명, 자막, 분야별 최고의 전문가들이 전체 분위기를 바꾸는 준비 작업을 하였습니다.

특별히 초일류 작가들은 프로그램 사이사이에 모든 참가자들의 스토리를 스킷으로 제작해서 소개했습니다. 이렇게 해서 평범한 출연자들을 놀라운 괴물로 변화시켰고, 뻔한 포맷을 새로운 포맷으로 바꾸어 나갔습니다. 물론 그들 중 다른 TV의 여러 프로그램에 출연한 가수들도 있었습니다. 그래도 뜨진 않았습니다. 그러나 미스터트롯은 그런 무명가수들을 마치 흙에서 캐낸 다이아몬드처럼 트로트의 영웅으로 만들었습니다.

그러니 40퍼센트 가까운 시청률을 올릴 수밖에 없었던 것입니다. 오죽하면 시청자들이 방송을 놓칠 수가 없어서, 화장실을 다녀와야 하는데도 화장실을 못 갈 정도였다고 하지 않습니까? 물을 마시러 가도 눈을 TV 화면에서 떼지 않고 뒷걸음질을 하며 물을 마시고 왔다고 하지 않습니까? 한마디로 시청자들을 3시간 동안이나 꼼짝도 못하게 사로잡아 버린 것입니다. 그리고 최종결선에서 700만 명 넘게 투표를 하여 서버가 다운될 정도로, 전 국민적인 관심을 폭발시켰습니다.

정동원이 부른 '우수'의 감동

무엇보다 임영웅과 영탁의 결선은 손에 땀을 쥐게 하지 않았습니까? 특히 진을 차지한 임영웅 씨는 바로 결선 날이 아버지의 기일이었습니다. 임영웅 씨는 다섯 살 때 아버지가 돌아가시고 홀어머니 밑에서 자랐습니다. 초등학생 때 다쳐서 얼굴에 큰 부상을 당했지만 제대로 수술을 받지 못해서 지금도 얼굴에 흉터가 있을 정도로 가난하고 외롭게 자랐습니다.

그런데도 모진 무명가수의 서러움을 이겨 내고 미스터트롯 진이 되었습니다. 이러한 임영웅 씨의 모습을 보면서 사람들이 노래뿐만 아니라 애틋한 스토리에 감동을 받고 눈물을 흘렸습니다. 그런데 저는 임영웅 씨를 보면서도 감동을 받았지만, 제 가슴을 더 찌릿하게 만든 것은 정동원이었습니다. 세상에 초등학교 6학년 어린 녀석이 남진 장로님의 '우수'라는 노래를 불렀으니 말입니다.

'우수'라는 노래는 옛날에 손수건 없이는 볼 수 없는 '형수'라는 영화의 주제곡이었습니다. 영화에서 남궁원과 고은아가 부부였는데, 어느 날 남궁원이 교통사고로 죽어 버립니다. 고은아는 슬픔에 잠겨서 헤어날 수가 없었습니다. 그때 시동생 남진이 형수에게 다가가 위로해 줍니다. 그렇게 위로를 해주다가 시동생이 형수에게 연모의 정을 느끼게 됩니다. 형수도 시동생 남진에게 사랑을 느끼게 됩니다. 남진 장로님이 얼굴 잘생겼지요, 마음씨도 착하지요. 그러나 서로 사랑할 수는 없지 않습니까? 그런데 서로 마음이 가는 걸 어떡합니까? 그래서 시동생 남진은 형수를 잊기 위해 비행기를 타고 미국으로 떠납니다. 남진도 울고 고은아도 웁니다. 그리고 그 순간 이 노래가 흘러나옵니다.

♪ 맺지 못할 인연일랑 생각을 말자

　마음에 다짐을 받고 또 받아

　한 백 번 달랬지만 어쩔 수 없네… 흑흑흑…

그런데 초등학교 6학년짜리 애가 이 노래를 불렀습니다. 지가 뭘 안다고 말입니다. 감정도 잘 넣어서 불렀습니다. 그러니 전 국민이 열광할 수밖에 없지 않겠습니까? 지금은 국민과의 소통 시대요 미스터트롯을 설명하는 때니까 끝까지 소개해 보겠습니다.

♪ 잊으려 해도 잊지 못할 그대 모습 그려 볼 때

　밤비는 끝없이 소리 없이 내 마음 들창가에 흘러내린다

저는 이런 정동원을 보는 순간 제 어린 시절이 생각이 났습니다. 저도 어린 시절에 콩쿠르에 나가서 최희준의 '하숙생'을 불렀습니다. 제가 인생을 뭘 안다고 하숙생이라는 노래를 불렀으며, 상여 나갈 때 부르는 망가를 노련하게 불렀겠습니까? "♪어젯밤에는 안방에서 잤건만 오늘 저녁은 북망산천~" 아무튼 이런 정동원이 정말 약방의 감초 노릇을 하였습니다. 그 약방의 감초 때문에 수천만의 국민이 감동을 받은 것입니다.

미스터트롯이 한국교회에 주는 도전

그런데 저는 이 이야기를 듣고 "이거다" 하고 무릎을 쳤습니다.

제가 순간 한국교회를 생각하였기 때문입니다. '우리 한국교회가 어떻게 하면 미스터트롯과 같은 교회가 될 수 없을까? 한국교회도 뻔한 예배, 뻔한 설교, 뻔한 교회를 어떻게 뉴 패션, 뉴 포맷으로 바꿀 수는 없을까?'라는 생각을 한 것입니다.

지금 세계 모든 사람들은 코로나 바이러스로 인해 공포에 떨고 있습니다. 그렇다고 지금은 어느 곳으로도 피할 곳이 없습니다. 과거에는 이러한 공포감이 들 때면 해외로 도피하기도 했습니다. 그러나 해외 어디에도 피할 곳이 없습니다. 그렇다고 국내도 안전한 곳이 없습니다. 심지어는 어느 누구도 믿을 수가 없습니다. 언제 어떤 사람을 통해서 감염이 될지 모르기 때문입니다.

심지어는 자기 가족도 믿을 수 없다는 것이 아닙니까? 아니, 자기 자신도 믿을 수 없는 상황이 되어 버리고 말았습니다. 더더욱 가슴 아픈 것은 교회라는 장소도 믿을 곳이 없게 되었다는 것입니다. 코로나 위기가 끝나면 철저한 자기중심의 문화로 바뀌게 될 것입니다. 집단적 공동체 문화는 철저하게 개개인의 문화로 변화될 것입니다. 그리고 정신적인 가치나 영적인 가치보다는 현물 만능주의로 가게 될 것입니다.

그러므로 이러한 사회가 되면 될수록 사람들은 더 불안하고 두려워할 수밖에 없습니다. 아무리 현물을 많이 가지고 있다 하더라도 그것이 사람을 100퍼센트 안심시켜 줄 수 있겠습니까? 그렇다고 자기가 자신을 믿고 의지할 수 있겠습니까? 그러므로 이런 사회가 오면 올수록 사람은 누구나 진짜 믿을 수 있는 분은 하나님밖에 없고, 정말 피할 수 있는 곳도 하나님 품뿐이라는 사실을 깨닫게 될 것입니다. 그래서 시편 기자는 이렇게 고백했습니다. 하나님만이 우리의 피난처시요 환란 중에 만날 큰 도움이라고 말입니다.

> 시 46:1 하나님은 우리의 피난처시요 힘이시니 환난 중에 만날 큰 도움이시라

그렇다면 하나님을 섬기는 교회가 현대인의 진정한 피난처가 되게 할 수는 없을까요? 몸 된 교회가 현대인의 영혼의 안식처가 되게 할 수는 없을까요? 일제 강점기에 한국교회가 민족의 소망이었던 것처럼, 산업화·근대화 시절에 교회가 영혼의 안식처로 느껴졌던 것처럼, 오늘날도 사람들이 찾아오고 싶어 하는 교회가 될 수는 없을까요?

그런데 왜 사람들은 교회에서 예배드리는 것을 지나치게 염려하고 불안해야 한단 말입니까? 왜 교회에서 예배드리는 일을 혐오스럽게 생각해야 한단 말입니까? 그 이유는 우리 때문입니다. 예배는 정말 신성한 것인데, 우리가 예배의 신성한 가치를 잃어버리고 너무 뻔한 예배를 드렸고 너무나 뻔한 교회의 모습을 보여주었기 때문입니다. 그러니까 현대인들이 교회를 찾아오지 않을 뿐만 아니라 예배드리는 모습을 혐오하고 공격합니다.

코로나 블루(우울증)에 빠진 사람들

저는 이러한 현실이 너무 안타까웠습니다. 코로나가 처음 시작됐

을 때는 '코로나 포비아'란 말이 유행이었는데, 시간이 지나면서 '코로나 블루'(코로나 우울증)라는 말이 생겨나고 있습니다. 사람들은 처음엔 코로나가 두려웠습니다. 그러나 지금은 코로나가 언제 끝날까 하는 코로나 우울증에 걸려 있습니다. 이것을 해결해 줄 수 있는 곳이 어디입니까? 사실은 교회밖에 없습니다.

그런데 교회가 그런 역할을 하기 위해선 예배 포맷을 올드 패션에서 새로운 감동과 은혜가 넘치는 뉴 홀리 패션으로 바꾸어야 합니다. 뻔한 포맷에서 뉴 포맷으로 바꾸어야 합니다. 다시 말하면, 교회의 모습을 21세기형 새로운 포맷으로 바꾸어야 합니다. 그러기 위해서는 저부터 해왔던 설교에 더 새로운 감성과 생명을 불어넣어야 합니다. 우리도 뻔하게 해왔던 신앙생활, 으레 해왔던 신앙생활을 진짜 다시 한 번 감동과 감격이 가득 찬 신앙생활로 바꾸어야 합니다. 그래야만 한국교회가 소망이 있고 민족의 정신적·영적 지도를 그려줄 수 있습니다.

현장예배를 드리는 분이든 집에서 온라인예배를 드리는 분들이든, 간절하게 예배를 사모하며 새로워지기를 원해야 합니다. 우리부터 뉴 패션의 성도가 되고 뉴 포맷의 교회를 이루어야 합니다.

♪ 교회를 교회 되게 예배를 예배 되게 우릴 사용하소서
　 진정한 부흥의 날 오늘 임하도록 우릴 사용하소서
　 성령 안에 예배하리라 자유의 마음으로
　 사랑으로 사역하리라 교회는 생명이니

교회를 교회 되게 예배를 예배 되게 우릴 사용하소서
진정한 부흥의 날 오늘 임하도록 우릴 사용하소서
진정한 부흥의 날 오늘 임하도록 우릴 사용하소서
우릴 사용하소서

정말 코로나 포비아(공포)와 코로나 블루의 상황 속에서 현대인들이 교회를 영혼의 안식처로 느끼고 피난처로 느끼게 하는 교회의 모습을 보여줄 수는 없을까요? 그리고 코로나 위기가 끝나면 기다렸다는 듯이 전국에 흩어져 있는 지역주민들이 가까운 지역교회로 도떼기시장처럼 몰려들게 할 수는 없을까요? 그 비결을 다윗이 가르쳐 주고 있습니다. 그것은 우리가 먼저 예배를 사모하고 주님의 장막을 사모하는 마음을 가져야 한다는 사실입니다.

주의 장막을 사모하며 병이 난 다윗 연가

다윗은 불행하게도 아들 압살롬의 반란으로 인하여 궁궐에서 도망을 가 광야로 피신을 했습니다. 그는 가까스로 목숨을 연명하면서 광야를 유랑하고 있었습니다. 이때에 다윗은 정말 잊을 수 없었던 곳이 있습니다. 그곳은 자신의 궁궐도 아니었고 왕좌도 아니었습니다. 그곳은 하나님의 언약궤가 있었던 주의 장막이었습니다. 그는 매일 하나님의 언약궤 앞에 가서 엎드려 기도하고 찬양을 하던 습관이 있었기 때문입니다.

그런데 그는 그 일을 할 수 없었던 것입니다. 그래서 그는 꿈에도 하나님의 장막을 그리워하고 있었습니다. 그가 얼마나 하나님의 장막을 사모했는지 몸과 영혼이 쇠약해 버릴 정도였습니다. 그는 몸과 영혼이 쇠약해질 정도로 하나님의 성전을 그리워하였습니다. 하나님의 성전을 향한 영혼의 상사병이 든 것입니다.

> 시 84:1-2 만군의 여호와여 주의 장막이 어찌 그리 사랑스러운지요 내 영혼이 여호와의 궁정을 사모하여 쇠약함이여 내 마음과 육체가 살아 계시는 하나님께 부르짖나이다

그래서 그는 하나님의 장막에서 집을 짓고 살고 있던 참새와 제비가 부럽게 느껴졌습니다. 옛날에는 시골집 처마에 제비들이 다 집을 지었지 않습니까? 그런데 다윗은 지금 하나님의 장막에 집을 짓고 살던 그 참새와 제비가 그렇게 부러운 것입니다.

> 시 84:3 나의 왕, 나의 하나님, 만군의 여호와여 주의 제단에서 참새도 제 집을 얻고 제비도 새끼 둘 보금자리를 얻었나이다

그는 주의 장막에서 기도하고 찬송하며 예배드리던 때가 그리웠습니다. 그러나 그립지만 당장 주의 장막으로 갈 수는 없는 처지였습니다. 마치 코로나 때문에 우리가 교회에 가서 예배드리고 싶어도 갈 수 없는 형편과도 같았습니다. 그래서 그는 지금 주의 성전을 사모하며 하나님의 언약궤 앞에서 찬송을 드리던 때를 생각하고 있습니다.

♪ 주의 성전 안에서, 주의 성전 안에서
　　주 사랑을 생각하나이다 주의 사랑을 생각하나이다

　　시 84:4 주의 집에 사는 자들은 복이 있나니 그들이 항상 주를 찬송
　　하리이다

그뿐 아닙니다. 그는 주의 장막에서 한 날이 다른 곳에서의 천 날보다 낫다고 고백합니다. 그리고 악인의 장막에서 부와 영광을 누리며 사는 것보다 하나님의 장막에서 문지기로 있는 것이 더 좋다고 고백하고 있습니다.

　　시 84:10 주의 궁정에서의 한 날이 다른 곳에서의 천 날보다 나은즉
　　악인의 장막에 사는 것보다 내 하나님의 성전 문지기로 있는 것이 좋사
　　오니

그는 이스라엘의 왕입니다. 비록 그가 역모 때문에 아무리 광야에 쫓겨 다니고 있다 할지라도 아직도 그는 이스라엘의 왕이었습니다. 그런데 이스라엘의 왕인 그가 얼마나 하나님의 장막을 사모했으면 하나님의 장막에 문지기로라도 있기를 원할까요. 얼마나 위대한 고백입니까? 우리에게도 다윗처럼 이러한 하나님의 집을 향한 사모함이 있습니까? 예배를 향한 갈망이 있습니까? 하나님을 향한 목마름의 영적 욕구를 느끼고 계십니까? 아니, 하나님의 장막에 와서 문지기를

하고 싶을 정도로 하나님의 집에 거하기를 갈망하고 계십니까?

특별히 코로나 때문에 온라인예배를 드릴 때, 우리의 육체가 병이 날 정도로 하나님의 집에 와서 예배드리기를 갈망하고 있습니까? 하나님의 집 문지기가 되고 싶을 정도로 주의 장막을 사모하고 있습니까? 바로 이런 갈망하는 마음이 뻔한 예배가 아니라 새로운 포맷의 예배를 드릴 수 있게 하는 것입니다. 영혼의 깊은 곳을 터치하며 가슴을 울렁거리게 하는 예배를 드리게 하는 것입니다.

그리고 이렇게 우리가 사모하는 마음과 새로운 존재로 예배를 드릴 때 교회가 세상 사람들 앞에 새로운 모습으로 비춰질 것입니다. 새로운 포맷의 교회로 보이는 것입니다. 그러므로 우리가 먼저 예배를 갈망해야 합니다. 교회를 사모해야 합니다. 영혼의 상사병이 들 정도로 하나님께 나아오는 것을 갈망해야 합니다.

> ♪ 목마른 사슴 시냇물을 찾아 헤매이듯이
> 내 영혼 주를 찾기에 갈급하나이다
> 주님만이 나의 힘 나의 방패 나의 참 소망
> 나의 몸 정성 다 바쳐서 주님 경배합니다

시온의 대로가 열리는 예배

그러면 다윗은 왜 이렇게 하나님의 장막을 사모했습니까? 그는 하나님의 집으로 나아갈 때마다 항상 자신의 마음에 시온의 대로가 열렸기 때문입니다.

> **시 84:5** 주께 힘을 얻고 그 마음에 시온의 대로가 있는 자는 복이 있나이다

시온의 대로가 뭔지 아세요? 시온 대로는 저 광야에서든지 예루살렘에서든지 모든 예루살렘 성전으로 가는 길을 시온 대로라고 했습니다. 그런데 시편 84편은 이 시온 대로를 하나님과의 소통 혹은 하나님의 은혜와 축복이 오는 길에 대한 하나의 상징적 표현으로 기록하고 있습니다. 다윗이 하나님의 집에 가서 찬양하고 기도할 때면 그 하나님의 보좌와 자신 사이에 시온 대로가 열리는 것입니다.

언제든지 찬양을 하면 찬양이 하늘보좌에 올라갑니다. 그러면 하나님이 찬양을 받으시고 내 마음속에 생수 같은 시원한 은혜와 평강이 내려오는 것입니다. 정서의 순화만을 이루어지는 것이 아니라 영혼의 정화까지 이루어집니다. 하나님의 보좌와 나 사이에 시온 대로가 연결되기 때문에, 마음의 평화가 넘치고 마음의 행복감과 기쁨이 넘치는 것입니다. 특별히 하나님의 전에 와서 "아버지" 하고 기도하면 "오냐" 하십니다. "아버지" 하면 "오냐" 하시는 것입니다. 하나님께서 "내가 너를 사랑한다, 내가 너의 마음을 안다"라고 말씀해 주시는 것입니다.

♪ 아버지 불러만 봐도 그 사랑에 눈물이 나요
　나 같은 죄인을 사랑하신 아버지
　아버지 아버지 내 영혼 깊은 곳에서

> 불러보는 내 아버지 나의 아버지
> 이 생명 다하는 그날까지 지키시고 인도하실
> 참 좋으신 나의 아버지

이렇게 마음에 시온의 대로가 열리는 예배를 경험하는 성도들이 많으면 우리 사회도 정화됩니다. 이런 아름다운 마음들, 정화된 마음들이 세상에 나가면 그 정결한 영혼의 영향력을 행사하게 되는 것입니다.

뉴욕 맨해튼에 센트럴파크를 만들자고 했을 때, 수많은 사람들이 그 비싼 땅에 무슨 공원을 만드냐고 반대했습니다. 사실은 그 공원이 여의도 3배만 한 크기입니다. 그러자 많은 사람들이 그곳에 높은 건물을 지어 수익을 내자고 했습니다. 그때 센트럴파크를 설계한 옴스테드가 이런 말을 했습니다. "여러분, 지금 이곳에 공원을 만들지 않는다면, 100년 후에는 이 넓이의 정신병원을 만들어야 할 것입니다."

뉴욕 맨해튼에 센트럴파크가 있기 때문에 사람들의 마음과 정서가 정화되어 정신병원을 안 지어도 되는 것입니다. 뉴욕이라는 도시가 얼마나 경쟁이 치열하고 바쁜 도시입니까? 그렇게 경쟁하며 바쁘게 살다가 센트럴파크를 걸어가면서 좋은 노래를 부르면 얼마나 가슴이 툭 터지겠습니까? 정서가 순화되고 마음이 정화될 것이 아닙니까? "♪ 스치는 바람에 ♪ 그대 모습 보이면 난 오늘도 조용히 그맬 그리워하네~" 이런 노래를 부르는데 기분 나쁠 사람이 어디 있겠어요? 마음이 순화되고 정화되는데 말입니다. 그래서 공원도 필요하고 산책도 필요하며 좋은 음악이 필요한 것입니다.

하물며 하나님의 장막에서 신령한 노래를 부르고 찬양을 부른다면 시온 대로가 얼마나 열리겠습니까? 그리고 시온 대로가 활짝 열리며 신령한 체험을 하는 성도들이 많으면 많을수록 이 세상은 더 아름답게 정화됩니다. 사회가 더 정결하게 순화됩니다. 그뿐만 아니라 그런 사람은 빛과 소금의 삶을 살게 됩니다. 그런 사람은 수직적 신앙을 가지고 예배를 목숨 걸고 지킬 뿐만 아니라, 수평적 신앙으로 이웃의 생명을 존중히 여기고 배려하며 섬기는 모습을 보이게 되어 있습니다. 아니, 하나님께서 그런 시온 대로를 마음에 품고 있는 사람을 통하여 이 세상에 복을 주십니다. 시대와 사회에 복을 주십니다.

그러므로 오늘 우리는 너무 이기적인 모습만 보이지 말고 마스크가 하나라도 더 있으면 나누고 이웃의 아픔에 동참해야 합니다. 그래서 우리 교회는 코로나 사태가 일어나자 맨 먼저 대구·경북 지방에 손소독제를 보냈고, 주변 교회들에게 소독 분무기를 사서 보냈습니다. 우리가 이렇게 할 때 한국교회의 모습이 새로운 포맷으로 보이게 되고 현대인들이 교회에 대한 호기심을 갖고 교회를 피난처, 안식처로 바라보게 될 것입니다.

그런데 우리는 교회 생활하면서 이런 시온 대로를 제대로 경험하지 못했습니다. 너무 뻔한 예배를 드리고 너무 뻔한 교회 모습을 보여준 것입니다. 너무나 뻔하고 올드하고 영향력이 전혀 없는, 화석화된 그리스도인의 모습을 세상에 보여준 것입니다. 그러니까 현대인에게 교회가 안식처의 모습으로 비춰지지 않았고 피난처의 이미지로 각인되지 않았던 것입니다. 교회만이 진짜 영혼의 피난처인데 말입니다. 가슴 아프지만 우리 때문에 교회 모습이 이렇게 흐리게 보였던 것입니다. 이 얼마나 안타깝고 분한 모습입니까?

"네 하나님이 어디 있느냐?"
그러나 다윗은 먼저 예배를 사모하며 하나님의 집을 사모하는 모습을 보여주었습니다. 그가 압살롬에게 쫓겨나 광야로 도망 다닐 때 그를 알고 그를 따르던 무리들이 처음엔 다윗을 조롱하였습니다. 그리고 하나님도 조롱하였습니다.

> 시 42:3 사람들이 종일 내게 하는 말이 네 하나님이 어디 있느뇨 하오니 내 눈물이 주야로 내 음식이 되었도다

사람들이 종일 다윗에게 하는 말이 "당신의 하나님이 어디 있느냐? 당신이 그토록 사랑하고 사모했던 하나님은 왜 이 환난 날에 당신을 지켜 주지 않느냐?"라고 물어 보는 것이었습니다. 그래서 다윗은 울고 또 울었습니다. 눈물이 주야로 음식이 될 정도로 울었습니다. 그렇게 눈물이 날 때마다 그럴수록 하나님의 집을 사모했습니다. 하나님의 집에 나가 예배하는 일을 그토록 갈망하였습니다.
"하나님, 제가 얼마나 하나님의 집을 사모하는지 아세요? 하나님께 나가서 예배하는 일을 얼마나 갈망하는지 아세요? 얼마나 그 사

모함이 찐하였으면 제 육체와 영혼이 쇠하였겠습니까? 주님, 어서 빨리 하나님의 장막으로 가게 하옵소서. 어서 빨리 당신 앞에 이르러 마음껏 예배하는 날이 오게 하옵소서." 다윗은 광야에서 이렇게 목이 터지도록 외치며 노래했을 것입니다.

> ♪ 주님은 내 사랑이요 고귀한 내 생명이요
> 내 가는 인생길에서 주님은 내 소망이요
> 주님은 내 행복이요 나에겐 참 사랑이요
> 그 무엇과 바꿀 수 없는 주님은 소중한 주님
> 나 주님 영원히 사랑하리 온 세상 모두가 변한다 해도
> 주님만 사랑하리라 아무리 힘난한 중에도
> 주님께 우리 주님께 언제나 예배하리라
> 천국에 가서도 영원토록 우리 주님과 함께 살리라

바로 이런 다윗을 하나님께서 회복시켜 주셨습니다. 그리고 예루살렘으로 돌아오게 하셨습니다. 그래서 다윗은 하나님의 집에서 다시 기쁨과 감격과 눈물로 하나님께 예배하고 하나님을 찬양하였습니다. 그리고 다윗의 왕위 회복과 함께 시온의 영광과 예루살렘의 축복이 회복되게 된 것입니다. 그랬을 때 다윗의 하나님이 어디 있냐고 했던 사람들도 다윗을 따라 성전으로 모여 예배를 드리게 되었습니다.

코로나 이전에는 우리 교회가 꽉 찬 예배를 드렸습니다. 그러나

코로나의 위기 때문에 극소수의 사람만 모여서 예배를 초라하게 드릴 수밖에 없었습니다. 대부분의 사람들이 교회를 나오지 못하고 온라인으로 예배를 드렸습니다. 저는 코로나 위기가 끝난 이후에도 한국교회가 예배를 회복하지 못하고 힘을 잃어버릴까 하는 걱정으로 잠 못 이룰 때가 많았습니다.

꽃으로 만나 갈대로 헤어지다

제가 이런 고민을 하다가 시집을 한 권 냈습니다. 시선사라는 출판사에서 저를 한국 서정시인 100인으로 선정하여 서정 시집을 낸 것입니다. 코로나 위기 때에 무슨 시집을 내느냐고 할지 모르지만, 우리 민족이 가장 힘들었던 일제 강점기 때 시가 가장 많이 읽혔다고 합니다. 그래서 저는 힘든 시대일수록 시가 많이 읽혀야 하겠다는 마음으로 《꽃으로 만나 갈대로 헤어지다》라는 시집을 출간하였습니다.

> 꽃으로 만나 갈대로 헤어지나니
> 풀잎으로 만나 낙엽 되어 이별하나니
> 산은 눈을 감고 / 강물은 귀를 막고
> 달은 소리 없이 걷고 있나니 / 새 한 마리 울어 청산이 울리고
> 꽃송이 하나로 봄이 오고 / 별 하나 떠서 온 밤이 환해지나니
> 바람이 스쳐가는 갈대 사이로 / 내가 서 있어요
> 갈대로 헤어진 우리 / 다시 꽃으로 만날 순 없을까

지금 우리 모두는 꽃으로 만났지만 갈대로 헤어져 있습니다. 모든 사회가 그렇고, 교회도 예외가 아닙니다. 어쩔 수 없이 만나더라도 사회적 거리 두기를 할 수밖에 없습니다. 서로가 서로를 불신하며 갈대로, 갈대처럼 헤어진 것입니다. 그러나 저는 다시 꽃으로 만나는 우리가 되어 보자고 제안을 한 것입니다. 코로나 때문에 어쩔 수 없이 갈대로 헤어졌지만 말입니다. 그러므로 우리 성도들도 예수 그리스도 안에서 다시 꽃으로 만나야 하지 않겠습니까? 꽃으로 만나 감격을 누려야 하지 않겠습니까?

♪ 별처럼 수많은 사람들 그중에 성도로 만나
  꿈을 꾸듯 새에덴을 이루고
  생명의 나무로 벅찼던 우리가 사명을 받고
  그 모든 건 기적이었음을
  그 모든 건 은혜이었음을…

그러기 위해선 지금 우리 모두는 예배를 사모하고 교회를 사랑하는 마음을 농축시키고 축적해야 합니다. 그러면서 코로나 이후에 우리가 어떻게 새로운 예배의 포맷을 설정하고 영혼의 장막에 뉴 포맷을 설정할 것인가에 집중을 해야 합니다. 이렇게 우리 한국교회가 예배와 교회 모습을 성령이 충만하고 생명력이 가득한 뉴 포맷으로 다시 설정할 때, 한국교회에 다시 사람들이 몰려오게 될 것입니다.

이탈리아에서 코로나 때문에 하루에도 수백 명씩 죽어나가는데

율리안 우어반이라는 의사가 투병을 하는 사람들에게 성경을 읽어 주니까 사람들이 눈물을 흘리며 하나님을 영접했다는 것이 아닙니까? "여호와는 나의 목자시니 내가 부족함이 없으리로다… 하나님은 나의 피난처요 반석이시니 내가 누구를 무서워하리요…."

교회는 하나님의 장막이요 영혼의 장막입니다. 하나님의 장막에서는 하나님을 예배하는 모임이 북적거려야 합니다. 그리고 영혼의 장막에서는 사람들이 영혼의 안식처, 피난처가 되어야 합니다. 꽃 같은 영혼들이 모여 예배하고 안식하게 해야 합니다. 우리는 코로나 이후를 대비해야 합니다. 코로나 블루를 해결해 줄 수 있는 곳은 교회뿐입니다. 그러기 위해서 우리가 다시 하나님을 갈망하며 성령충만해야 합니다. 생명력을 회복해야 합니다. 그리고 영혼의 새 옷을 갈아입어야 합니다. 그렇게 해서 신선하고 새로운 교회의 포맷을 이웃과 사회에 보여주어야 합니다.

바람에 흔들리는 당신에게

1판 1쇄 인쇄 _ 2020년 7월 25일
1판 1쇄 발행 _ 2020년 7월 30일

지은이 _ 소강석
펴낸이 _ 이형규
펴낸곳 _ 쿰란출판사

주소 _ 서울특별시 종로구 이화장길 6
편집부 _ 745-1007, 745-1301~2, 747-1212, 743-1300
영업부 _ 747-1004, FAX 745-8490
본사평생전화번호 _ 0502-756-1004
홈페이지 _ http://www.qumran.co.kr
E-mail _ qrbooks@daum.net / qrbooks@gmail.com
한글인터넷주소 _ 쿰란, 쿰란출판사
페이스북 _ www.facebook.com/qumranpeople
인스타그램 _ www.instagram.com/qrbooks
등록 _ 제1-670호(1988.2.27)
책임교열 _ 이화정·최진희

ⓒ 소강석 2020 ISBN 979-11-6143-393-6 03230

책값은 뒤표지에 있습니다.
이 출판물은 저작권법에 의해 보호를 받는 저작물이므로 무단 복제할 수 없습니다.
파본(破本)은 구입처에서 교환해 드립니다.